Deutschboden

Kiepenheuer
& Witsch

*Moritz von Uslar*
Deutschboden
*Eine teilnehmende
Beobachtung*

Zum Schutz von Personen wurden Namen und Ortsnamen zum großen Teil verändert und Handlungen, Ereignisse und Situationen modifiziert.

Der Songtext S. 243/244: Cora, Bm Records

MIX
Papier aus verantwor-
tungsvollen Quellen
FSC      FSC® C014496
www.fsc.org

Verlag Kiepenheuer & Witsch, FSC-N001512

5. Auflage 2010

Umschlaggestaltung: Walter Schönauer
Autorenfoto: © Denise Booth
Gesetzt aus der ITC Century
Satz: Pinkuin Satz und Datentechnik, Berlin
Druck und Bindung: GGP Media GmbH, Pößneck
ISBN 978-3-462-04256-6

*Es gibt keine Geschichte. Nur den Ort,*
*an dem die Geschichte hätte spielen können.*

*Mann mit Hut, Seite 195*

## Zum Geleit

Die Monate Mai, Juni und Juli des vergangenen Jahres *(2009)* habe ich als Reporter in einer Kleinstadt in Brandenburg verbracht. Es war nicht alles einfach; aber es sollte ja auch nicht alles einfach sein. Die Menschen, die mir bei meinen Recherchen begegnet sind, habe ich als gute Menschen kennengelernt. So merkwürdig das klingen mag: Ich bin als Fremder gekommen und als Einheimischer gegangen. Die Zeit in der Kleinstadt war eine der besten meines Lebens.

Mein Dank gilt den Bewohnern der Kleinstadt. Ohne sie wäre dieses Buch nicht möglich gewesen. Sie haben ihren Anteil daran, dass sich Gespräche, Eindrücke, Erlebnisse zu einem Text verdichten ließen. Besonders danken möchte ich den Betreiberfamilien meiner Pension und der Gaststätte Schröder, dem Urgestein Blocky und den Mitgliedern der Band 5 Teeth Less.

Der Autor

Berlin, im September 2010

Zum Geleit   9

1 Berliner Runde   13
2 Plattenbau-Quartett   24
3 Western   34
4 Hauptstraße   47
5 Hauptstraße, später   65
6 Gaststätte Schröder   76
7 Blocky kommt   93
8 Training   115
9 Regionalexpress   135
10 Frühe Biere   142
11 Philipp-Müller-Straße (Spaziergang I)   153
12 Deutschboden   164
13 Proberaum   170
14 Disko im Wald   191
15 Franky's   196
16 Verwirrung/Das dicke Kind   214
17 Waldstraße (Spaziergang II)   246
18 Präsidentenwohnung   268
19 Jungs und Mädchen   290
20 Aral   299
21 Was sonst noch geschah   323
22 Das Nichts   341
23 Speedy (Spaziergang III)   360
24 An alten Tischen   374

## 1 Berliner Runde

Ich saß an dem Ort, an dem die Leute immer sitzen, wenn sie etwas sagen wollen: Lokal. Bier. Wasser, mit und ohne. Ein Dienstagabend, gegen 22 Uhr. Das Essen schon hinter uns. Ganz viele tolle Leute, nicht zu lustig, nicht zu laut, nicht zu schlampig, nicht zu fein angezogen. Mein bester Kumpel, neben ihm eine Blonde, und die anderen, die zu so einer Runde gehörten. Zwischen den Tischen liefen die Kellner, die wir mit Vornamen kannten, auf und ab und servierten Steaks und Champagner.

Ich sagte: »Ihr Süßen. Ich erzähle euch jetzt mal ganz was anderes.«

Ich sagte: »Ich haue ab von hier, dorthin, wo kaum ein Mensch je vor uns war – nach Hardrockhausen, Osten, nordöstliche Richtung, nicht zu weit weg, vielleicht eine Stunde von Berlin entfernt. Dort suche ich mir einen Boxclub, trainiere mit, hänge rum und tue nichts, außer die ganze Zeit nur zuzuhören und zuzugucken, was passiert, und abends stelle ich mich da hin, wo der totale Blödsinn auferzählt wird, auf Parkplätze, an Tankstellen, in Pilslokale, und nebenbei erfahre ich alles über des Prolls reine Seele, über Hartz IV, Nazirock, Deutschlands beste Biersorten und die Wurzel der Gegenwart. Nach etwa drei Monaten, denke ich, müsste ich genug zusammenhaben.«
Schweigen. Ratlose Gesichter.
Immerhin, da grinste auch einer in der Runde.
Und sofort stellten sich die Angst und die Scham bei mir ein. Normale Sache. Angst deshalb, weil es heraus war, weil ich angegeben hatte, und weil ich mich nun – ganz in echt – bald auf die Reise machen musste. Scham deshalb, weil man in Lokalen, das weiß doch eigentlich auch jeder, nicht so laut so großartige Dinge sagen soll.

Ich sagte: »Ich will dahin, wo Leute in strahlend weißen Trainingsanzügen an Tankstellen rumstehen und ab und an einen Spuckefaden zu Boden fallen lassen!«
Und in die Berliner Runde, in die erstaunten Gesichter meiner Freunde hinein, begann ich nun, die Orte aufzuzählen, an denen mein zukünftiger Einsatz im Osten stattfinden könnte:

Buckow.
Brandow.
Sandow.
Sumpfow.
Stumpfow.
Ostow.
Friedenow.
Birkenkieferzeckengespensterginsterow.
Plattenbautow.
Trostlosow.
Lehmkuhlenhüttenbetonkopfsteinhausen.
Zappendüsterow.

Noch, erklärte ich, wüsste ich nicht, wo exakt im Wilden
Osten der Ort lag, an dem meine Geschichte spielen würde. Das Übereinanderlegen der entsprechenden Karten
(Armut, Arbeitslosigkeit, Abwanderung) sei sicher ziel-
führend; aber am Ende sei man dann an einem Ort, an
dem das bisschen Elend von drei Fernsehkameras abge-
filmt werde und man sich mit den Meinungsforschern
gegenseitig auf den Füßen herumstand. Es nützte nichts,
ich würde losfahren und selber sehen müssen: Beim Anblick des richtigen Ortes würde ich erkennen, dass ich
am richtigen Ort angekommen war, vorher nicht, anders
war das nicht zu machen.
Die Kleinstadt, erklärte ich, also nicht die Stadt und nicht
das Dorf, müsste es bitte sein.
Die Kleinstadt.
Ah.
Warum?
Einfach: Die Stadt würde zu groß, das Dorf zu klein sein
für die angestrebte Geschichte. Als Kleinstadt wird in

15

Deutschland die Örtlichkeit mit 5000 bis 20000 Einwohnern bezeichnet. In der Kleinstadt, so stellte ich mir das vor, träfe man Leute zufällig wieder, worauf es ganz maßgeblich ankam. Erstens sich sehen, zweitens sich wiedersehen, beim dritten Treffen finge der Mensch dann an, sich irgendwie zu verhalten, irgendein komisches Ding als Handlung aufzuführen, auf das der andere dann mit seinem Ding antworten könne: Zwischenmenschliches. Im Dorf dagegen, erklärte ich, war die Gefahr groß, dass dort außer Sterben einfach gar nichts war.

Und die Kellner füllten die Champagnergläser, und ich sprach weiter von meiner Sache, als wäre sie ein uraltes Projekt, ein Traum, eine Herzensangelegenheit.

Ich war der Reporter, ich war der Reporterdarsteller, der bei einem Nachrichten-Magazin einst sein Handwerk gelernt hatte.
Ich war der Mann mit Hut.
Ich fragte mich die ganze Zeit: Wo ist mein Hut?

Die nächste Frage lautete: Wie sollte der Reporter die tausendundeins Dinge, die andauernd um ihn herum geschahen, und den endlosen Strom der um ihn herum gesprochenen Worte – wie sollte der Reporter sich anstellen beim Aufzeichnen dieser Gegenwart, die immer wieder aufs Neue gerade eben wieder ablief, ohne dass es zu Irritationen kam, die mühselige Erklärungen notwendig machten, Rechtfertigungen, Entschuldigungen, und im äußersten Fall Handgreiflichkeiten, Verweisung vom Tatort und die soziale Ächtung nach sich zogen?
Wenn der Reporter andauernd auf zwei Ebenen operier-

te – auf einer realen, der vor Ort, und auf einer vermittel-
ten, der in der Reflexion, die unentwegt ein- und aussor-
tierte, was vom gerade Erlebten sich in einem späteren
Text verwenden lassen würde –, wie konnte das vermie-
den werden, was der GAU jeder Reportage ist, nämlich,
dass das Vermittelte sich vor das Wirkliche schob und
dabei wertvolle Echtzeit, Echtwelt, Echtwirklichkeit verloren gingen?
Wie?
Entscheidende Fragen.

Mein Notizbuch, das war jetzt schon klar, würde ich in
einer Wirklichkeit, die eben keine Pressekonferenz, sondern eine Hauptstraße, ein Boxclub und ein Pilslokal war,
kaum einsetzen können. Stattdessen wollte ich meinen
digitalen Aufnahmestift der Firma Olympus (neunzig
Stunden Aufnahmezeit, Files einzeln löschbar) verwenden. Der Stift hatte den Vorteil, dass er nicht zu klein war.
Er ließ sich wie ein Handy an Ohr und Mund halten, und
so würde ich die Straßen auf- und ablaufen und in das
Gerät hineinsprechen.

Ich ging mal dringend davon aus, das erklärte ich nun
der Runde, dass an meinem Tatort nichts bis ganz, ganz
wenig passieren würde.
Die Frage war, was passierte, wenn man nicht wegging,
sich fortgesetzt dem Nichts zur Verfügung stellte, am
nächsten Tag einfach aufs Neue auf der Bildfläche erschien und das Nichts ansah.
Es würde akut darum gehen, dieses Nichts zu beschreiben.
Wenig Geschichte war kein Problem.

17

Erst mal keine Geschichte war erst mal gar kein Problem. Ich würde so lange an einem Ort bleiben, bis die Geschichte herauskam, genau genommen: Meine Geschichte war das, was kam, wenn man sich am nächsten Tag wieder zur Verfügung stellte.

Blick in die Berliner Runde.

Ich hatte vor allem wahnsinnige Angst.
Normal.
Ich hatte Angst vor den andauernden Blicke-Kämpfen, zu denen man als Fremder, Zugereister, Eindringling, Fremdling, Reporter etwa neuntausend Mal pro Tag, Tag für Tag aufs Neue, aufgefordert war: Wer guckte wie? Wie ging das noch mal, das Normalgucken? Sollte man den Blick jetzt besser hoch oder runter nehmen? Half grinsen oder, Hilfe, machte das die, die einen böse anguckten, zusätzlich aggressiv? Wie begegnete man dem Blick des Einheimischen so, dass es nicht sofort voll eins auf die Fresse gab?
Vor dem ersten Betreten des Wirtshauses mit dem »Premiere Sports Bar«-Schild hatte ich genauso Angst wie vor der stummen Mauer der am Tresen stehenden und die Biergläser haltenden Männer.
Es würde überhaupt andauernd um das Durchstehen von Situationen gehen: Wie kam ich durch diese und jene Situation durch, ohne allzu großen Schaden zu nehmen?

Mich interessierte eigentlich nichts, das war ja das Geile. Neonazis interessierten mich nicht. Landpfarrer interessierten mich nicht. Bürgermeister, die wider Erwarten einen rundherum sympathischen, vernünftigen und bodenständigen Eindruck machten, interessierten mich nicht. Auskunftsfreudige Fleischermeister mit der für die Region archetypischen Biografie, die mächtig was zu erzählen hatten, interessierten mich nicht. Der Jugendliche an sich, der Baseballkappe trug, Rechtsrock hörte und im Gespräch allmählich auftaute, interessierte mich schon mal gar nicht.

Ich hatte nichts abzuarbeiten.

Ich hatte keinen Auftrag.

Ich war auf keiner Spur.

Ich war ja nicht so ein professionell neugieriger und gewiefter Nachrichten-Magazin-Journalist, der da seine Recherche machte oder was.

Deshalb konnte mir eigentlich nichts passieren.

Ich würde keinen Scheißjugendclub in der Kleinstadt aufsuchen, das brauchte ich nicht, das war nicht meins, da hatte ich keinen Bock drauf, das sollten die anderen, die Magazin-Journalisten, tun. *Provokan̄t, Qūlē Vgl U JA - DIR*

»Ich liebe die DDR, so wie ich Amerika liebe, also nicht New York und Los Angeles, sondern das große Land, das zwischen« diesen beiden Städten liegt. Die DDR«, erklärte ich nun in die Runde hinein, »ist ja eins zu eins wie die USA. Essen, Kleidung, Inneneinrichtung, unterirdische Einkaufsparadiese, alles.«

Die DDR?

Richtig. Ich sagte: die DDR.

Rasch musste ich nun erklären, warum ich die neuen Bundesländer noch im zwanzigsten Jahr der Wende als DDR bezeichnete. Kam irgendwie cooler, fand ich, stolz, hart, selbstbewusst, angriffslustig und ironisch, etwa so, wie sich ein Afroamerikaner in den USA ja auch extra als

Nigger bezeichnete, um alle zu ärgern. Ich dürfte, erklärte ich, DDR sagen, weil ich die neuen Bundesländer eben wirklich gerne hatte und auf meine Art auch gut kannte, und selbstverständlich, erklärte ich, würde ich den Gag automatisch auf seine Lustigkeit hin überprüfen, sobald mein Aufenthalt im Osten begann.

Und ich erzählte der Runde nun von meinen Ausflügen, die ich vor Ewigkeiten, im November 1989, für den *Großen DDR-Diskotheken-Test* mit Christian Kracht, dem damaligen *Tempo*-Volontär und heutigen Schriftsteller, in die DDR gemacht hatte: Wie wir uns auf den riesigen braunen LPG-Feldern gegenseitig mit Polaroid-Kameras fotografiert hatten; wie wir uns, auf den Betten in den Interhotels sitzend, über die interhotel-eigenen Badeschlappen kaputtgelacht hatten; wie wir bei DDR-Dissidenten zwischen Topfpflanzen und braun gestrichenen Raufasertapeten in Altbauwohnungen am Prenzlauer Berg zu Interviews geladen waren und keine Ahnung hatten, welche Fragen hier die passenden waren; wie der Autofahrer Kracht den Volkspolizisten in Dresden erklärte, dass er seinen Führerschein – er bitte um Nachsicht – im Hotel »Gastmahl des Meeres« in Berlin, der Hauptstadt der DDR, liegen gelassen habe.

Kracht und ich waren, Jahre bevor dieser Begriff erfunden wurde, Ostalgiker gewesen: O Gott, was hatten wir dieses blasse, lindgrün-beige-lilafarbene Land geliebt! Wir wären damals liebend gerne noch schnell, bevor dieser Staat unterging, DDR-Bürger geworden. Das sagten wir. Das fanden wir damals schick zu behaupten.

Blick in die Berliner Runde.

Es ging – du liebes Bisschen – natürlich wie immer auch um die alte Frage, ob da draußen, ums Eck, keine Autostunde entfernt, noch einmal ein ganz anderes Leben lag, das trotzdem machbar war und das angeschaut werden wollte.

Es ging – nach zehn Jahren Berlin in den Nullerjahren – um die ebenso einfache wie dramatische Frage, ob man sich überhaupt noch irgendetwas Neues vorstellen und ansehen wollte. Oder ob man das besser bleiben ließ.

»Das wird nicht ohne«, sagte mein Kumpel. Er hielt das Glas vor sein rechtes Auge und kniff das Auge dabei zusammen. »Ich meine, das kann richtig düster werden, öde, trostlos, scheiße. Es kann auch einfach kacklangweilig werden. Hast du das im Blick?«

Ich sagte: »Ich freue mich darauf.«

Ich freute mich auf den Proll. Der Proll, erklärte ich der Runde, der könne gar nicht böse, widerlich, asozial, beinhart und abstoßend genug sein. Behauptete ich. (Der Regisseur Christian Petzold hatte dem Reporter bei einem Tässchen Kaffee in einem Lokal in Kreuzberg in seiner mitreißend klugen und nüchternen Art erklärt, man habe schlichtweg davon auszugehen, dass praktisch jeder Jugendliche, jeder Mensch zwischen zwölf und achtundzwanzig Jahren im Osten Nazi sei. Der Nazi sei da einfach die allseits präsente Jugendkultur, so wie vor dreißig Jahren alle Hippies und vor zwanzig Jahren alle Punks waren. Und Toralf Staud, Autor des Fachbuchs *Moderne Nazis*, hatte die Regel gewusst, dass, je weiter man sich von Berlin entfernte und je dünner die Besiedelung wurde, der Nazi immer wahrscheinlicher werde. Der Nazi, so der Fachmann Staud, ließe sich im Osten schlichtweg

21

nicht vermeiden.) Mein Proll, erklärte ich, dürfte ultra-
widerlich und überhaupt alles Böse sein, aber bitte kein
Nazi, denn Nazis – es täte mir leid –, die fände ich vor
allem wahnsinnig langweilig.

»Super«, sagte die Blonde.
Sie lachte, schüttelte ihre Haare, strahlte. Sie sagte: »Ich
glaube, dass wird echt eine super Geschichte. Aber ...
kannst du überhaupt boxen?«
Ich sagte: »Ja.«
Und ich merkte, dass ich gerade für die erste echte Überraschung des Abends gesorgt hatte.

Ich betrachtete, so gut das möglich war, meinen Kumpel.
In der Art, wie er beim Sprechen die Augen halb geschlossen hielt, im scharfen Zug seiner Nase, sogar im Schnitt
seines Hemdkragens erkannte ich all das, was uns seit jeher selbstverständlich war und notwendig erschien, damit
es auszuhalten war unter den Menschen: eine gründliche
Bildung, Zartheit, Ansprechbarkeit des Herzens, am Ende
nannte man das Zivilisation. Am Ende, das war wichtig,
musste es immer die Möglichkeit geben, mit einem Gag
all die Mühsal, Scheußlichkeiten und Unzulänglichkeiten
der Welt von sich hinwegzunehmen.
Ein guter Gag, da war ich ganz sicher, würde am Ende
die Welt retten. Das sagte ich meinem Kumpel. Und wir
freuten uns und lachten.

Als wir die Mäntel anzogen, erklärte ich, dass ich da drau-
ßen natürlich auch ein bisschen was von Tomi Ungerers
*Liederbuch* zu finden hoffte: Kirchturm, Gerichtslinde,
Storchennest, die alte Mühle, Fuhrwagen auf Kopfstein-

pflaster, Ruine mit weitem Ausblick auf die Felder, Frau, Arbeitskittel tragend, mit Kind an der Hand auf dem Weg zur Stadt hinaus, still dahinfließender Fluss.
Ach!
Ja.
Die ganze romantische Scheiße.
Hey du, superschönes Germany, du.

Und in der Art, in der mein Kumpel seinen Arm um meine Schultern legte und mich nach draußen vors Lokal zog, merkte ich, dass ich sehr viel nicht wusste und sich der Plan, meine Reise, jederzeit als Missverständnis herausstellen konnte, als Irrtum, als furchtbarer Flop.

## 2  Plattenbau-Quartett

Dann musste ich echt los.

Es wollte nicht. Es sperrte sich alles. Ich hatte so was von null Bock.

Normal.

Ich fuhr, um warm zu werden, gleich mal ein paar Hundert Kilometer am Stück durch Deutschland.

*wäre... /eher praktisch*

Fahren. Fahren. Fahren auf der Autobahn. Fahren mit dem Fiat 500 (eierschalenfarben), den die Firma Fiat mir für die Dauer meiner Reisen zur Verfügung gestellt hatte. Ich hatte der PR-Firma, die den Deal eingefädelt hatte, versprochen, dass ich das Auto in meinem Text, der noch zu schreibenden Reportage, lobend erwähnen würde. (Lobende Erwähnung wie folgt: Das ist ein gutes Auto, echt. Fährt sich voll gut, vor allem und komischerweise besonders auf der Autobahn. Kann ich voll empfehlen. Echt. Toll.)

Von Berlin kommend fuhr ich sternförmig in die vier Himmelsrichtungen hinein, die Baedeker-Autokarte *Deutschland Osten* und eine Liste der Amateurboxclubs in den östlichen Bundesländern auf dem Beifahrersitz. Ich fuhr und verschätzte mich mit den Entfernungen.

Fürstenwalde (Ost).

Müllrose (Ost).

Luckenwalde, Jüterbog (Süd).

Schwarzheide, Senftenberg und Spremberg (Süd-Osten).

Rathenow (West).

Schönow (Nord).

Teterow (Nord-Nord-Ost).

Krakow am See (Nord-Nord-Ost).

Wittenberg, Perleberg, Ludwigslust (Nord-West).

Prenzlau (Nord-Ost).

Neubrandenburg (Nord).

Altentreptow, Demmin (Nord-Nord).

Ein Problem war sicher auch, dass man im Auto, hinterm Lenkrad sitzend, immer nicht so richtig viel sieht.

So vergingen Wochen.

Der Hauswart hinter dem Eisenzaun in Luckenwalde.
Die Paintball-Halle in Schönow.
Die Stadtbefestigungsanlage in Altentreptow.
Das Ruderboot in Krakow.
Das Union-Lichtspielhaus in Prenzlau.

Achtung!
Hier kommt die rasende Reporter-Sau mit dem gespon-
serten Fiat 500!
Die Ausgedachtheit und Abgehobenheit des Projekts,
eine möglichst beschissene Kleinstadt mit intaktem Boxclub in erreichbarer Entfernung von Berlin zu finden, war
maximal kräfteraubend, verwirrend, zermürbend.

Was war im Einzelnen zu meiner Boxfertigkeit zu sagen?
Ich hatte zehn Jahre lang in einem Kneipenverein mit
Schriftstellern, Journalisten, Grafikern und Fotografen
trainiert. Ich war ein ausdauernder Seilspringer. Meine
erste Führhand (Linke) war okay, aber schon die zweite
kam nicht schnell genug. Ich war insgesamt nicht schnell.
Meine Muskulatur in den Schultern war zu ausgeprägt,
um eine schnelle Gerade zu schlagen, und in den Beinen
nicht ausgeprägt genug, um drei Minuten Sparring ohne
Wadenkrämpfe durchzustehen. Über eine Schritttechnik
verfügte ich kaum. Immerhin, ich hielt die Ellbogen nah
am Körper, und bei Partnerübungen konnte ich die Deckung so oben halten, dass ich ohne Blessuren davonkam.
Am Sandsack konnte ich einige Kombinationen aus Gera-
den, Seitwärts- und Aufwärtshaken so anbringen, dass es
für den laienhaften Zuschauer hübsch anzusehen war. Im
Vergleich zu meinem Können war meine Erfahrung groß:
Ich hatte mich oft erfolgreich aus der Affäre gezogen. Ich

wusste, dass es im Ring vor allem auf zwei Dinge ankam: einen Mundschutz zu tragen und das Atmen nicht zu vergessen. Ich wusste – das war meine Stärke –, dass ich kein Boxer war.

Nach Eisenhüttenstadt fuhr ich nicht. Auf einer halbseitigen Fotoreportage der *Bild*-Zeitung hatte die Stadt so sagenhaft wüst, tot, leer, verseucht und von giftigen Winden durchweht ausgesehen: was für ein Aufschrei, was für eine Anklage (wie die Brecht-Inszenierung eines Brecht-Stücks aus den Fünfzigerjahren, bei der Brecht selber einen Lachkrampf bekommen hätte).

Dann kam ich, in der dritten Woche, nach Schwedt (35 000 Einwohner, am deutsch-polnischen Grenzfluss Oder gelegen), der Stadt, die der stets zu Fuß reisende Reporter Wolfgang Büscher einmal als die amerikanischste Stadt des deutschen Ostens bezeichnet hatte.
In der Oder-Stadt Schwedt blieb ich fünf Tage und fünf Nächte lang. Ich wollte es echt wissen.

In der Altstadt: alles auffällig neu. Neues Kopfsteinpflaster; neue, nach dem historischen Vorbild von 1890 gefertigte Straßenlaternen; schöne neue Mülleimer.
Da latschte ein Glatzkopf durch die Gasse, zog an der Linken einen Pfiffi, an der Rechten ein blondes Mädchen hinter sich her. Die Band Boykott würde am Wochenende ihre CD *Blut in eurer Hand* im Suboptimal vorstellen.
Ich fuhr gleich wieder aus der Altstadt raus, vorbei am Schild, das Richtung Bundesgrenze zeigte, über Wiesen, in denen das Wasser stand, und zwei Flüsse, die beide die Oder sein konnten. Am Deich stieg ich aus und lief –

Grüße an den wandernden Märchenreporter – weit oben in die wilden Winde und die für die Jahreszeit zu heiße und verrückt helle und gleißende Aprilsonne hinein.

Das Land der Plattenbauten: weites Land unter weitem Himmel. Ich glaubte, die Erdkrümmung zwischen den Plattenbauten zu sehen.
Die Plattenbauten waren rötlich, bläulich, gelblich, grau und beige. Die Straße zwischen den Bauten wirkte so breit wie eine Flugschneise. Längs der Straße standen Birken, auf dem Mittelstreifen der Straße wuchs ein silbrig glänzendes Kraut. Die Rasenflächen waren graubraun. Die renovierten Plattenbauten am Waldrand hatten bunte Balkone.
Es gab wenig, dachte ich, das so widersinnig und gemein aussah wie ein renovierter und mit Geranienblumentöpfen verzierter Plattenbau, weil dem Plattenbau so das Einzige, was ihn je ausgezeichnet hatte, nämlich seine Trostlosigkeit, genommen war.

Flackernde Fahnenreihen.
Obi.
Real.
Dreißig Jahre Mediamarkt.
Im Camp Hotel kostete eine Übernachtung inklusive Frühstück 22 Euro.
Zur PCK Raffinerie bitte rechts einordnen.
Viele Sackgassen. Man verfuhr sich komischerweise dauernd.

Im Burger King im Oder-Center hieß die Frage wieder: Maxi oder Spar?

Die Kingdeals kosteten 1,99 und 2,99 Euro. Auf dem zentralen Platz der Stadt, dem Platz der Befreiung, war der Polenmarkt aufgebaut. Und der Reporter las an diesem Tag zum ersten Mal den in den Kategorien Häme, Bosheit und sozialer Kälte noch mal eine ganz neue Dimension erreichenden Namen des Discount-Marktes »Mäc-Geiz«.

Schwedter Poesie, als Leuchtschrift über dem Oder-Center angebracht, lautete: »Zum Glück gibt's Qualität zum Discount Billigpreis: Kaufland«.

Aber echt: zum Glück, ey. Da haben wir ja alle noch mal richtig Glück gehabt.


Der Boxverein »UBV 1948 Schwedt« lag in einem gelb gestrichenen Würfel mit der Aufschrift »Boxsporthalle Günther Jähnke«. Adidas-Fahne, Deutschland-Fahne, Brandenburg-Fahne. Vor der Halle war ein astreiner schwarzer 5er-BMW geparkt.

Vor der Glastür am Eingang, am großen Stehaschenbecher, trieben sich die Gestalten der Gegenwart herum: schmale Köpfe, die mit den seitlich wegrasierten Haaren, enge Jacken, weite Hosen, dicke Schuhe, Kapuzen über dem Kopf, Sporttasche über den Schultern.

Die Jungs guckten. Die Jungs taten selbstverständlich so, als ob sie nicht guckten, während sie guckten. Es sah vollkommen normal und harmlos aus, und es wirkte gleichzeitig supergefährlich. Die Jungs waren gut im Rauchen, Nichtgucken und brandgefährlich Aussehen.

Und nun geschah es, und ich erlebte die erste von vielen Spuckefaden-Theateraufführungen, auf die ich mich bei Antritt meiner Reise so gefreut hatte.

Es war ein schmales Kerlchen mit einer unglücklich langen Nase, die weit aus dem kleinen Gesicht herausstand, und einem kleinen, fliehenden Kinn. Der Junge trug einen Anzug von Adidas, der nicht für Auftritte in Diskotheken, sondern zur Ausübung echter Sportarten gemacht war. Er blieb im Kreis seiner Kumpels stehen, trat aber innerhalb des Kreises zwei kurze Schritte zurück, nahm den Oberkörper nach vorne und ließ, wie es das Spuckefaden-Schauspiel verlangte, den Spucketropfen erst auf der Unterlippe auftauchen, den Tropfen einen Faden bilden und den Faden sich so lange dehnen, bis er riss und sein unteres Ende auf dem Boden aufkam. Der Spucker blieb dann so, den Kopf nach vorne gebeugt und Mund geöffnet, noch einen Moment lang stehen, als überlegte er, einen zweiten Faden fallen zu lassen. Es kam dann aber nichts mehr.

Ich war begeistert.

Ich hatte gleich eine derartig geile Angst.

Trainer Bernd Bohley, eine Koryphäe unter den Boxtrainern Ost-Deutschlands, gut fünfzig Jahre alt, Schnauzbartträger, von zäher und austrainierter Figur (dieser Bohley hatte seine Schützlinge über viele Jahre immer wieder in die Bundesliga und in internationale Kämpfe geführt), saß vor der Halle und rauchte eine.

Bohley sagte, er könne ein bisschen was erzählen, er tät's nicht gerne, aber er könne es schon machen, sofern man denn eine vernünftige Frage an ihn habe, und dann sprach der Trainer gleich eine Verteidigungsrede, obwohl ihn niemand angegriffen hatte: Das mit den Nazis in Schwedt, so Bohley, das sei doch alles Pillepalle. Der Integrationsbeauftragte bei ihnen im Verein sei ein Schwarzer, gebürtig aus Mosambik, Isidor mit Vornamen, im Verein würde er aber nur Schneeball genannt. Ein feiner Kerl sei der

Schneeball, und dass der Club einen Integrationsbeauf-
tragten vorzuweisen habe, das sei ja wohl ein Zeichen.

Als Schneeball gerade, während Bohley erzählte, um die
Ecke kam, forderte ihn der Trainer auf, sein Hemd zu
heben und seine Bauchmuskeln zu zeigen, und Schneeball tat, was ihm befohlen, der Reporter blickte auf die
immens hart trainierte Bauchmuskelplatte des Integrati-
onsbeauftragten, und Schneeball lachte.

Der Trainer erzählte nun, dass es in Schwedt Nazizeiten
gegeben habe, natürlich, damals, nach der Wende, als alle
ein bisschen verwirrt gewesen waren, aber das sei vorbei:
»Wir haben immer dafür gekämpft, dass es bei uns keine
Diskriminierung gibt. Wer den Sport mitmacht und da-
hintersteht, den akzeptieren wir. Ist doch scheißegal, ob
gelb, grün, rot oder schwarz. Ja! Is' so!«

Am Ost-Highway Werner-Seelenbinder-Straße parkte ich
am vierten Abend meines Aufenthalts in der Oder-Stadt
meinen 500er und gab, am offenen Kofferraum stehend,
meinem Kumpel in Berlin meinen Standort und den Stand
der Recherchen durch.

Ich fand's irgendwie lächerlich, einfach überflüssig, die
Plattenbauten deprimierend zu finden. Die fänden doch
sowieso schon alle deprimierend, da bräuchte es doch
nicht mich noch zu. Obwohl sie – ganz in echt – natürlich
echt deprimierend waren.

Ich konnte schwer entscheiden, ob ich die Plattenbauten
hässlich oder schön finden sollte.

Das erzählte ich alles meinem Kumpel.

Schwedt an der Oder?

Plattenbauten?

Der Kumpel am Telefon erzählte von der amerikanischen

Lifestyle-Zeitschrift *Vice*, die vom Hip-Hop, vom BMX-, vom Skateboard-Fahren und vom Über-dicke-Titten-Ablachen kam. Der deutsche *Vice*-Ableger, so der Kumpel, habe – sei schon ein paar Jahre her – ein Schwedt-Heft produziert. Legendäre Ausgabe, grandioses Heft. Mit Neonazi-O-Tönen, Modeproduktion mit Schwedter Assi-Kids, die ihre weißen Bäuche und Tätowierungen in die Kamera hielten, und mit schmissigen Überschriften wie »Schwedt-Porno« und »Bomben über Schwedt«. Also einmal voll mit dem dicken Berliner Lifestyle-Stift über das ganze Ost-Elend und die Plattenbauten drübergefahren. Das Heft habe bei den Lead Awards in Hamburg, der jährlichen Auszeichnung der besten Beiträge in Internet und Print, einen Preis gewonnen.

Überhaupt Plattenbauten, sagte der Kumpel am Telefon. Bei Plattenbauten falle ihm leider immer das Plattenbau-Quartett ein, das sich junge Akademiker-Menschen, die Berliner Medien-Haute-Volée, als Ausdruck ihrer Über-heblichkeit und ironischen Distinktion gegenseitig zum Abendessen mitbrächten: widerliche Plattenbauten. Der Plattenbau sei eben längst im ironisch-akademischen Lifestyle-Mainstream angekommen.

Da kam eine Plastiktüte mit fünfzig Stundenkilometern die Straße hinuntergefetzt.

Fetz.

Flatter, flatter.

Die Tüte blieb in einer der Birken am Rand des Highways hängen, riss sich los, stand kurz quer auf der Fahrbahn und tanzte über den Horizont davon.

Ein Auto, klein, rot, laut, mit UM-Nummernschild, bog auf den Highway ein, schaltete hoch, bremste runter, kam in Schrittgeschwindigkeit näher und zog, als es auf einer Höhe mit meinem 500er stand, mit Vollgas und dröhnendem Auspuff davon. Voll gut. Immer wieder ein schönes Manöver. Klassischer Auftritt.

Es gab hier, zwischen Plattenbauten in Schwedt, nichts mehr zu erledigen.

Ich fuhr zurück nach Berlin und dann gleich noch einmal in die Plattenbau-Stadt Schwedt hinein, nur, um mir beim Aufwärmtraining in der »Boxsporthalle Günther Jähnke« eine Rippe zu prellen und das rechte Knie so gründlich zu verdrehen (Verdacht auf Innenbandriss), dass ich die nächsten Wochen nicht mehr ohne Schmerzen würde auftreten können.

An einem Feiertag, Freitag, den 1. Mai – es war halb zehn abends und vor fünf Minuten dunkel geworden, ich hatte in Berlin noch eine Verabredung und wollte schnell nach Hause –, kam ich zum ersten Mal in meine Kleinstadt, fuhr ich zum ersten Mal in meine Stadt Oberhavel hinein.

## 3  Western

Das gibt es ja angeblich nicht oft, dass man sofort weiß, dass man am richtigen Ort angekommen ist: Hier wusste ich das sofort.

Gleich ein rundherum gutes Gefühl (vielleicht kam es auch daher, dass ich mir, der ich mich am Ende eines langen Arbeitstages wähnte, in der letzten Tankstelle vor der Kleinstadt ein Bierchen gekauft, es im Wagen geöffnet hatte und die letzten Kilometer mit der geöffneten Büchse zwischen den Beinen in die Stadt hineingefahren war. Prost).

Was genau war gut?

Ich war schnell von der Autobahn runter und lange Landstraße gefahren, nicht die berühmten brandenburgischen Alleen, sondern durch Waldwege, auf denen im Scheinwerferlicht immer wieder Warnschilder auftauchten, die scharfe Rechts- und Linkskurven anzeigten und das Runterschalten vom vierten in den zweiten Gang notwendig machten.

Nach etwa einer halben Stunde fuhr ich immer noch Landstraße. Ich hielt es andauernd für möglich, dass mir das Benzin ausging, die Nadel aber zeigte konstant einen dreiviertel vollen Tank an.

Landstraße: Immer die richtige Straße, wenn man weit weg, wenn man wirklich rauskommen und vom Weg abkommen mochte.

Links kam eine große Koppel, und da stand ein Pferd. Ich glaube, es war ein Pferd. Dann kamen Kühe, und dann lag links von der Fahrbahn etwas, das wie ein zerfallenes, von Gestrüpp überwachsenes Backstein-Gehöft aussah.

Der Wald war ein ganz anderer, als man Wälder in Bayern oder sonst wo in West-Deutschland kannte. Fast keine Bäume mehr, Stangen eher. Im Vorbeifahren sah der Wald, der der typische brandenburgische Kiefernwald war, wie im Horrorfilm *The Blair Witch Project* aus.

Und dann musste ich runter auf Fünfzig.

Ich hatte gedacht, ich sei den falschen Weg gefahren, und dann war es doch der richtige gewesen: Etwa zehn Minuten vor der von mir erwarteten Zeit kam ich in der Kleinstadt an. Und nun stand ich, obwohl gerade erst angekommen, gleich mitten drin in der Stadt.

An einer Häuserecke parkte ich mein Auto.

Von hier aus stieg die Hauptstraße in die eine Richtung an, in die andere Richtung fiel sie ab. Die Häuser waren braun und flach, und so weit ich gucken konnte, blieben sie bräunlich, gräulich und flach.

Es gab keinen Plattenbau.

Stattdessen machte die Straße den Eindruck einer merkwürdig geschlossenen und heilen Kulisse, als hätte es hier ein Ort, der noch aus der Zeit vor den zwei Kriegen stammte, ohne die üblichen Schäden und ohne sich groß zu verändern, rüber in die Gegenwart geschafft.

Das Haus, vor dem ich meinen Wagen geparkt hatte, war bis auf Kniehöhe mit roten Fliesen verkleidet. Dann kam der graubraune, für die DDR typische Spritzbeton. Die Fenster waren mit Holzrollläden verschlossen. Dann fing auf nicht mal zwei Meter Höhe ein auffällig steiles und hohes, vor Jahrzehnten zum letzten Mal gedecktes Ziegeldach an. Mein erstes Haus in Oberhavel hatte also wenig Haus und viel Dach und gehörte zu den nicht renovierten Häusern im Osten.

Es stand nirgendwo ein Mond. Es war so geil dunkel an dieser Ecke, wie ich das aus der Großstadt nicht kannte. Dunkelheit, fand ich, stand der Kleinstadt gut.

Und es war ganz wunderbar still. Keine Regung, Bewegung, keine Menschenseele. Man hört – in Momenten wie diesen – dann ja echt Hundebellen. In der Ferne zog jemand ein Auto in wenigen Sekunden von null auf achtzig hoch. Nicht weit von hier mussten Teenager auf der Straße sein: Lachen, Flaschenklirren.

Ich verschloss den Wagen, lehnte mich mit dem Rücken an mein Oberhavel-Haus, einen Schuh auf dem Gehsteig, einen Schuh gegen die Hauswand gestellt, die gestreckten Arme mit den Handflächen an den Spritzbeton gelegt, und schaute abwechselnd links und rechts die Hauptstraße hinunter.

Ankommen in Oberhavel.

Das Haus im Rücken, die Hände auf dem Spritzbeton, den Gehsteig unter mir, versuchte ich runterzufallen und reinzusinken in die Kleinstadt.

Hammerharte Übung

So stand ich volle fünf Minuten lang.

Nach etwa zwei Minuten wechselte ich das Standbein.

Ich kam mir vor wie in einem gottverdammten Westernfilm. Fehlte nur noch, dass ich mir einen Zigarillo ansteckte oder einen Hut aufsetzte (mein Hut, der war übrigens *Pierrot Le Fou*-, nicht James-Stewart-in-*The Man who Shot Liberty Valance*-mäßig gemeint).

Fünf Minuten sind eine lange Zeit. Vielleicht stand ich deshalb auch nur drei Minuten so da.


Ich lief nun die Straße, die von der Hauptstraße abging, hinunter und fand – kompletter Zufall – gleich meinen Boxclub. Der »Boxring Oberhavel e. V.« war Teil des Sportstudios »Fitness Factory«, das neben Boxen die Sportarten Tai-Chi, Kung-Fu, Aero Biking und Step Aerobic anbot. In einem Glaskasten hingen die Trainingszeiten: »Di, Do, Fr, 16:30 Uhr bis 18 Uhr. Trainer Maik Brunner«. Drei Termine pro Woche waren mehr, als Kleinstadt-Boxclubs sonst auf die Reihe kriegten, ein gutes Zeichen also, und schon beim Lesen des Trainernamens Maik Brunner kam in mir eine Vorfreude und komische Panik hoch, die alte

Angst, die für den Sport normal begabte Menschen vor Sporthallen haben, Angst vor dem Wettbewerb, vor den Umkleidekabinen, vor den Geräten, Angst, die falsche Ausrüstung dabeizuhaben, und Angst vor Trainer Maik Brunner, der seine Befehle schreien würde, denn Boxtrainer schrien ihre Befehle alle.

Der Club lag in einem zu einem Einkaufsgelände umfunktionierten ehemaligen Fabrikgelände. Es gab eine Fahrschule, ein Sonnenstudio, das italienische Restaurant »Ciao Ciao« und viel Platz zum Parken, in einem Nebenhof lagen der Billig-Kleidermarkt Kik und der Ein-Euro-Discounter Tedi. Das E von Tedi war ein Euro-Zeichen.

Ich lief mitten auf der Straße. Auf der Straße brannte nur eine Laterne.

Graue, dunkelbraune und sandfarbene Häuser, fast alle einstöckig. Die Häuser wirkten besonders niedrig, so niedrig, also wären sie nicht von unten nach oben, sondern von oben nach unten gebaut worden – wirklich so, als hätten sich die Häuser in die Erde hineingewühlt.

Man hätte in Regenrinnen hineinfassen können.

Fast alle Fenster waren mit Rollläden verschlossen. Schulterhohe Zäune aus Metall, auf einem war – so groß hatte ich das noch nie gesehen – ein etwa fünfzig mal fünfzig Zentimeter großes Profilbild eines Schäferhundekopfes angebracht: »Warnung vor dem Hunde«. Am nächsten Tor hing ein Schild mit der Aufschrift: »Vorsicht, bissige Hunde«. In einem Fenster war zwischen den Sichtschutzvorhängen und den Scheiben eine Ausstellung merkwürdiger Ziergegenstände aufgebaut: Strohsterne, ein Körbchen mit Papierblumen, ein Becher mit Spielwürfeln, eine Porzellangiraffe, ein Pitbull aus Porzellan.

Zurück am Auto pausierte ich erneut.

Ich hatte starke Zentrum-Gefühle.

Dann sah ich, dass in der abfallenden Richtung der Straße eine Brücke kam und das Zentrum der Stadt wohl erst dahinter begann.

Die Brücke war eine Zugbrücke, für Fußgänger und Fahrradfahrer passierbar, für den Autoverkehr gesperrt. Die Firma Siemens hatte die Brücke im Jahr 1992 neu instand gesetzt. Auf einem am Metall angebrachten Schild erfuhr ich: »Probstbrücke, Wahrzeichen der Stadt Oberhavel. Von alters her Übergang von der Stadt über die Havel und den Damm ins Dorf Probst.«

Fluss: immer gut.

Unter der Zugbrücke floss die Havel, zur einen Seite ins Grüne, in eine parkartige Landschaft hinein, die Bäume und Sträuche hingen ins Wasser, zur anderen Seite in ein hafenartiges Becken mit Schiffsanlegestellen und Schleuse. Man sah: ein Wohlstandsgefälle. Hinter der Brücke ging der wohlhabendere Teil der Stadt los.

Und ich lief in das schweigende Einkaufssträßchen hinein.

Hinter der Brücke stand das immer wieder rührendste Schild der Welt: Spielstraße. Mit weißem Strich auf blauem Grund war hier das Abbild einer glücklichen deutschen Wohnwelt abgebildet. Haus mit spitzem Dach, Vater und Sohn spielten Fußball, ein Auto fuhr, schön langsam.

Ich sah ein Geschäft, das ich gleich beim ersten Anblick für das Geschäft der Zukunft hielt: Es war vollkommen unklar, was es hier zu kaufen gab. Es stand auch nichts dran. Im Ladenlokal brannte keine Nachtbeleuchtung.

Ich ging ganz nah ran an die Schaufenster und spähte durch das Glas:

Der linke Teil des Schaufensters war mit weißer Spitze verhangen. Zwischen der Spitze klebte ein Stück Pappkarton mit der Aufschrift: »Wohnung zu vermieten«, ein weiterer Pappendeckel mit der Aufschrift »Frische Eier«. Im rechten Teil des Ladens waren etwa fünfzig Plastikkörbe in einer Billy-Regalwand von Ikea aufgestellt.

Es gab: Haargummis (zehn Stück für 15 Cent), hundert kleine Plastiklöffel (50 Cent), Salatbestecke (70 Cent), Steakmesser (99 Cent), Hundeleinen (ab 3,99 Euro), Hochzeitskarten (25 Cent). Fünf Kilo Nägel kosteten 3,50 Euro, ein Seifenablageset (zwei Seifenablagen) 2,15 Euro. Faschingskostüme gab es in den Größen 94 bis 104. Am *Reiseatlas DDR mit den sozialistischen Bruderländern Polen*, *Tschechoslowakei*, *Ungarn*, *Bulgarien*, *Rumänien*, *UdSSR* klebte kein Preis. Der Laden handelte außerdem mit Groschenromanen (Tauschkurs 1 zu 1 plus 20 Cent). Erst jetzt verstand ich, dass das Geschäft, ein Kramladen oder Import-Export-Laden, Siggi's Laden hieß: So stand es jedenfalls auf einer Papptafel in der Ladentür.

Siggi's Laden empfand ich insofern als Geschäft der Zukunft, weil es hier nichts und gleichzeitig alles zu kaufen gab: Nicht die Nachfrage, sondern das Angebot bestimmte hier das Angebot. Das waren, grob vereinfacht, die Zustände in der DDR gewesen, und so hatte man sich auch die Zukunft des Einzelhandels in der ostdeutschen Kleinstadt vorzustellen.

Die Geschäftsstraße, die mit Siggi's Laden begann, hieß Spandauer Straße. Kleine, bunte, pusselige Ladenwelt: Laden neben Laden. Der deutsche Einzelhandel.

Es gab einen Bäcker, Fleischer, Schuhladen, Friseursalon. Die Häuser waren hier höher und bunt gestrichen. Auch einige herrschaftliche Bürgerhäuser aus dem 19. Jahrhundert standen dazwischen.

Ein Marktplatz mit einem klassizistischen, geschätzt zweihundert Jahre alten Rathaus, rosafarben, renoviert und angestrahlt. Rechts neben dem Rathaus stand eine Eiche, von einer Rundbank umgeben.

Paar Schritte hin zur Eiche – zu einer Eiche mit Rundbank musste man doch hingehen: Auf der Bank war ein Schild mit der Inschrift »Friedenseiche, gepflanzt 1871« angebracht (lustig, 1871, das war doch das friedliche Jahr, in dem wir den Krieg gegen Frankreich gewonnen haben). Da stand außerdem ein Glaskasten mit amtlichen Bekanntmachungen der Stadt Oberhavel: Am 7. Juni ist Europawahl. Da bitte hingehen. Euer Bürgermeister. Gewarnt wurde außerdem vor dem mutmaßlichen Terroristen Carl C. Breininger. Konnte sein, dass der schoss, wenn man den an der Jacke festhielt.

Hier war das Zentrum.

Und hier fuhren auch Autos.

Das erste Auto, das mir in Oberhavel entgegenkam, war ein kleines, blaues Auto. Es saßen zwei Männer auf Fahrer- und Beifahrersitz. Beide trugen Baseballkappen. Es klebte der Schriftzug »Pitbull Germany« auf der Heckscheibe. Das Auto fuhr normal schnell. Keiner der beiden Männer guckte.

Hinter der Spandauer Straße stieß ich auf die Kirche der Kleinstadt, aus uralten Feldsteinen erbaut, mit einem mächtigen, viereckigen Turm. Die Kirche stand schräg auf einer Wiese, die von einem viereckigen Kirchplatz umgeben war, eingefasst von Lindenbäumen und zweistöckigen Häusern. Scheinwerfer strahlten sie an. Ein Gegenstück zur Kirche stellte, was Größe, Kraft und Herrlichkeit anging, eine riesenhafte Linde dar. Sie mochte fünfhundert Jahre alt sein.

Das sah jetzt alles, besonders im Glanz der Dunkelheit, sehr hübsch aus, hübscher, heiler, pittoresker, als man sich einen Kirchplatz in der ostdeutschen Kleinstadt vorgestellt hatte. Die Spandauer Straße endete an einer Ampelkreuzung mit Hinweisschildern in die umliegenden Kleinstädte.

Auf dem Bürgersteig kamen mir nun zwei Jungs entgegen, harmlos, mit wuscheligen Haaren, großen Jacken, Turnschuhen. Ich hielt die Jungs an, fragte:

»Jungs, Entschuldigung. Gibt's hier was, wo man um die Zeit noch ein Bier trinken kann?«

Die beiden berieten sich kurz.

Dann sagte einer: »Gaststätte Schröder. Kann man sich wirklich nicht beschweren. Gutes Essen, faire Preise.«

Die Gaststätte Schröder lag auf der Spandauer Straße Ecke Kirchplatz in einem zweistöckigen, oben dunkelgelb, unten orangegelb gestrichenen Haus.

Offensichtlich und für jeden sofort erkennbar: das erste Lokal am Ort.

Das Schild auf dem Gehweg empfahl Gulasch mit Rotkohl für 4,85 und Schnitzel mit Brot für 2,70 Euro.

Die hölzerne Tür hatte die Form eines Bierfasses. Schon draußen konnte man sehen, dass das Bier im Lokal keine sieben Minuten brauchen und die Klos geputzt sein würden.

Fünf Lampen strahlten das Schild mit der altdeutschen Schrift an: An der Hauswand waren außerdem Schilder mit den Aufschriften »Wernesgrüner, Pilslegende, Brautradition seit 1436« und »Premiere Sportsbar« und, als blauweißer Leuchtkasten am Hauseck, »Hertha BSC Fantreff« angebracht. Im Fenster hing die Ankündigung »Jeden Freitag Preis-Skat«. Auf einem zweiten Schreiben stand: »Die OVG informiert: Hertha BSC Bundesliga-Express-Bus Sonderfahrt. Wir bringen Euch ins Olympiastadion und auch wieder zurück.«

Auf dem Straßenschild vor dem Lokal klebte klein, halb abgerissen, ein Aufkleber des SC Hansa Rostock.

Im Schröder war um diese Zeit noch etwas los. Hinter den Vorhängen konnte ich eine lange Theke, Tische mit karierten Tischdecken und Spielautomaten sehen. Dazu Jeansjacken, rote Köpfe, Männerrücken, Männerhälse, Männerbäuche, Qualm, Bier.

Yeah.

Man hörte draußen auf der Straße jedes Glas, das drinnen in der Kneipe getrunken wurde. Ein Mann mit starken Armen und Bleistift hinterm Ohr reichte volle Biergläser von hinter der Theke nach vorne.

Gelächter.

Dann lachte einer richtig laut.

Wieder die Biergläser.

Ich konnte sehen, dass es nun etwas zu klären gab. Dann stand es kurz auf der Kippe. Dann gab es wieder was zu lachen. Und der starke Mann zapfte wieder Bier.

Ich sah die Bierfass-Tür an und wusste, dass ich es an diesem, meinem ersten Abend in Oberhavel noch nicht in dieses Lokal hinein schaffen würde.

Auf dem Weg zum Auto sah ich dann fast nur noch Asia-Bistros und Nagelstudios, obwohl es dieselbe Straße war, die ich vorhin entlanggelaufen war, nur eben in entgegengesetzter Richtung.

Es waren drei Asia-Bistros und fünf Nagelstudios. Den Begriff »Asia-Bistro« hatte ich vor Betreten der Kleinstadt weder gehört noch gelesen. Die Asia-Bistros hießen Asia-Bistro Phu Toan, aber auch einfach Asia-Bistro Welcome. Bei jedem der Asia-Bistros und bei drei von fünf Nagelstudios stand das Wort Neueröffnung auf den Fensterscheiben. In einem besonders flott aussehenden Studio las ich in neonbunten Buchstaben: »Fußpflege mit Massage 10 Euro; Maniküre mit Massage 10 Euro; Neumodellage mit komplett 30 Euro; Auffüllen mit komplett 25 Euro«.

Alles komplett. Das, meine Damen und Herren, waren wohl Spitzenpreise. Man sah, dass es dieses Nagelstudio schon in drei Monaten nicht mehr geben würde.

Hotel Lorenz.

Dann, nur zwanzig Meter weiter, auf derselben Straßenseite: Haus Heimat. Restaurant, Café, Pension. Inhaber W. Finster. Spandauer Straße Ecke Kopekenstraße.

Haus Heimat: wahrlich ein abstrakter Hotelname. Ich hatte nicht gewusst, dass es in Deutschland Häuser gab, die Haus Heimat hießen.

Ein grau-braun-beigelicher Gespensterkasten: oben fünf Fenster, im Erdgeschoss zwei butzenfensterartige Scheiben aus gelbgrünem Glas, dazwischen die von Fliesen eingefasste Gasthaustür. Links am Haus wuchs ein efeuartiges Kraut. Das Licht hinter dem Glaskasten mit der silbergoldenen Schrift »Berliner Kindl Jubiläumspilsener« flackerte.

Die Speisekarte im dafür vorgesehenen Speisekartenkasten empfahl Topfwurst mit Sauerkraut und Kartoffeln;
Leber gebraten mit Kartoffelpürree; Aal grün mit Dillsoße
und Kartoffeln.
Was um Himmels willen war Topfwurst?
Hinter Butzenscheiben lief ein Fernseher. Oder war das
eine Sicherheitselektronik, die ansprang, sobald Gäste
das Haus Heimat betraten?

Zufrieden stellte ich fest, dass die Straßen, die von der
Einkaufsstraße abgingen, allesamt so aussahen wie die
Straße jenseits der Brücke: niedrig, gräulich, bräunlich.
Eine Herrenstraße genannte Seitenstraße war der Länge
nach aufgerissen; im Sand hinter den Absperrungen standen die Baumaschinen.
Insgesamt, so mein Eindruck, war es eine Kleinstadt wie
im Westen, bloß ganz anders – grauer, brauner, fieser, härter, geduckter, hinterrückser, zwielichtiger, gemeiner. Ich
fand's gleich so geil hier – komisch, ganz entscheidend
geiler als die etwa zwanzig anderen Kleinstädte, die ich in
den letzten vier Wochen im Osten besichtigt hatte.

Beim Herauslaufen aus der Kleinstadt merkte ich mir:
Hotel Lorenz.
Gaststätte Schröder.
Zur Alten Eiche.
Franky's Place.
Conny's Hauswaren (Einkaufen mit Köpfchen).
Fun Factory (Unsere Preise machen Spaß).
Orig. Ital. Eis.
Karin's Hair Studio (Lifestyle for Everyone).
Schneideratelier Ljubov Gustrow.

Süße Präsente an der Probstbrücke.

Haus Heimat.

Im Haus Heimat, so viel stand fest, wollte ich wohnen, wenn ich das nächste Mal in die Kleinstadt kam.

Ich guckte noch mal hierhin, dorthin.

Laufing the streets of Oberhavel.

Klar war ja auch, dass ich es hier einfach geil finden wollte.

Neben meinen Wagen hatte sich in der Zwischenzeit ein Mann im Rollstuhl, irgendwo zwischen fünfzig und achtzig Jahre alt, mit schwarzem Cowboyhut, Django-Bart und Decke über den Knien, auf den Bürgersteig gestellt.

Stand da einfach.

Guckte nun konzentriert in die andere Richtung, dahin, wo weder ich noch mein Auto war.

Ey, Kollege.

Gegen Mitternacht war ich zurück in Berlin, zufrieden und irre aufgewühlt zugleich, und schon zwei Tage später, zu Beginn der neuen Woche, fuhr ich wieder los, auf die Autobahn Richtung Nordosten.

## 4 Hauptstraße

Vor Siggi's Laden lehnte mittags gegen zwölf ein Latten-
rost, in Plastik eingeschweißt, auf dem Bürgersteig. Kos-
tenpunkt: 15 Euro. Viele der Körbchen, die Haargummis,
Hochzeitskarten und so weiter, standen ebenfalls einfach
auf der Straße vor dem Haus.
Ich betrat – ganz Reporter, der einen Hut auf dem Kopf
hatte – den Laden, suchte eine Verkäuferin und fragte sie,
wie es ihr so ging. Ich fand eine Frau mit geblümtem Arbeitskittel, um die fünfzig Jahre alt, die nicht recht hoch-
gucken wollte und lieber in ihren Körbchen wühlte.

Guten Tag, gute Frau. Wie geht es Ihnen?

Die Frau sagte nichts, wühlte weiter. Die Frau drehte mir den Rücken ihres Arbeitskittels zu. Mir fiel das Wohnungsinserat ein, das zwischen den Spitzendeckchen in ihrem Schaufenster hing.

Entschuldigung, aber die Wohnung, die in Ihrem Fenster hängt – gibt's die noch? Könnte man sich die eventuell mal angucken?

»Alle suchen Einraum-Wohnungen in Oberhavel. Die sind schwer zu kriegen, weil man als Arbeitsloser ja nicht in mehr Raum wohnen darf. Und nun, entschuldigen Sie …«

Die Alte drehte sich um und sah mich von ganz unten an, beide Hände in den Wühlkörbchen.

Lieber Himmel, die Frau musste wirklich hart arbeiten!

»Ich kann mir hier ja von Ihnen keine Löcher in den Bauch fragen lassen, ich habe zu tun.«

Ah.

So war das.

Interessant, interessant.


Ich hatte bisher zwei Sorten von Gesprächen auf meinen Reisen durch den Osten geführt. Das eine Gespräch war – ganz gleich, ob ich danach gefragt hatte – bei Nazis, das andere bei Arbeitslosen gelandet. Es gab sie also, zwanzig Jahre nach Mauerfall, immer noch: die klassischen Ost-Themen. Als Reporter mit Hut musste ich mich auch um diese kümmern. Nützte nichts. Ich musste tapfer weiterfragen.

Wie viele Arbeitslose gibt's denn hier in Oberhavel? Ich meine: Ich habe keine Ahnung. Sind es viele Arbeitslose, gute Frau?

»Kann ich Ihnen nicht genau sagen. Aber ja. Viele, viele Arbeitslose. Jeder Zweite in Oberhavel ist arbeitslos.« Ich verließ den Laden.

In Berlin hatte ich übers Wochenende ein paar Daten über die Kleinstadt Oberhavel zusammengesammelt. Wissenswertes aus zweiter Hand, Informationen aus dem Internet, wie es so schön heißt:
Oberhavel hatte – eingemeindete Dörfer eingerechnet – rund 14000 Einwohner. Das war nicht viel. Das hieß, dass man als halbwegs aufmerksamer Neuzugang nach etwa vier Wochen alle Typen, die am öffentlichen Leben teilnahmen – im Fußballverein, beim Preisskat, beim Saufen – einmal zu Gesicht bekommen hatte. Anders gerechnet: In einer Gemeinde von 14000 Einwohnern hatten vielleicht 300 ein öffentliches Gesicht.
Oberhavel lag jenseits des Speckgürtels von Berlin, also jenseits der Gemeinden Oranienburg, Henningsdorf und Velten, die einen wirtschaftlichen Aufschwung und Bevölkerungszuwachs verzeichneten. Die Arbeitslosenquote lag bei 17 Prozent. Das war nicht übermäßig viel (in Berlin waren es 16,3 Prozent). Die gefühlte Arbeitslosigkeit war allerdings wesentlich höher, was daran lag, dass es in der Kleinstadt selbst kaum noch Arbeit gab. Die großen Betriebe waren nach der Wende abgewickelt worden. Wer arbeiten wollte, der nahm den Zug nach Berlin, oder er hatte sich auf eine Arbeitswoche eingelassen, die ihn von Montag bis Freitag ins Ausland, nach Schweden, England oder Holland, brachte.
Die klassischen Ost-Probleme Abwanderung und Überalterung waren auch in Oberhavel spürbar, allerdings in abgeschwächter Form.

Oberhavel war, anders als die umliegenden Orte, keine Stadt der ehemaligen Ackerbürger, sondern eine Arbeiterstadt. Das 19. Jahrhundert war wichtig für die Kleinstadt gewesen. Damals hatte man sich hier gewissermaßen erfunden.

Oberhavel: Stadt der Schiffer und Ziegler. Um 1890 hatte man beim Bau einer Eisenbahnbrücke Tonvorkommen entdeckt. Damals hatten sich Stadt und Umgebung zur größten Ziegelindustrie in Europa entwickelt. Weil Berlin zur Jahrhundertwende zur Großstadt explodierte, florierte die Ziegelproduktion, der Baustoff aus Oberhavel ging in unzähligen Schiffsladungen über die Havel nach Berlin. Nach dem Krieg holte die DDR Vertriebene und Flüchtlinge als Arbeitskräfte und verhinderte so einen Zusammenbruch. Der zweite Zusammenbruch kam dann, umso gründlicher, mit der Wende.

Vor gut zehn Jahren war der letzte Ziegelofen erloschen. Die riesigen Tagebaue hatte man in den Fünfzigerjahren mit Wasser geflutet: So war nördlich der Kleinstadt eine Seenlandschaft entstanden, die genau genommen keine Seenlandschaft, sondern eine verlassene Industrielandschaft war. Die sogenannte Tonstich-Landschaft, ein Teppich aus rund fünfzig Gewässern, sei bei Naherholungs-Urlaubern, so das Amt für Tourismus, bei Anglern und Radfahrern und bei Beobachtern des Fischotters, der Biber und der großen Rohrdommel, sehr beliebt.

Heute, so meine Internetrecherchen, wusste Oberhavel auch nicht so genau: eine Stadt, in der alles früher einmal gewesen war. Zu zehn Teilen Gegenwart kamen immer neunzig Teile Vergangenheit dazu, mindestens.

Der Stolz auf die glorreiche industrielle Vergangenheit

war überall auffindbar, mehr noch, er machte bis heute einen Großteil des Selbstverständnisses, der Identität der Oberhavler aus. Aber diese Identität war brüchig geworden, in dem Maß, in dem die Industrie weggebrochen war.

Klang doch alles schlüssig: So dachten also Menschen im Internet über Oberhavel nach.

Es gab auch kluge Leute, die darauf hinwiesen, dass die vierzig Jahre der DDR vergleichsweise folgenlos geblieben waren gegenüber den achtzig Jahren der klassischen Industrialisierung, in denen hier die Öfen gebrannt hatten.

Gab man im Internet den Namen der Kleinstadt ein, dann kam sehr bald, gleich nach den offiziellen Seiten der Stadt, eine ganz andere Geschichte: Vor einigen Jahren war in der Kleinstadt der jüdische Friedhof geschändet worden. Grabsteine waren umgeworfen und mit rassistischen Symbolen beschmiert worden. Da war noch einmal alles, was man sich als Städter oder Westmensch schon immer über die Kleinstadt im Osten gedacht hatte, wie eine unheilvolle Gleichung aufgegangen: Brandenburg – Kleinstadt – jüdischer Friedhof – Schändung – widerliche Sache. Drei Sechzehnjährige, von denen mindestens zwei durch neonazistische Gesinnung und Taten aufgefallen waren, hatten für die Tat haftbar gemacht werden können. Im Jahr 2007 waren erneut fünf Grabmale beschädigt worden, wobei nie abschließend geklärt werden konnte, ob ein Unwetter oder menschliche Zerstörungswut ursächlich gewirkt hatten.

Gab es sonst noch irgendwelche wissenswerten Daten zur Kleinstadt Oberhavel?

Ach, eigentlich nicht.

Mit 32 Prozent stellte die SPD im Stadtparlament die meisten Sitze. Die NPD hatte es hier nie in den Stadtrat, nie in den Landkreis geschafft. Der Bürgermeister, ein gestandener, allseits respektierter Mann aus der Region, sollte, so hörte man, ein voll okayer Typ sein.

Und nun war es Montagmittag: ein Uhr in the City of Oberhavel.

Es war, das musste man beim Anblick der Einkaufsstraße denken, absolut kein asoziales Städtchen, keine von den sensationell heruntergekommenen und hoffnungslosen Trostlos-Städten (die mochte es in Mecklenburg-Vorpommern noch öfter geben, in Brandenburg wurden sie gerade eine Seltenheit). Die Zeichen der Aufgeräumtheit und Bürgerlichkeit überwogen überall. Es war, auf den ersten Blick, ein Bild der Freundlichkeit, Buntheit, Geschäftigkeit und Normalität, wie es am Vorabend im deutschen Fernsehen gesendet wurde.

Viele Menschen waren älter, also über fünfzig Jahre alt. Sie trugen Plastiktüten, große bunte Jacken und große bunte Hosen, standen in Grüppchen auf dem Bürgersteig und unterhielten sich. Oder sie standen vor den Läden oder in den geöffneten Ladentüren. Viele Menschen guckten einfach nur, rechts und links und wieder rechts, die Straßen hinunter. Dann traten sie in ein Ladenlokal ein und kamen bald wieder heraus, um sich erneut hinzustellen und erneut die Straße hinunter zu gucken.

Autos waren wichtig.

(Der Reporter wusste leider nichts von Autos, was schade war, man hatte einfach vergessen, ihn in frühen Lebensjahren in diese Welt einzuführen, weshalb ihm heute das Basiswissen fehlte, er konnte nicht einmal einen Ford Focus von einem Opel Astra unterscheiden, geschweige denn die Kunst der Kleinstadt-Menschen wertschätzen, die ihre Autos mit allerhand Spoilern, Auspuffen und Extralampen schöner und mit getunten Motoren schneller machten. Der Reporter stellte sich vor, wie toll das wäre, in der Kleinstadt ganz nebenbei einen Auto-Grundkurs zu erhalten, und freute sich auch darauf.)

Es wurde unentwegt in Autos eingestiegen, aus Autos ausgestiegen, in Parkplätzen vor- und zurückgefahren, an offenen Autos gestanden und sich unterhalten, sich durch offene Autofensterscheiben begrüßt und verabschiedet. Die in den Autos grüßten die Fußgänger und andersherum. Gehupt wurde in der Kleinstadt eher wenig. Menschen saßen auch einfach in Autos, die Scheiben geschlossen, und taten nichts außer im Auto zu sitzen und aus dem Auto herauszuschauen. Ein interessanter Typ des Autofahrers war der, der mit geöffneter Autotür in seiner Parklücke stand, einen Fuß im Auto, einen Fuß auf der Straße, und nichts tat. Es gab jede Menge Parkplätze.

Sparkasse.
Dresdner Bank.
Allianz Versicherungen.
Volksbank.
Der Drogeriemarkt Schlecker hatte das schönste Haus am Platz. Es lag auf dem Marktplatz Ecke Spandauer Straße.
Es gab sogar einen Buchladen.

Ich musste nun – klassisch schöne Aufgabe für den ersten Tag – entscheiden, welchem der zwei Fleischer ich als Fleisch-Fan mein Vertrauen schenken wollte: Fleischerei Schiller am Marktplatz oder Fleischerei Biermann auf der Spandauer Straße. Beide Fleischereien wirkten gut in Schuss.

Beim Fleischer Biermann standen gleich drei Pokale in der Auslage. Hier ließ ich mir vier Brötchenhälften, zwei mit Mettwurst, zwei mit Hackepeter, schmieren und in Papier einwickeln. Zwei Euro, bitte.

Zwei Euro? Echt? Nicht bisschen mehr?

Nee. Zwei Euro, bitte.

Das ist ja superwenig.

(…)

Bitte.

Danke.


Ich wickelte die Brötchen noch im Ladenlokal stehend aus und fing gleich an zu kauen, und Frau Biermann, die die freundliche Omi hinter der Theke war, nickte mir zu. Ein Mann im braunen Anzug betrat den Laden:

»Salami.«

»Irgendeine besondere Salami?«

»Nö. Salami.«

Und Frau Biermann sprach, als sie sich in die Auslage beugte, in süßlich leierndem und jammerndem Singsang, dem man anhörte, dass Frau Biermann das Bedienen alter Leute gewohnt war: »Na, denn nehmen wir mal unsere hausgemachte Salami. Denke mal, dass wir dann beide nichts falsch gemacht haben.«

Ich sah eine Fleischerin und einen Brauner-Anzug-Mann, die nun beide nichts falsch gemacht hatten.

Und zu mir sprach Frau Biermann: »Schmeckt's? Ja, da schmeckt's immer, wenn man unterwegs ist, das ist schön.«

Und sofort hatte ich Angst, die Kleinstadt könnte so bunt, freundlich, harmlos und dufte sein, dass es hinten und vorne für eine gute Geschichte nicht reichen würde.

Da preschte ein Skinhead-Kämpfer auf einem Mountainbike – geschätzte 18 Jahre alt, im Achselhemd und mit einem etwa hundert Kilogramm schweren Armeerucksack auf dem Rücken – die Straße herunter.

Sah super aus.

Es ging nicht viel schöner.

Und so ging es schon wieder.

Vor einer Klostermetzgerei genannten Auslage – mitten auf der Einkaufsstraße, also wirklich mittendrin im Städtchen – saßen die Penner.

Hinter ihnen der Getränkemarkt.

Das waren gerade zwei Kollegen, die da saßen.

Einer hatte ein Cordhütchen auf dem Kopf, Stoffbeutel zwischen den Füßen, Bierfläschchen in der Hand. Guckte da – graubraunlilarot verquollenes Säufergesicht – unter seiner Cordhutkrempe hervor. Ich sah jetzt, dass der Mann mit dem Cordhut Prellungen und Schürfwunden in seinem graubraunlilaroten Säufergesicht hatte.

Für beide war der Zug abgefahren.

Da saßen zwei Mal geschätzte zehn, eher zwanzig Jahre Arbeitsunfähigkeit wegen Alkohol.

Und so setzte ich nun, voller Eindrücke – die natürlich viel zu viele waren für die ersten zwanzig Kleinstadt-Minuten an einem helllichten Tag – vorsichtig einen Fuß vor den anderen. Versuchte mitzuhalten, nicht hinzufallen, mich einzureihen in die Kleinstadt.

Bei Conny's Haushaltswaren ging ich mir einen Rucksack mit Camouflage-Muster kaufen – armseliges Manöver: Ich stellte mir vor, dass dieser Gegenstand, halb Techno, halb Bundeswehr, bei den Bürgern Ost-Deutschlands gut ankam und ich so die Angriffsfläche, die ich den Einheimischen bot, verkleinerte. Die Einkaufsstraße lief ich noch einmal mit möglichst beiläufigem Blick, der nicht so viel sehen wollte, hinunter.

Ich sah viele Frauen mit Kinderwagen. Gerne liefen die Mütter zu zweit nebeneinander den Bürgersteig hinunter, jede Mutter ihren Kinderwagen vor sich.

Die Mütter waren jung, zwanzig Jahre alt oder jünger. Ihre Haare waren asymmetrisch geschnitten; der Grundton der Haare war weißblond oder kohlrabenschwarz, und in diesen Grundton waren einzelne Strähnen oder Passagen in stark kontrastierenden Signaltönen, in Hellgrün, Hellrot oder Hellgelb, hineingefärbt.

Viele der Mütter, die einen Kinderwagen schoben, hatten zusätzlich ein Kind auf dem Arm oder hielten ein Kind an der Hand, das neben ihnen auf dem Bürgersteig lief.

Viele abgearbeitete Gesichter. Vor allem Frauen über sechzig hatten Gesichter, die aussahen, als hätten sie viele Jahre lang eine Arbeit gemacht, die den Kopf abgestumpft und den Körper geschunden hatte. Die harte Arbeit hatte aus Frauengesichtern Männergesichter gemacht. Die Männer, die ich sah, hatten komischerweise längst nicht so harte und so erschöpft aussehende Gesichter.

Die ganz normale Feindseligkeit untereinander war groß. Natürlich gab es einen beinharten Umgang unter den Männern. Aber das war nichts gegen die Härte, mit der die Frauen miteinander umsprangen: In den Drogeriemärkten, vor den Fleischtheken, auf dem Marktplatz konnte ich sie einander niedermachen hören. Es wurde sich nichts geschenkt. Es wurde geschimpft, gebellt, geraunzt, geschnauzt, gewettert. Komisch, fast schien es, als ob der übermäßige Alkoholkonsum, der unter den Männern üblich, unter Frauen aber natürlich längst nicht so verbreitet war, den Männern für ihren Alltag eine Milde, Nachsicht und Durchlässigkeit der Empfindungen schenkte, die den Frauen verwehrt blieb. (Moment: Möglich und wahrscheinlich war es, dass sich die Züge der Frauen gerade wegen der konstanten Zugedröhntheit ihrer Männer so verfinstert und verhärtet hatten, während die Männer zu Mitgefühl oder sonst einer Empathie in Richtung ihrer Frauen grundsätzlich nicht mehr imstande waren.)

Männer unter vierzig hatten kurze Haare, ausnahmslos. Genauer: Die Haare waren über den Ohren und am Hinterkopf abrasiert, auf dem Kopf saß ein gleichmäßig kurz geschnittener Haardeckel. Dreiviertelhose, T-Shirt, Turnschuhe, gerne Ohrring, Tätowierung auf einem der beiden Unterschenkel dazu – fertig war der Proll-Fighter.
Ich dachte nach. Unklar war, was zuerst da gewesen war, der tätowierte Unterschenkel oder die Dreiviertelhose, die den tätowierten Unterschenkel zur Schau stellte.
Der Proll-Fighter war auch insofern eine neuartige, eine zeitgemäße und moderne Erscheinung, als er die traditionellen Geschlechterrollen, die noch von irgendwann,

ht noch aus den Fünfzigerjahren stammten, längst
unden hatte. Für einen echten Mann, wie man
iher (in Filmen) gekannt hatte, war er, Proll der
Gegenwart, viel zu sehr mit dem Lack seines Äußeren
beschäftigt.

Nirgendwo anders, das dachte der Reporter, der auf der
Spandauer Straße stand, hatte das Konzept des Metro-
sexuellen so eingeschlagen wie in der Kleinstadt. Die Killer-Prolls mit ihren rasierten Schädeln, ihren Goldketten,
Unterhemden und tätowierten Unterschenkeln sahen aus
wie starke und gefährliche Männer – und wie Schwuch-
teln aus dem Sonnenstudio.

Der Superproll musste sich unentwegt mit seinem Körper beschäftigen, um sich zu spüren. Seine Körperflüssig-
keiten hatte der Superproll, um mit ihnen Geräusche zu
machen, damit er sich selber hören konnte. Also:

Husten.

Räuspern.

Rotze-in-der-Nase-hochziehen.

Rotze-im-Hals-hochziehen.

Rotze-im-Mund-herumschwenken.

Ausspucken.

Jetzt betrachtete der Proll seine Fingernägel.

Und von vorne.

Nach seinem Auto hatte der Proll, der als Hartz-IV-Empfänger in der Kleinstadt und auf dem Lande massenhaft
Zeit zu verschwenden hatte, seinen eigenen Körper entdeckt. Den Körper behandelte er so, wie er sein Auto
behandelte – mit einer Akribie, mit einem Sinn und einer Liebe fürs Detail, die in der Großstadt so selten an-

zutreffen war (vielleicht auch deshalb, weil der nicht arbeitende Mensch in der Kleinstadt weniger Ablenkung als in der Großstadt hatte, also noch mehr auf sich, sein Auto und seinen eigenen Körper zurückgeworfen war). Die Techniken des Körper-Tunings hießen Fitnesstraining, Sonnenbankbaden, Körper-Waxing, Augenbrauen- und Schamhaarrasur, Piercing, Branding und Tätowieren. So war, abseits der Großstadt, eine eigene Sorte Männlichkeit entstanden: der gefährliche, dabei ziemlich schmuck und schwul aussehende Superproll. Er, Superproll, auch das war auf der Hauptstraße der Kleinstadt zu beobachten, trug auffällig oft eine schmale, rechteckige, aus filigranem Leichtmetall gearbeitete Brille. Die Firma Fielmann hatte ganze Arbeit geleistet.

Ich sah ihn nun fast überall, den Superproll des Ostens. Einmal ausgemacht, war praktisch nur noch er zu sehen. Er stieg aus Autos aus, kam mit Hund an der Leine den Bürgersteig heruntergewatschelt oder stand rauchend auf dem Gehweg. Viele Proll-Fighter hatten an Lieferwagen zu tun, mit Ausräumen und Einräumen, mit Anfahren, Türen auf- und zuschwenken und wieder Abfahren. Sie trugen die Uniform des arbeitenden Mannes, den blauen Handwerkeranzug.
Mein Impuls war: Jetzt besser aufpassen, jetzt besser still und arm und klein nach unten gucken – sonst knallt es, sonst wirst du gleich am ersten Tag zwischen Proll-Fighter-Schultern eingekeilt, und es gibt auf die Fresse.

Es war ein Talent, ein Wesenszug der Bevölkerung der Bürgersteige in der Kleinstadt, dass sie mich, den Reporter, auf den ersten Blick als West-Menschen, Eindringling, potenziellen Störenfried, identifizierte. Bloß erwischen ließ die Bürgersteig-Bevölkerung sich bei ihren Blicken nie. Der Kleinstadt-Mensch konnte unheimlich gut hingucken, ohne beim Hingucken gesehen zu werden. Dem Eindringling schaute der Kleinstädter in den Rücken und in die ungedeckten Seiten, nur selten ins Gesicht.

Ich machte dann das, was in der Kleinstadt immer geht, nämlich nach Motto-T-Shirts Ausschau halten.

Da kamen:

»New York State of Mind«.

»Absolute Perfection« (goldener Schriftzug auf einem weißen Sweatshirt).

»Ich bin dick und du bist hässlich« (dicker Mann, der mit Frau, Kind und Kinderwagen unterwegs war).

Der Klassiker »Ost-Berlin« (weiße Schrift auf schwarzem Grund, »Ost« in Runenschrift geschrieben).

Schon am Nachmittag ahnte ich, dass die Spandauer Straße vielleicht ein schmuckes Einkaufssträßchen war, die meisten Läden aber, gleich, wie bunt und fröhlich sie aussahen, ziemlich am Ende waren, also eher eine Idee ihrer selbst, als eine gut laufende Ware verkauften.

Überall war Rabattwoche. Das Werben für die Artikel funktionierte nicht über ihre Nützlichkeit oder eine besondere Qualität der Waren, sondern ausschließlich über Aktionspreise und Sparpreise.

Viele Läden mussten noch etwas anderes anbieten als das, was auf ihren Schaufenstern stand, damit sie über die Runden kamen: Die Postagentur verkaufte Fahrräder, ein Haushaltsladen war gleichzeitig Änderungsschneiderei, das Schneideratelier gleichzeitig Steuerbüro, im Blumenladen am Markt konnte man – lustig anzusehen – eine gebrauchte Playstation 2 für 60 Euro, kaufen.

Im Billig-Discounter Fun Factory, der an günstiger Stelle, nämlich schräg gegenüber vom Eiscafé lag, gab es der Einfachheit halber, ähnlich wie bei Siggi's Laden, alles zu kaufen: Kaffeemaschinen, Eierkocher, Schnorchelsets für Kinder, Riesenpuppen, Mikrofaser-Bettwäsche, Hello-Kitty-Bälle, Gießkannen, Dusch-Das-Duschgel und das Buch *Ich liebe dich einfach so wie du bist.* Auf dem Bürgersteig vor dem Quelle-Laden schließlich war ein Warnschild aufgestellt: »STOPP. Bar-Ankauf, Familienschmuck, Altgold, Silber, Zahngold (auch mit Zähnen). Jetzt sofort Geld in bar. Machen Sie Geld mit Ihrem Gold.«

Die Videothek am Markt hatte ein selbst gemaltes Schild im Schaufenster hängen: »Jetzt mit Grillfleisch«.

Das musste der Mann mit Hut natürlich genauer wissen.

Frage bei der Frau in der Videothek, wie das »Jetzt mit Grillfleisch«-Schild im Fenster der Videothek zu verstehen sei.

Sie kam gleich hinter der Theke hervorgelaufen, schob die Gefriertruhe auf, in der Eis und abgepacktes Fleisch lagen, und zeigte da hinein: »Na, das läuft jetzt erst neu an. Die Leute haben ja meistens das Fleisch vergessen, wenn sie sich einen Film ausleihen gehen. Da bieten wir jetzt also Bratwürste und mariniertes Grillfleisch, fertig abgepackt, zum Filmerlebnis an.«

Ich drehte größere Runden, kam weiter und noch ein Stück weiter weg und versuchte, Stimmungen aufzunehmen: schmuckes Amtsgericht (Barockfassade), Zisterzienserinnen-Kloster, Friedhof der Roten Armee, Mahnmal für die Opfer des Faschismus, das Sportlerheim »SV

Oberhavel 1920 e. V.«. Oben vom Stadtpark konnte ich, vielleicht fünfhundert Meter entfernt, am Ortseingang und Ende einer Rennstrecke, die an Autohäusern vorbeiführte, das blaue Licht der Aral-Tankstelle leuchten sehen.

Der Reporter hatte auf seinen Runden durch die Kleinstadt nicht einen Türken, nicht einen Araber gesehen. Das fiel auf. Das kannte man als Großstadtmensch einfach anders: Die in Wedding und Kreuzberg das Straßenbild bestimmten, die waren hier offensichtlich verboten. Und die Asiaten, die in der Kleinstadt arbeiteten, die guckten als Knusprige-Ente-Bräter nicht hinter ihren Asia-Bistro-Scheiben hervor.

Am Kirchplatz blieb ich vor einer, wie man sagte, liebevoll renovierten Fassade stehen: Backstein. Vinothek und Kräuterei. Nostalgisches, Kunst & Krempel.

Ich bekam gleich einen Riesenschrecken.

Die Speisekarte empfahl ein »Feines Linsen-Meerrettich-Süppchen mit frischen Kräutern«. Im Fenster waren Weinflaschen und allerhand antiker Schnickschnack wie Messingglöckchen, Zinkbesteck und bemalte Engelchen drapiert. Am kommenden Freitag, so der Kulturkalender, würde im Backstein der Abend »Deutschstunde/Satire aus Ost und West« stattfinden.

Der Backstein verstand sich als Mischung aus Café, Weinhandlung, Trödelladen, Kulturbegegnungsstätte und Kräutergarten mit Terrasse – von allem ein bisschen und das alles mit viel Liebe gemacht. Auch bestand die Möglichkeit, im ersten Stock in drei niedlich renovierten Zimmern zu übernachten. Geführt wurde der Backstein von zwei Herren, gebürtig aus Rostock, vor 15 Jahren nach Oberhavel gekommen, beide sympathisch, einem älteren Herrn mit Schnauzbart, einem jüngeren mit Lesebrille.

Ich staunte, in meiner Kleinstadt einen Ort wie diesen zu finden. Dann staunte ich nicht mehr und sah die Kleinstadt, sah überhaupt meine Reise fortan mit anderen Augen.

Man durfte nicht enttäuscht sein: Ganz gleich, wo man hinkam, Kultur und Geschmack, der Trödelsammler, Weintrinker, Kleinkunstliebhaber und Feine-Kräuter-Kenner waren immer schon vor einem angekommen.

Überhaupt war die Kultur, waren Rotwein, Porzellanengel und Satireabende an sich ja keine schlechten Sachen. Aber ich, der Reporter, hatte mich sehr darauf gefreut, in der ostdeutschen Kleinstadt einmal, wenigstens für ein paar Wochen lang, ohne diese Dinge zu sein.

Ging nicht: in Ordnung.

Da mussten wir uns drauf einstellen.

Der Jüngere (Lesebrille) erzählte, während der Ältere hinten die Milch für einen Cappuccino hochschäumte: Es sei schon eine kleine Stadt, also ganz das Gegenteil einer Großstadt. In den ersten Wochen habe man ihnen noch den Speisekartenkasten demoliert, Kleinstadt eben, aber die Aufregung habe sich längst gelegt. Die Leute in der Stadt seien nicht bösartig, aber schwer zu erreichen, einige praktisch nicht ansprechbar.

Es gebe allerdings auch ein paar helle, kommunikative Charaktere, ums Eck zum Beispiel, gleich nebenan, Hansi und Heiko Schröder, gewissermaßen die erste Familie am Platz, Vater und Sohn, die gemeinsam mit ihren Ehefrauen die Gaststätte Schröder betrieben. Das seien gute

Leute. Anständiges Essen, faire Preise, da gäbe es nichts zu meckern, das solle man sich merken.

Man sei, so die netten Herren vom Backofen, immer eingeladen, sich hier hinzusetzen und wohlzufühlen und bei einer gemütlichen Tasse Cappuccino die *taz* zu lesen. Der Ältere am Automaten nickte stumm. Und ich dachte: Die freundliche Einladung ist angenommen. Mich hier hinsetzen zu diesen zivilisierten Menschen und ein Kaffeechen trinken, warum nicht?

Und dann erzählt die Lesebrille, weil's gerade so nett war, noch die Hit-Geschichte, die in der Kleinstadt in den letzten Monaten für Unterhaltung gesorgt hatte:

Es war im Herbst letzten Jahres, als der Besitzer eines im Ort bekannten kleinen Betriebs, damals in schweren Geldnöten, in die Volksbank im Nachbarort gestürmt kam und einen Plastikrevolver an das Schalterglas hielt: »Ich brauche 3000 Euro, sofort. Das Geld überweisen Sie bitte …« Und dann hatte der arme Unternehmer dem verdutzten Bankbeamten die Kontonummer diktiert, auf die das Geld zu überweisen sei. Heute saß der arme Tropf im Gefängnis, sein Betrieb war von zwei Frauen übernommen worden, die ihn mehr schlecht als recht führten.

## 5 Hauptstraße, später

Gegen fünf Uhr nachmittags nahm der Verkehr zu. Es waren jung und sehr jung aussehende Männer, die nichts Offenkundiges zu erledigen hatten. Sie drehten Runden. Sie fuhren Auto, damit sie Auto fuhren. Die Jungs waren paarweise unterwegs, Fahrer mit Beifahrer, und meistens trugen beide, Fahrer und Beifahrer, Baseballkappen auf dem Kopf. Auch schien es eine Art Parcours, eine abgesteckte Strecke durch die Kleinstadt zu geben, die etwa zehn Minuten lang dauerte, denn nach zehn Minuten tauchten dieselben Autos in derselben Besetzung an derselben Straßenecke wieder auf.

Musik war natürlich wichtig. Es machte meistens einfach Bumm. Ein Auto hörte die Techno-Proleten-Version von *We Don't Need No Education* (herrlich, eisenhart, hundsgemein). Aber es lief auch schnelle Rockmusik mit deutschen Texten, und ein Fahrer, der die graue Uniform eines Bundeswehrsoldaten trug, war – irre Erscheinung – mit der quer durch die Kleinstadt schreienden Musik des Sechziger-Jahre-Kinderstars Heintje unterwegs.

Das kontrollierte Langsamfahren, das verstand ich gerade, war besser, schöner, spannender als das Schnellfahren. Im Langsamfahren, im Schleichen lag die Möglichkeit, aufs Gaspedal zu treten und, aus dem Stand kommend, einen Kickstart hinzulegen. Wer dagegen schon Vollgas fuhr, konnte nur noch bremsen, hatte das Beste, den Kickstart, schon hinter sich.

Einige Autos klangen wie Hafenschlepper.
Die Heckscheiben-Beschriftung Creed. (Man hätte ein ganzes Buch über Heckscheiben-Beschriftung schreiben können.)
Die Opelgang Germany e. V. war auch schon da.
Das klassische Oberhaveler Cruiser Kid glitt betont langsam die Straße hinunter, tief hinten im Sitz liegend, den Ellbogen ins offene Fenster gelegt, den gestreckten Arm auf dem Lenkrad, jederzeit bereit, zu explodieren. Das war die klassische Cruiser-Haltung aus dem Zeitalter von Gene Vincent und James Dean.
Da kam ein giftgrün gespritzter Wagen mit eingebautem Überrollkäfig. Jetzt hätte man sich wieder mal gerne mit Autos ausgekannt. Ich las: Ford Focus RS.

Ich musste nun schnell mal raus aus dem Konzert der bumsenden Autos: runter zum Fluss.

Fluss, wie gesagt: immer gut.

Am Fluss war ja offensichtlich auch gut, dass er nicht hier bleiben, sondern rausfließen wollte aus der Kleinstadt, Richtung Berlin.

Der Weg führte am Wasser entlang, am anderen Ufer reichte das Grün in langen Wellen bis an den Fluss heran.

Hinten tauchte ein Sportplatz auf.

Ein Schwan.

Grün.

Blau.

Es gab das Blau, das im Fluss dahinfloss, und das Blau oben, an dem die weißen Wolkenfetzen jetzt irre schnell dahinzogen. Gut vier Fünftel aller Blicke sahen jetzt nur Himmel.

Die beste Zeit für den Fluss war offensichtlich jetzt, gegen fünf Uhr nachmittags, wenn Hektik und Tamtam des Tages sich schon ein wenig gelegt hatten, aber der Abend sich noch nicht richtig herantraute. Das sahen wohl auch die Vögel so, die jetzt ganz doll umherflattern, schreien und kreischen und dolle Sturzmanöver fliegen mussten. Die Dunkelheit lag noch einige Stunden weit entfernt.

Es waren die Wochen der warmen Winde, der schnell ziehenden Wolken und der plötzlich herunterbrechenden Regengüsse. Und erst jetzt, auf dem Weg am Fluss, sah ich in voller Breite, was für ein irre schönes Frühsommerwetter in diesen an irren schönen Frühsommern nicht armen Nullerjahren das schon wieder war: 25 Grad, irre Lüfte, irre Frische, eine irre Bewegung am Firmament, die Kräfte des Lebensbejahenden und Frohen schienen von ganz weit oben, wirklich aus dem Weltall oben, zu uns herunterzustoßen. Ein Stimmung, wie es sie früher im September gegeben hatte, bloß alles eben doch ganz anders: Man spürte auch, dass es noch früh im Jahr war, Anfang Mai, nicht Anfang September. Der lange, heiße Sommer lag vor uns.

Auf den Bänken vor der Brücke saßen sechs Mädchen, keine über 16, unter ihnen zwei Jungs. Schubsen, Hauen, Stoßen, Zurückschubsen, Aua-Schreie, Kicher- und Kreischanfälle. Zwischen den Mädchen saßen ein normal kräftiger Junge und ein anderer Junge, still, die Hände in den Schoß gefaltet, mit langen, dünnen Armen, langen, dünnen Beinen, der sogenannten Bill-Kaulitz-Frisur (schwarz-weiß toupierte Haare) und einem zu großen, weißen Jackett. Er bekam die Knuffereien seiner Freunde ab – saß da, so wunderbar verquer, verunglückt, grandios windschief in die Welt hineingehängt, wie das nur Heranwachsende fertigbringen. Das ganze Drama einer Kleinstadtjugend lief da in Sekundenschnelle im Vorbeigehen vor dem Reporter ab. Eins der Mädchen stand auf und kreischte zum Wasser hinunter: »Pissen sollt ihr, nicht ficken!« Schweigende Bill-Kaulitz-Beauty.

Wieder oben in der Stadt kam eine neue Welle der Ratlosigkeit und Hilflosigkeit in mir hoch, und es stellten sich die naheliegenden Fragen:
Weshalb diese Kleinstadt?
Was war das für ein geisteskranker Einfall gewesen, sich gegen die Großstadt und für dieses miese Stinkenest hier zu entscheiden?

Punkt 18 Uhr. Die Kleiderläden Jeans Line und Ernsting's Family räumten ihre Kleiderständer von der Straße.

An der Eiche standen etwa zwanzig sehr jung aussehende Menschen, in den Zeitungen würden sie sagen: Kids. Wieder leichte Mädchenüberzahl. Pullover, strubbelige Haare, Rucksäcke. Keine Nazis, eher ein Treffen der als Links-Alternative Verkleideten. Ein Junge trug sogar einen Irokesen-Haarschnitt. Ein Mädchen wurde von dem Punk-Jungen mit auf den Rücken gedrehtem Arm einmal um die Eiche geführt. Das Mädchen rief: »Auaaaa ...« Es sah nach Spaß aus.

Beim Kauf eines Schweineohrs in der Bäckerei Back Stopp ärgerte ich mich – schwachsinnig, deshalb überflüssig – über die neudeutsche Freundlichkeit, die im Einzelhandel längst allgegenwärtig war und von der ich gehofft hatte, dass sie in der Kleinstadt aus irgendwelchen Gründen vielleicht noch nicht angekommen wäre.

Die Verkäuferin lächelte, als sie mir das Schweineohr über die Theke reichte: »Einen schönen Abend noch.«

Wieso einen schönen Abend?

Was dachte sie sich, die Verkäuferin, wenn sie mir in vollkommener Unkenntnis dessen, was heute noch vor mir lag, einen schönen Abend wünschte?

Mein Abend würde massiv anstrengend, enervierend, anödend, trostlos, geisteskrank, brandgefährlich, aber sicherlich nicht schön werden.

Auf Wiederschaun.

Ich musste nun das erledigen, wovor ich mich den ganzen Tag gefürchtet hatte: Zimmer besorgen im Haus Heimat.

Die Tür der Heimat stand offen. Nur einen Schritt hinein, und schon stand man mittendrin in etwas höhlenartig Finsterem. Und da fiel es mir wieder ein: Der Schritt in die deutsche Gastwirtschaft hinein war immer schon ein Schritt in die komplette Finsternis gewesen.

Rötliche Hölzer – nein, man musste hier sagen: blutbraunfarbene Hölzer –, Messingarmaturen, Sitzpolster mit lilaweiß-grau-schwarz-goldenen Mustern. Der vordere, besonders enge Teil des Gastraums, in dem es einen Tresen mit Barhockern, ein erhöhte Sitznische und ein zweites Sitzplateau zum Fenster hin gab, öffnete sich nach hinten in einen größeren, fensterlosen, mit zahlreichen Tischen zugestellten und deshalb ebenso beengt wirkenden Raum. Die bestimmende Farbe war auch dort das Blutbraun der Hölzer. Der vordere und der hintere Raum hatten die absurd unpassende Anmutung einer gutbürgerlichen Stube im Regenwald, so viele Zweige, Blätter, Pflanzen waren zu sehen. Die Deckenlampen waren mit Tannenzweigen und bunten Bändern dekoriert; auf der Theke standen Töpfe, Vasen, Kelche, Eimerchen, aus denen allerlei Grünes, Weißes, Lilafarbenes, Blaues wuchs; jeder Tisch war mit einem Gedeck aus Vase, Papierserviette und Kerze dekoriert; zwischen den Tischen standen Raumtrenner, die als Blumenbeete dienten, in denen allerlei Schlingpflanzenartiges, Krautiges und Stacheliges gedieh. Gleich neben der Gasttür wuchs aus dem Boden ein Baum, dessen von Efeu umschlungene Äste sich unter der Decke des Gastraums ausstreckten.

Du liebe Scheiße, war das ein echter Baum?

Noch einen Schritt weiter hinein. Hinter dem Tresen stand eine Frau, die ich sofort scharf fand und von der ich auf Anhieb sicher sagen konnte, dass sie mich während meiner Wochen in der Kleinstadt beschäftigen würde.

Sie hatte einen enorm großen Busen. Auf ihrem Kopf saß ein dunkelblauschwarzer Haarhaufen. Ihr Gesicht war rundlich, vollmondig, an den Schläfen lilaweiß, um die Augen herum schwarz geschminkt, es sah insgesamt sehr niedlich aus. Die Augen waren grün (Kontaktlinsen), ihre Brauen fast vollständig gezupft und mit schwarzem Kajal nachgezogen. Sie mochte zwischen 19 und 28 Jahre alt sein, exakte Schätzung 23 Jahre. Sie sah, wenn es unten so weiter ging, wie sie oben aussah, ein wenig zu dick, dabei aber süß zu dick aus (ging es unten weniger günstig weiter, dann hatte sie, ganz ohne dass das irgendwie süß war, einfach einen dicken Hintern). Da stand sie mit ihrem Busen und ihren Haaren hinterm Tresen, ein Becken mit Spülwasser vor sich, in das ihre Hände und Arme bis zu den Ellbogen versenkt waren, und sie hielt den Kopf schräg und guckte ziemlich gut von unten nach oben. Ich hatte die Idee, dass sie sich jetzt einen Zeigefinger in den Mund legen und schüchtern lächeln müsste, um so richtig fünfzigerjahre-playboy-bunny-artig rüberzukommen. Das wäre toll gewesen, da hätten wir beide losgeprustet vor Lachen.

So aber stand sie da und hielt jetzt ein Geschirrtuch in den Händen.

Ich sagte: »Guten Abend. Ich suche ein Zimmer für länger. Ich möchte einige Monaten lang je drei bis vier Nächte pro Woche hier wohnen.«

Sie guckte.

Sie verstand nicht, besser noch, sie schien überhaupt nichts zu verstehen: Zu viele Zeitangaben, zu viele Näch-

te, Wochen, Monate in einem Satz. Es stand ein phäno-
menaler schlaffer, müder, leerer, dabei freundlicher Ausdruck in ihrem Gesicht. Sie guckte hin, weg, wieder hin.
Wortlos.

Ich wiederholte mein Anliegen. Ich sagte, ich bräuchte
ein Zimmer für einige Nächte.

Sie ging, das Geschirrtuch in einer Hand, zum Telefon,
wählte, sprach: »Da ist ein Mann, der was will.« Zurück
zum Spülkasten. Chef kommt gleich. Alles klar.

Ich fragte schnell, bevor der Chef kam, ob das ein echter
Baum sei, der hier im Gastraum stand.

Sie fragte: »Watt?«

Ich wiederholte, wobei ich die Hände wie einen Trichter
um meinen Mund legte und so laut sprach wie in einem
Witzfilm:

»Ist das ein echter Baum hier im Gastraum?«

Ich zeigte auf den Baum am Eingang, und als ich mich da-
gegenlehnte, merkte ich, dass der Baum aus Plastik war.

Sie grinste. Es war, schon wieder, ein nicht so schlechtes
Grinsen. Sie sagte, grinsend:

»Der Baum ist echt.«


Der Mann, der nun aus der Tiefe des hinteren Gastraums
kam, hatte rote Haut, weiße Haare und einen weißen
Bart. Er trug die klassische deutsche Schankwirt-Uni-
form: schwarze Hose, weißes Hemd, schwarze Lederweste, dazu die Billig-Gummisandalen von Crocs. Insgesamt sah der Wirt und Besitzer des Hauses Heimat in
Oberhavel so aus, wie sich Kinder den Wirt im *Wirtshaus
im Spessart* vorstellen mochten. Dafür, dass Finsters
Haar so dünn war, trug er es erstaunlich lang, dasselbe
galt für Finsters Bart.

Er hörte sich die Sache kurz an, verschwand, leicht vornübergebeugt, sein linkes Bein nachziehend, hinter der
Theke, wo er einen Wochenkalender herauskramte und
darin blätterte.

Er sagte: »Maria.«

Maria!

Maria legte Wilfried seine Lesebrille hin.

Stieren. Brummgeräusche. Vor- und Zurückblättern. Wirt
Finster führte vor, wie man dem Gast das Gefühl gab, dass
nur ein absoluter Glücksfall dabei helfen konnte, dass an
diesem Abend im Mai im Haus Heimat noch ein Zimmer
zu haben sein würde. Die Süße spülte dazu und wischte
und guckte stumm.

Von hinten rief eine Frauenstimme:

»Wer randaliert?«

Und Finster antwortete, in die Bücher gebeugt, leise, aber
laut genug, dass ihn die Frau in den Hinterräumen hören
musste:

»Da randaliert nichts, Frau.«

Der Wirt erklärte, dass der reguläre Preis bei 45 Euro pro
Nacht liege, dem Dauergast überlasse er das Zimmer für
20, mit Frühstück für 25 Euro.

Natürlich. Super. Abgemacht. Dann bitte ohne Frühstück.

Mit dem Wirt ging es in die Schwärze des hinteren Gastraums hinein, durch eine Holztür, auf der untereinander die Hinweisschilder »Toiletten«, »Notausgang« und
»Hotel« aufgeklebt waren, in einen abermals vollständig
finsteren, mit rotem Holz ausgelegten Klogang: Man lief
auf einen braun gestrichenen Heizkörper zu, darüber ein

mit Gittern, Milchglas und Vorhängen verschlossenes Fenster. Finster öffnete eine Tür, und wir standen in einem deutlich helleren Flur, von dem eine Treppe in den ersten Stock und Türen zu Küche und Hof führten. Im Hof brummte ein Elektromotor. Alle Fenster im Treppenhaus waren vergittert, die Gitter mit Plastikefeu dekoriert. Elektrokabel lagen über dem Putz. Unterhalb der Treppe war eine sagenhafte Installation aus Kram aufgebaut, im Einzelnen: leere Blumen- und Kakteentöpfe, Wischeimer, Wischmopp, ein Fahrrad aus Bast, Gießkanne, Reinigungsmittelflaschen, ein zwanzig Jahre alter Staubsauger, Kasserollen. Im Flur und Treppenhaus ein milchig-saurer Geruch: Was roch so? Konnte es sein, dass die Summe der in der Vergangenheit gekochten Gerichte diesen Geruch entwickelte?

Ich sah beim Aufstieg in den ersten Stock eine Vielzahl von Materialien, deren genaue Bezeichnung mir nicht bekannt war. Auf den Treppenstufen wellte sich das Linoleum. Der Holzton wechselte von Blutrot zu Saunabeige. Im oberen Gang, der eng und niedrig wirkte, obwohl seine Maße wahrscheinlich ganz normal waren, gingen links die Zimmer ab, der Gang endete vor einer Tür mit dem Aufkleber »Privat«. Mein Zimmer war das mit der Nummer fünf, ganz am Ende des Gangs. Gegenüber meiner Zimmertür war ein kleines Regal aus Pressholz, in dem zwei selbst getöpferte Tonkannen standen, aufgebaut.
Finster stieß die Tür meines Zimmers auf, zeigte hierhin, dorthin, übergab den Schlüssel. Ich hatte ein großes Bett, ein Badezimmer. Der Blick ging durch drei Fenster in eine enge Straße. In kaum fünf Metern Abstand konnte ich eine mit weißen Plastikplatten verkleidete Hauswand sehen.

Finster sagte etwas, was ich nicht verstand. Es war offenbar ein Trick des Wirts, das erkannte ich gerade, seine Sachen so leise zu murmeln, dass der Zuhörer um Wiederholung bitten musste. Finster wiederholte dann, kaum lauter, kaum deutlicher, aber in deutlich genervtem Tonfall. Dazu grinste der Wirt ein Grinsen, das, ähnlich wie bei seiner Angestellten, eine Aussicht auf mehr war: einen Gag, eine Freundlichkeit, Herzlichkeit, kleine Klugheit, Spinnerei, sonst ein Wort-Geschenk. Bei ihm würde später einmal, vielleicht, unter Umständen, so das Gesicht von Herrn Finster, etwas nicht so Schlechtes zu holen sein.

Finster, murmelnd.
Ich: Watt?
Wiederholtes Finster-Murmeln.
Ich: Ja.
Finster, nickend, grinsend, ab.

Ich stand mit dem Rücken zur Tür in dem Zimmer, das mein Zimmer, meine Kammer in der Kleinstadt Oberhavel war, und hatte Herzklopfen, weil ich hier einen auf fahrender Geselle im 19. Jahrhundert machte, der sich beim Wirt in der Fremde ein Zimmer auf unbestimmte Zeit nahm, und ich spürte Begeisterung, wilde Entschlossenheit und das Fortbleiben aller bösen Geister.
Ich dachte: Jetzt bloß nicht klein beigeben. Jetzt auf. Auf! Auf in die Gaststätte Schröder!

## 6  Gaststätte Schröder

Gegen zwölf Uhr nachts war der Reporter, der auch in der Kneipe seinen Hut selbstverständlich nicht abnahm, schon gut eine Stunde lang mit zwei ihm vollkommen fremden Männern, Ureinwohnern Oberhavels, wie sie sich nannten, im Gespräch gewesen, unfassbar. Das etwa fünfte Bier des Abends stand vor uns, der Reporter trank die kleinen (0,3 Liter), die Männer die großen Biere (halbe Liter). Ich glaube nicht, dass wir betrunken waren, nur auf dem Weg zu einem wirklich gelösten Gespräch – und damit nicht mehr weit entfernt von den Schnäpsen, die hier Kümmerling hießen und von Hansi Schröder, dem Vater des Heiko Schröder, als grüne Fläschchen auf die Theke geknallt wurden.

Wir standen in der Ecke, in der es sich geschützt, also abgesetzt vom Rest des Lokals, stehen ließ: am Eingang. Da hingen zwei Spielautomaten, und da machte die Bar, die sich über die gesamte linke Seite des Lokals zog, einen rechten Winkel, weshalb man hier noch gemütlicher stehen und sich über Eck unterhalten konnte.

Der eine der beiden war älter, ganz schön dick, mit kariertem Hemd, Dreiviertelhose, Bart, Brille, er stand neben mir, übern Tresen gebeugt; der andere jünger, groß, kräftig, leichter Bauchansatz, als hätte er in den letzten Jahren konstant über dem Limit getrunken und sich nicht gerade gerne bewegt, mit T-Shirt und Nike-Kappe. Ich sah, dass er hinter dem linken Ohr eine kleine Tätowierung hatte, außerdem war sein gesamter linker Arm mit bunten Tätowierungen zugestochen. Er brachte es fertig, sich gleichzeitig mit uns, dem Spielautomaten und seinem großen Bier zu beschäftigen.

Das Thema der letzten Minuten war das Thema gewesen, das die Leute in dieser Woche wie kein zweites beschäftigt hatte: Am Wochenende sollte in Oberhavel ein Casting für die Filmproduktion *Black Death* stattfinden. Ein Fantasy-Thriller, ein Horrorfilm. Handlung: Mittelalter. Überall tobt der Schwarze Tod, nur ein Städtchen, im Film das Städtchen Oberhavel, war verschont geblieben. Der Engländer Sean Bean, bekannt aus dem *Herr der Ringe*, würde im Lauf des Films für das Gute sorgen. Oberhaveler waren aufgefordert, sich als Komparsen zu melden. 50 Euro am Tag, plus Catering. Im Herbst letzten Jahres, so erfuhr der Reporter, waren große Teile der Kleinstadtbevölkerung von Oberhavel zum Komparsen-Casting von Quentin Tarantinos *Inglourious Basterds* nach Berlin gereist: erfolglos. Kein Oberhaveler hatte schließlich an der grandiosen Nazi-Erschießungs-Orgie im Finale des Films teilgenommen.

Davor war es um das gegangen, was Menschen zueinander sagten, wenn sie sich in der Kneipe zum ersten Mal zunickten, es waren die naheliegenden Gesprächsthemen: die glorreiche industrielle Vergangenheit Oberhavels, Arbeitslosigkeit, Abwanderung und die natürlich wichtige Frage, ob es den Jammer-Ossi, diese Erfindung aus den frühen Neunzigerjahren, noch gab. Es war außerdem gesagt worden, was für ein verdammt hübsches Städtchen das hier sei und was für ein verdammtes Glück ich hatte, dass ich ausgerechnet in diesem Städtchen, ihrem Oberhavel, gelandet sei.

Der jüngere, geschätzte 28 Jahre alt, hatte gesagt: »Die Konzentration von Wald und Wasser, die ist es. Die hast du nur hier. Die hast du nirgendwo anders.«

Und der ältere, geschätzte 45 Jahre alt, hatte hinzugefügt: »Wir haben hier ein riesiges geschlossene Waldgebiet; das größte geschlossene Waldgebiet Nordeuropas.«

Ich hatte meinen zwei Bekanntschaften, wie ich mir das in Berlin vorgenommen hatte, erzählt, dass ich in ihrer Kleinstadt an einem Buch über eine Kleinstadt arbeite. Da könnte ich die Straßen, Kneipen und Menschen in den Kneipen als Inspiration gebrauchen. Das hatten sie nickend und mit wenigen höflichen Gegenfragen zur Kenntnis genommen – das fanden sie spannend und dann schnell eine nicht weiter aufregende Sache. Ich war angespannt, weil andauernd großartige Sätze fielen, ich aber, in dieser Phase des Rantastens und Anwärmens, mein Notizbuch noch nicht aus der Tasche ziehen wollte, geschweige denn meinen Olympus-Stift. Wir bestellten noch drei.

Das wunderbare pilsgelbe Licht im Schröder.

Es saßen, obwohl Mitternacht vorbei war, an die dreißig Männer vor ihren Gläsern und – verrückt genug, das einmal in echt zu erleben – diese Männer debattierten, stritten, schimpften, erzählten ganz in echt. Zwischen den Tischen schoss Heiko, der Sohn der Schröders, mit dem Kellnertablett umher und brachte neue Biere, Schnäpse und die schönen Brötchenhälften mit Käse und Hacke-peter. Vater Hansi Schröder stand hinterm Tresen am Zapfhahn und hatte das Ganze im Blick.

Es war Liebe auf den ersten Blick gewesen, als ich an diesem Freitag im Mai gegen halb acht abends die Tür der Gaststätte Schröder aufgeschwenkt hatte und durch den Windfang in den Gastraum eingetreten war.

Ein bumsvolles Lokal. So etwas hatte ich selten, ganz gleich ob Großstadt, Kleinstadt, mittelgroße Stadt, gese-hen. Es waren ausschließlich Männer in dem Gastraum, was einen als Stimmung, Temperatur, als Abmachung über die hier zu verbringende Zeit schon im Türrahmen angenehm anfasste und gleich merkwürdig beruhigte.

Es gab nicht einen Mittelpunkt, es waren vielleicht fünf Mittelpunkte in diesem Gastraum. Links an der Theke, die sich über zehn Meter Länge zur Küchenausgabe streckte, saßen und standen sie in zwei Reihen. Im Hauptraum sa-ßen die Männer an einer Tafel und an viereckigen Tischen, alle Tische mit karierten Decken gedeckt. Im Hinterraum, hinter einer ausziehbaren Wand, waren die Skatspieler in Dreiergruppen an vielleicht zwanzig Tische verteilt. In einer Nische, auf halber Strecke vor dem Tresen gelegen, stand ein gelber Kachelofen, davor der Stammtisch, jetzt von zehn, zwölf Männern besetzt. Der Aschenbecher auf dem Stammtisch war ein tellergroßer kupferner Aschenbecher, an dem ein Glöckchen hing.

Die Männer trugen Jeansjacken, T-Shirts, karierte Hemden, Handwerkeruniformen und Trainingsanzüge mit der Aufschrift »SV Oberhavel 1920 e.V.«. Man sah viele Muskeln und eng sitzende T-Shirts, die die Muskeln zur Geltung brachten. Männer mit enorm kräftigen Hälsen. Männer mit enorm kräftigen Händen. Beliebt waren bedruckte Sweatshirts. Einige Männer trugen noch die Schuhe, die sie tagsüber auf dem Bau getragen hatten. Kopfbedeckungen trug man hier eher nicht. Die jüngeren hatten kurze bis sehr kurz rasierte Haare, die älteren trugen Metallbrillen, die noch älteren große Hornbrillengestelle im Gesicht. Ein paar Langhaar-Männer, alt gewordene Heavy-Metal-Fans, waren auch dabei. Es wurde auch gegessen an den Tischen, zwischen den Gläsern standen Teller mit Schnitzel, Currywurst und Brötchenhälften. Die Männer, die im Hinterraum Preisskat spielten, waren fast alle über sechzig, darunter ein paar grandios altertümliche Gestalten, mit kurzärmeligen Karohemden, Hosenträgern, Sandalen, vielleicht dreißig Jahre alten, also noch Original-DDR-Hornbrillengestellen. Die jüngeren, das sah ich gerade, trugen fast alle Ohrringe und jene »Tunnel« genannten Ohrsticker, die im Ohrläppchen ein Loch von bis zu zwei Zentimetern Durchmesser bildeten. Fast alle Männer, ob jünger oder älter, waren tätowiert.

Heiko Schröder, mit seinem Vater Hansi hinterm Tresen

beschäftigt, hatte den Reporter noch im Windfang erblickt:

Ein Nicken.

Blick ins Lokal, als wollte Heiko sich vergewissern, wie das Lokal das Eintreten des Fremdlings aufnahm.

Alles ruhig.

Erneutes Nicken.

Guten Abend.

Dann hatte Heiko Schröder wieder mit den Gläsern, die vor ihm auf dem Tresen standen, zu tun.

Heiko: Mitte, Ende dreißig. Kurze, braune Haare, goldene Ohrringe, Bleistift hinterm rechten Ohr, flinke, schlaue, freundliche Äuglein. Kurzärmeliges weißes Kellnerhemd, Tätowierungen auf dem Arm. Er hatte die Balu-der-Bär-Freundlichkeit. Es ging – das sah man, nachdem man drei, vier Bewegungen von ihm gesehen hatte – eine prima Gesundheit, Lebensfreude, zupackende Bejahung der Umstände seines Alltags und Lebens von ihm aus. Seine Erscheinung wirkte schnell und wendig und – Unterarme, Rücken, Nacken – kräftig genug, sich, wenn es sein musste, drei Betrunkene gleichzeitig auf die Schultern zu laden und aus dem Lokal zu tragen. Wenn starke Menschen freundlich waren: gut.

Vater Hansi: geschätzte sechzig. Etwa fünf Zentimeter kleiner als der Sohn. Die gleichen flinken, schlauen Äuglein, bloß hinter Brillengläsern. Die Haare trug er einen Zentimeter länger als sein Sohn. Das gleiche weiße Kellnerhemd, bloß eine Nummer kleiner. In allem war Hansi der Vater seines Sohnes, bloß eben zwanzig Jahre älter, entsprechend ruhiger, maßvoller, gelassener. Es ging ein kluges Haushalten der Mittel von ihm aus, jedem Griff, jeder Bewegung gab er exakt die Kraft, Geschwindigkeit, Spannung, Drehung, die sie brauchte. Man stellte sich vor, wo dieser Hansi vor zwanzig Jahren gestanden hatte: wohl in dieser Gaststätte, die Hand auf dem Zapfhahn liegend. Dieser Hansi, so dachte man, war vor zwanzig, vor vierzig Jahren schon Herr seiner Lage gewesen, Chef dieser Gaststätte, Chef seiner Familie.

Heiko streckte sich, ein Bier in der Linken, mit der Rechten quer durchs Lokal zeigend, und rief mit einer Kneipenstimme, die über alle Köpfe hinweg trug:
»Schmidti, was ist mit dir? Noch 'ne schöne Molle?«
Und Schmidti, der in zweiter Reihe am Stammtisch stand, ein Langhaar-Metal-Monster, in einem Jeansoverall mit Heavy-Metal-Aufnähern, hob einen Arm und nickte, und Heiko, drei Bier auf dem Tablett, flitzte los.
Diesen Heiko Schröder bei der Arbeit erlebend, dachte ich: Sieh an, Deutschland ist nicht böse, Deutschland ist ein feiner Kerl.
Diesen Satz dachte ich wirklich.
Dann stellte ich mir vor, wie man, einen Franzosen oder Engländer neben sich, auf Heiko Schröder am Zapfhahn zeigen und erklären würde: »Here. Look. Great German beer brewing tradition.«

Von einer Lücke an der Bar, die sich für Sekunden aufgetan hatte, machte ich das Würde-gerne-essen-Zeichen, bekam die Speisekarte, bestellte Schnitzel mit Brot und ein kleines Bier und versuchte, ohne zu hektisch oder gar ängstlich zu erscheinen, meinen Platz an der Bar zu behaupten. Nach einer Minute standen Schnitzel und Bier vor mir.

»Hatte sie gerade fertig«, sagte Heiko und zeigte auf die Küchenluke: »Da sagte ich ihr: Kannste mir gleich mitjeben, ditt Schnitzel, ditt wird jebraucht.«

Heiko sprach natürlich ein astreines Brandenburgisch. Er legte, als er so sprach, eine Hand auf meine Schulter: Nicken. Das war die offizielle Willkommensgeste. Und er hatte weiter zu tun.

Jetzt erst bemerkte der Reporter, dass es natürlich laut war in der Gaststube. Eine Hundertschaft Männer, die aus Gläsern trank und zu allem etwas zu sagen hatte, machte Krach. Es lief keine Musik. Über der Theke übertrug der Fernseher das UEFA-Cup-Halbfinale Werder Bremen gegen den HSV. Ton leise, aber laut genug, dass man die erregten Momente des Kommentators mitbekam.

Also Blick auf den Fernseher. Dabei versuchte ich, das Lokal zu verstehen, also exakt jene Menge Blicke in das Lokal zu werfen, die ein Reporter werfen durfte, ohne zum sozialen Ärgernis zu werden:

Es war das Gegenteil eines verwahrlosten Lokals. Alle Flächen waren blitzblank geputzt. Die Bar – beiges Pressholz, weiße Thekenoberfläche – war noch original DDR (Siebzigerjahre). Rechts neben dem Zapfhahn lagen die Bierdeckel der Trinker aus: Vorname, ein Bier, ein Strich. Das Buch, in dem die Trinker anschreiben lassen konnten, lag hinterm Tresen. Auf dem Zapfhahn klebte der Aufkleber »Steuern runter macht Deutschland munter: BILD«, daneben Aufkleber mit den Motiven SH Einheit Krewelin, Reifenwerkstadt Stralsund und Eisbären Berlin (»Die Welt ist eine Scheibe«).

Grüne Stoffvorhänge über weißen Gardinen. Durch eines der Fenster hinterm Tresen konnte man die Reklametafel

»Gehwol Fußpflege« sehen. Über dem Stammtisch hingen die Schwarz-Weiß-Fotos der freiwilligen Feuerwehr: Oberhavel in den Sechzigerjahren. Hinten auf einem Guckkasten mit den Seemannsknoten stand das Straßenschild »Promilleweg«.

Die Uhr hinterm Tresen war ein verfremdeter Bierfassboden mit römischem Zifferblatt. Auf einer Platte in Form eines Pilsglases stand der Trinkspruch: »Die niemals lieben, trinken, rauchen, sind auch sonst kaum zu gebrauchen.« (Süß, dachte man, dass der Dichter dieses Trinkspruches das Lieben noch zum Trinken und Rauchen dazugenommen hatte: Ganz ohne Liebe, so hatte der Trinkspruchdichter wohl gedacht, wäre es doch eine zu traurige Welt.)

Ich streifte mutig durchs Lokal und guckte, was da sonst noch so an den Wänden hing. Niemand kümmerte sich.

Eine Dart-Maschine. Ein Wimpel mit dem Stadtwappen von Oberhavel; Kneipenfotos vom Rosenmontag; eine gerahmte *BZ*-Seite mit der Schlagzeile: »Berlin knutscht die Meisterbären« (Eisbären-Urgestein Sven Felski reißt den Pokal hoch: Der schönste Moment meiner Karriere); der lila Fanschal vom FC Dynamo Berlin, dem fünfzehnfachen Meister der DDR. Im Hinterraum bei den Skatspielern hingen die Blätter, die ein fleißiger Spieler vielleicht einmal im Leben bekam, alles wasserdichte Blätter, mit Hand und Ansage zu spielen, sorgsam gerahmt mit Namen des Spielers, Tag und Uhrzeit: ein Grand ouvert mit drei Buben, Pikflöte, zwei Assen.

Jeder kannte jeden.

Es kannte wirklich jeder jeden.

Es gab, bis auf den Reporter, nur Stammgäste in diesem Lokal.

Die neu eintreffenden Gäste klopften zur Begrüßung auf die Tischplatten. Beim Händeschütteln war es wichtig, die Hand des Begrüßten nicht zu schütteln und nicht zu drücken, es sollte mehr so ein beiläufiges Berühren der Fingerspitzen sein, und ganz wichtig war, dass man dem Begrüßten beim Handgeben keinesfalls ins Gesicht, sondern möglichst deutlich an ihm vorbeisah. Hansi und Heiko riefen die Namen der Stammgäste, wenn diese im Windfang erschienen:

Pfundy!

Schumi!

Nussi!

Theo!

Kalle!

Paul!

Jesko!

Hundertzehn!

Käpt'n Freitag!

Tarzan!

Manni!

Tiger!

Poncho!

Schmidti!

Old Firehand!

Huckleberry!

Ach, der kleine Biermann!

Gegen halb zehn zog der Suff im Lokal gewaltig an. Hansi musste mehr zapfen, schneller zapfen. Die Getränke, die in immer kürzer werdendem Takt übern Tresen gingen, waren Bier, Kümmerling und das Mischgetränk Gold-krone Cola.

Es wurde gesoffen; dann gesoffen; dann gesoffen; dann – eins noch, Hansi, zwei noch, Heiko – gesoffen.

Normal.

Der Jeansoverall Schmidti tauchte am Tresen auf, hielt sich irgendwo fest.

Hansi: »Schmidti, noch 'ne schöne Molle?«

Schmidti guckte nur. Er nickte nicht. Er schüttelte aber auch nicht den Kopf. Das hieß, dass bei Schmidti noch eine Molle ging.

Hansi: »Mach ich dir fix und feddich, Schmidti.«

Heiko, zwei Teller mit Currywurst hochhaltend, zu zwei Handwerkern am Tresen: »Sitzend? Stehend? Liegend?«

Sie wollten stehend.

Die von den Oberhavel Bridge Guards, bärtige Männer mit schweren Lederjacken, waren auch schon da: Wenn bei den Hells Angels der Zweite Weltkrieg und die daraus fol-gende soziale Entwurzelung die Urkatastrophe gewesen war, die die Veteranen dazu gebracht hatte, den Rest ihres Lebens auf Motorrädern zu verbringen, so musste die Ur-katastrophe bei den Bridge Guards die körperlich brutal schwere Arbeit in den Ziegeleien und das plötzliche Aus dieser Industrie gewesen sein. So dachte ich gerade.

Ein Alter, sein Bier empfangend, stotterte: »Mach ditt mal uff'n Deckel, Heiko. Du weißt, ich zahle immer.«

Tresen-Szene, klassisch: Da setzte sich einer neben den Reporter, großer Schnauzbart, Hansa-Rostock-Kappe, Jeansjacke, zog die Jacke aus, darunter ein Achselhemd mit dem T-Shirt-Klassiker »Bier formte diesen wunderschönen Körper«, sackte, sobald er das Bierglas in der Hand hielt, in sich zusammen und fing sofort an, seinen endlosen Blabla-Text über seinen Verein aufzubrabbeln – man wusste nicht, mit wem er sprach, ob mit mir, mit anderen, mit sich, mit dem ganzen Lokal, oder ob das egal war, wem sein Vortrag galt: Elf Mal habe sein Verein nicht verloren, davon seien sieben Unentschieden gewesen, so reiche es natürlich nicht. Wenn man so spiele, so der Mann mit der Hansa-Rostock-Kappe, gehöre man in die Zweite Liga, da habe man in der Ersten nichts zu suchen, ja, man könne froh sein, dass man nicht längst in der Dritten oder Vierten Liga spiele.

Hansi goss dem Rostock-Fan eine rotes Konzentrat aus einer Flasche mit der Aufschrift »Halb-Halb« ein.

All die Mini-Dramen, Szenen, Schlüsselszenen, Geschichten, angerissenen Geschichten: Man konnte es nicht alles mitkriegen.

Ein Greis, der am Ende der Bar vor der Küche saß, hatte über Stunden an einem Bier getrunken. Er sah schlicht zu traurig aus, zu müde, zu fertig mit der Welt, um sich ein zweites zu bestellen. Backenbart. Keine Zähne mehr im Mund. Müder, trauriger Greis. Hansi legte dem Alten ein Fläschchen Kümmerling unter den hängenden Kopf: »Hier. Den schenke ich dir. Jetzt aber ab ins Bett.«

Der Reporter hatte zwischendrin überlegt, ob er im Gesicht des modernen Unterschichtlers, des in den Zeitungen so viel beschriebenen Prekariats, im Angesicht dieses Lokals und seiner Leute eine gewisse Regelmäßigkeit oder Gesetzmäßigkeit der Züge oder des Ausdrucks erkennen konnte, kurzum, ob es das typische Prekarier-Gesicht gab. Dann wusste der Reporter sofort, auf und ab guckend, das Bier in der Hand: Gab es wohl nicht (bei dieser Fragestellung hatte ich jetzt komischerweise ein moralisches Problem, das war ja ganz widerlich).

Was dagegen toll zu betrachten und als Phänomen auch wirklich vorhanden war, war die irre Mischung der Berufe, sozialen Herkünfte, Biografien, Erfolgskurven, der jähen und schlingernden Niedergänge, die hier gemeinsam an einem Tische saßen oder in Grüppchen zusammenstanden. Da waren wirklich alle Typen miteinander zugange, also Dauer-blau mit Freitagabend-blau mit Gerade-ausgelernt mit Alles-gehabt-alles-verloren mit Die-Geschäfte-laufen mit Noch-nie-gearbeitet mit Du-musst-ein-Schwein-sein mit Scheiß-Weiber-Scheiß-Politiker mit Ich-kenne-mich-aus-in-den-modernen-Zeiten mit Lass-mal-gut-sein-Alter.

Am Stammtisch hatte man am stärksten wahrgenommen, dass es mich gab. Es gab Blicke. Bedrohlicher waren allerdings die Blicke, die extra nicht geworfen wurden, sondern am Stammtisch blieben. Auf die Eckbank am Ofen hatte sich ein auffällig großer Mann hingelegt, da lag er, zwei Meter lang, mit Trainingshose und Stars-&-Stripes-Hosenträgern über dem Bauch. Der Bauch war riesig. Fast so groß wie der Bauch war der Kopf des Hosenträger-Mannes.

Heiko, dachte ich und merkte, dass dieser Einfall mich beruhigen sollte, Heiko kannte ich nun schon seit Jahren. Gerade konnte ich ihn, das volle Tablett balancierend, durch das Lokal fegen sehen. Dabei rief er – ein bisschen durchgedreht, aber natürlich auch lustig:

»Lecker, lecker, lecker! Molle, Molle, Molle!«

Und dann spürte ich, einen Ellbogen auf dem Tresen, den Körper ins Lokal hinein gewandt, wie mir das dritte und vierte Bierchen den Frieden gaben, den ich dringend brauchte, damit ich nicht fluchtartig das Lokal verließ, in mein Auto stieg und heimwärts nach Berlin fuhr. Der Kopf wurde ruhig, schwer, langsam, bequem. Den eigenen Blicken gelang es dafür, durch feste Gegenstände, ganz gleich, ob Wand, Kachelofen oder Bauch mit Hosenträgern, hindurchzustieren. Das war der Frieden des Biers.

Ich genoss das richtig.

Dann wollte mein Inneres kleine Gedichte aufsagen.


Nachdenken in der Gaststätte Schröder:

Hier bin ich richtig.

Hier weiß ich weiter.

Die Typen hier finde ich okay – die können alle so weitermachen und alle so bleiben, wie sie sind.

Prost.

Ich wusste alles.

Saufend sah ich mehr.

Saufend kannte ich mich aus.

Und saufend dachte ich über das Bier, die Molle, nach: Der einzige Fehler am Bier war all die Jahrhunderte lang gewesen, dass es ein Neutrum war. *Das* Bier. Das hatten sie – hier in Oberhavel, hier in der Gaststätte Schröder – geändert: *die* Molle. Meine Molle. Schöne Molle. Du liebe Frau.

Willst du, Fremder, noch eine schöne Molle?

Ja.

Eine geht noch immer.

An der Bar, an der sich die Männer drängten, fing ich todesmutig an, das, was ich an Wortfetzen und Gesprächen um mich herum hörte, in mein Notizbuch, das vor mir neben dem Bierglas lag, hinein zu notieren:

»Ausjekaspert.«

»Hör uff!«

»Feddich.«

»Du Arschloch.«

»Arschjeige.«

»Im Flugzeug, ditt weeß ick janz jenau, schenken se nur Lübzer Pilsener aus. Ditt Pils aus Lübz in Meck-Pomm, weeßte.«

»Ein Unding is' ditt.«

»Ditt is' eines der besten Biere der Welt.«

»Ditt sar'ick doch.«

»Kasparkopp, du.«

»Scheffler, Quelle, Karstadt ... Früher waren ditt noch Millionen. Heute hörste ja nur noch Milliarden, Milliarden, Milliarden!«

»1472 Kilojramm.«

»Abgasturbolader ... Ladeluftkühler ...«

»Diffusor.«

»Die Sechs-Jang-Schaltung könnte präziser einrasten.«

»Eene Woche hatten sie denselben Jrill dann für zehn Euro billijer, bei REWE! Nee. Wart ma'. Bei Real war ditt, jenau!«

»Ein Unding is' ditt.«

»Fabrescha sind ditt.«

»Ditt Arschloch.«

»Arschjeige.«

»Kunde, du.«

»Kaputter Kunde is' er.«

»Normal dürfte ditt ja jani' sein.«

»Ditt darf allet jani' wahr sein!«

»Watt?«

»Normal jehörten die alle längst …«

»Ostzeiten … Ostzeiten …«

»Zu Vorwendezeiten –«

»Zu Nazizeiten –«

»Du Arschloch.«


Überm Tresen sah ich den Torwart Tim Wiese neben den Ball greifen. Anschlusstreffer. Wie schön das aussah, den scheußlichen Tim Wiese neben den Ball greifen zu sehen. Also notierte ich das in mein Buch.


Ich schrieb gerade, Hut auf dem Kopf, Rücken zum Lokal, als mir ein großer Arm über die Schulter griff, das Notizbuch aus den Händen nahm und, mein Buch vor seinen Bauch haltend, anfing, darin herumzublättern und zu lesen. Es war der Zwei-Meter-Mann mit Hosenträgern, der eben noch auf der Bank am Stammtisch gelegen hatte.

Es ging nun eine brutale Hektik von dem Riesen aus.

Er wollte das lesen, er wollte das verstehen, was ich da in mein Notizbuch geschrieben hatte.

Er blätterte vor und zurück.

Er legte einen Finger in das Buch, beugte den Kopf vor, las.

Er fragte: »Was machst du da? Was schreibst du denn da auf?«

Der ganze Stammtisch guckte.

Der Riese stellte sich vor mich hin und hielt mir das Notizbuch vors Gesicht. Als wollte er, dass ich ihm meine Notizen vorlese.

»Bist du Journalist?«

Er legt mir einen Arm auf die Schulter, sah mich an: »Du machst uns doch keinen Ärger?«

Ich tat so, als wäre es in Ordnung und auch absolut in meinem Sinne, dass der Riese mein Notizbuch in den Händen hielt: bitte. Das ist kein Geheimbuch. Da kann jeder drin lesen. Auch du, Riese.

Dann sprach ich mit fester Stimme und einem leichten Zug ins Irre – der Riese sollte eine Nummer vorgeführt bekommen, die ihm zu weit ging, er sollte nichts begreifen, außer dass mein Selbstbewusstsein in Ordnung war. Ich sprach:

»Ich bin so ein Mitschreiber, weißt du? Ich schreibe alles mit. Alles! Alles! Wie so ein Verrückter. Verstehst du.«

Ich zeigte, vollkommen sinnloserweise, nach oben auf den Fernseher.

Der Riese machte noch einen Leseversuch. Vielleicht las er meine Notiz über den Werder-Torwart Tim Wiese. Er hielt mir das Notizbuch hin:

»Sportreporter?«

Ich sagte: »Nö.«

Der Riese: »Sag ich doch.«

Er wiederholte seine Ansage: »Mach uns bloß keinen Ärger.«

Ich tönte, wobei ich Gefahr lief, mit meiner Nummer einen Tick zu weit zu gehen: »Ich mache sicher keinen Ärger, woher denn.«

Ein kleines noch, Hansi.

Der Riese schwankte davon und hatte den Platz bei den Seinen wieder eingenommen.

## 7 Blocky kommt

Es betrat nun der eine der beiden Männer das Lokal, mit denen ich in den folgenden zwei Stunden in der Ecke links am Eingang stehen und mich unterhalten würde. Er blickte, noch im Windfang, zum Fernseher hoch und fragte: »1:3? 2:3? Warum ist denn hier kein Ton?«

Hansi, den Zapfhahn ziehend: »Schöne Molle, Blocky?«

Und Blocky griff den Hocker neben mir und sprach:

»Ich kenne alle hier, dich kenne ich nicht. Du bist nicht aus der Gegend, richtig?«

Er hielt die Rechte zur Begrüßung hin, während die Linke schon das Bierglas zum Mund führte:

»Christian Block, Blocky genannt, aber bitte mit y, nicht mit i. Mich kennen alle hier, ich bin hier Ureinwohner.«

Und Blocky erzählte gleich eine Menge: Er sei gelernter Rettungsassistent, habe diesen Beruf auch zwanzig Jahre lang ausgeübt. Vor gut einem Jahr habe es ihn erwischt, er sei beim Obstpflücken von der Leiter gefallen, seither habe er einen steifen Fuß. Jetzt lerne er um, das Programm heiße »Rehabilitation/Rückkehr ins Arbeitsleben«, der Job, den er später einmal machen wolle, Key-Account-Manager, da sei er, sofern alles gut lief, bald Kundenbetreuer am Telefon oder mit dem Auto im Außenhandel unterwegs. Er mache gerade einen Englischkurs, erzählte Blocky, weshalb er ab und an ganz gerne einen Witz auf Englisch reiße.

Ja.

Es musste nun auf Englisch ein ziemlich bitterer Witz erzählt werden, dann, wie so oft bei Witzen, gleich noch einer hinterher. Seine Äuglein funkelten.

Von was er gerade lebe? Das sei kein Geheimnis, erklärte Blocky. Da könne er, der Reporter, so ziemlich jeden in der Kleinstadt fragen – der Reporter bekäme fast immer dieselbe Antwort: von jar nüscht. Von Hartz IV. Er sei, so Blocky, für die Übergangszeit von drei Monaten auf diese Art der Unterstützung angewiesen. Dann käme, da sei er zuversichtlich, das Geld wieder von woanders rein.

Eine neue Nüchternheit zog in mir hoch, vielleicht, weil ich den Stress mit dem Hosenträger-Mann überstanden hatte, vielleicht, weil diese neue Bekanntschaft zwar nicht im engeren Sinn abgewehrt, zu den vielen heftigen Worten aber doch heftig Stellung bezogen werden musste. Ich wollte keinen Mist bauen. Bisschen aufpassen, was als Nächstes passierte.

Es war einfach, diesem Blocky zuzuhören, und es machte Spaß. Er hatte schon öfter einen langen Text in der Kneipe aufgesagt, das hörte man. Er war sicherlich schlauer, schneller, lustiger als viele andere, die sich gerade im Lokal aufhielten, und natürlich zog er eine Nummer durch: ein Typ, der auf gemütlich, kumpelhaft, knuffig machte und, wenn es die Stimmung verlangte, auch ein bisschen böse sein konnte. Einer, der mit seinen Gags gut durchkam. Blockys Äuglein mussten funkeln, seine Hände mussten immer etwas darstellen. Ein Unterhalter. Allseitsbeliebter. Ein Kneipenprofi. Ein Typ, der alles ausdrücken und sagen konnte, solange er sich wohlfühlte und das richtige Getränk in der Hand hielt.

Blocky zählte die Kulturveranstaltungen auf, die in seinem Leben als Nächstes anstanden, ein Foreigner-Konzert in der Zitadelle Spandau, ein Konzert der Satireband Hasenscheiße in der Nachbargemeinde Bergsdorf, Helge Schneider im Admiralspalast, und, ganz wichtig, die Biermeile zwischen Straußberger und Frankfurter Platz auf der Karl-Marx-Allee.

Heiko, am Zapfhahn: »Noch 'ne Molle, Blocky?«

Blocky, strahlend, er hielt Heiko das leere Glas hin: »Bin ich denn schon wieder so unterhopft?«

Auch Blocky sprach ein eisenhartes Brandenburgisch, bloß setzte er sich von den anderen Oberhavelern ab, indem er Worte demonstrativ falsch aussprach oder den Dialekt ins Lächerliche überzog. Man hörte, dass Blocky auch Hochdeutsch sprechen konnte, wenn er wollte. Man hörte außerdem, dass Blocky gerade Freude an dem grandios asozialen Deutsch hatte, das er sprach:

Hör do' uff.

Ditt is' mir nüscht.

Arbeeten.

Dusselig labern.

Weeßicknich.

Fastehste.

Richti'!

Wichtig war beim Brandenburgisch wie beim Berlinerisch, dass Z wie S ausgesprochen und S-Laute gelispelt wurden.

Von Blocky hörte ich das schöne Wort »unglaubbar«.

Blocky sagte: »Ditt is' doch unjlaubbar.«

Ich erzählte Blocky, dass es hier gerade fast geknallt hätte, weil ich, am Tresen stehend, das ganze Lokal im Rücken, in mein Notizbuch geschrieben hatte.

»Ja«, sagt Blocky, und er guckte, als ob ich ein bisschen blöde wäre, was ich in dem Moment vielleicht auch war.

»Die von der Stasi haben auf dem Klo mitgeschrieben«, erklärte Blocky, »das sitzt bis heute. Denen knallt die Fassung raus, wenn sie einen mitschreiben sehen.«

Und Blocky gab mir nun die Spitznamen, mit denen er mich in den nächsten Monaten immer wieder anssprechen würde: »Stadtmensch. Seine intellektuelle Heiligkeit. Seine intellektuelle Kleinigkeit. Walther von der Vogelweide.«

Er blickte mich sehr vertraut an, kumpelhaft, mit einem Zwinkern, was unpassend und überzogen, aber eben auch gut überzogen rüberkam: als würden wir uns Jahre, nicht erst Minuten kennen. »Hör mal, Stadtmensch«, sagte Blocky. Er schaute mich mit der ganzen Breite seines

Gesichts, dem Bart, den Brillengläsern an: »Deinen Kopf benutzen«, sagte Blocky, »weeßte? Das musste bei uns schon.«

Es schaltete sich mein zweiter Bekannter ins Gespräch ein, der mit der Kappe und den bunten Tätowierungen – er hatte sich schon seit zehn Minuten in unserer Ecke betätigt, hin- und hertretend zwischen seinem Bierglas und den zwei Spielautomaten, die er gleichzeitig bediente. Er hatte schnell und sicher und mit einem Blick von der Seite entschieden, dass ich Ortsfremder war. Die Automaten durch Geldeinwerfen, Tastendrücken und gelegentliche Faustschläge am Laufen haltend, hatte er dem Gespräch auf eine derart aktive und aufmerksame Art zugehört, dass es zuletzt so erschienen war, als habe er schon lange, obwohl er nichts gesagt hatte, an unserer Unterhaltung teilgenommen. Seine Zuwendung in unser Gespräch fand also auf die denkbar leichteste, flüssigste, beiläufigste Art statt.

Ich war mit Blocky wieder bei der Frage gelandet, welche Rolle die Rechtsradikalen in dieser Kleinstadt hier spielten – wieder die Nazis, weil die Nazis immer das naheliegende Thema waren: Wie es nachts auf den Straßen zuging; was an der Aral-Tankstelle abgehe; welcher Sorte Jugendlichen die Eiche am Rathaus als Treffpunkt diene; ob es bestimmte Lokale gebe, in denen man sich nach Einbruch der Dunkelheit besser nicht mehr sehen ließ. Überhaupt, wie aktiv und für jeden sichtbar die ganze Nazi-Scheiße im Alltag von Oberhavel noch sei.

»Alles Quatsch«, sagte der am Spielautomat, und er warf noch eine Münze ein, bevor er seinen Kopf in unser Gespräch hineindrehte. Braune Augen, Dreitagebart, ein Ring in der Unterlippe.

Sah der Typ gut aus? Man würde sagen: Der Typ sah gut aus. Klares Gesicht, klare Kante, klare Ansage.

»Alles Quatsch.«

Es war definitiv nicht sein erstes Bier heute Abend, und genauso sicher würde er noch ein paar mehr Bier vertragen. Der wird jetzt keinen Scheiß erzählen, das dachte man. Da bin ich jetzt gespannt, was der zu erzählen hat, das dachte man als Nächstes. Der Mann am Automat brauchte nur sein Glas festzuhalten und zu gucken, mehr brauchte der nicht, um Bekanntschaft zu schließen – schon wieder einer, der etwas vom Quatschen, vom Leute-Ansprechen und Steile-Meinungen-Vertreten verstand.

Dieser Mann, das dachte ich in einem Anfall der Sympathie, hatte Ähnlichkeit mit dem jungen Eminem.

»Das ist alles vorbei. Früher, zu Nachwendezeiten, da war es wirklich krass. Zwischen 1991 und 95 stand Oberhavel auf Platz drei der Städte mit den meisten Straftaten. Erst Berlin, dann Frankfurt/Oder, dann Oberhavel. Der harte Kern war hier. Etliche Leute, die Neger über die Brücke geschmissen haben. Ich muss es wissen.«


Dies schien der Moment für eine Pause zu sein, denn der, der es wissen musste, setzte eine Pause: die unheimlich gute Laune, die immer dann aufkam, wenn einer das Wort Neger ganz selbstverständlich, wie ein nicht rassistisches Wort, im Gespräch verwendete.

Ich erschrak.

Musste lachen.

Er warf noch eine Münze ein.

Man muss sich vorstellen, dass der Typ am Automaten sehr schnell und mit starkem Dialekt sprach. Genauso schnell konnte er zwischen Automaten und Bar hin- und hergehen und mit Blicken sicherstellen, dass seine Worte ihre Wirkung taten.

Ich überlegte, was die Worte »Ich muss es wissen« zu bedeuten hatten. Dann dachte ich, dass es auch den Moment gab, an dem es klug war, nicht weiter zu fragen, und dass dieser Moment jetzt gekommen war.

Biere.

Stimmen.

Worte.

Das, was alles noch gesprochen werden würde heute, an Worten, und was dazu getrunken werden musste, an Bieren, damit es ging.

Alles krass.

Alles auch ein bisschen viel gerade, fand der Reporter.

Im Automaten drehten sich die Glocken, Sonnen, Kirschen. Extraspiel. Risiko. Jackpot. 999 998 Punkte. Rätsel Spielautomaten. Das, dachte ich, wollte ich ja schon immer, wirklich schon immer, einmal von jemandem erklärt bekommen: Wie diese Spielautomaten funktionierten, in denen sich Glocken, Sonnen und Kirschen drehten.

Der Reporter hatte keine Ahnung von Spielautomaten.

Blocky schaltete sich ein. Es schien so, dass er irritiert darüber war, dass er sich den Reporter nun mit einem zweiten Oberhaveler teilen musste: Bis gerade noch war ich sein Fremder, sein Ortsunkundiger gewesen. Man merkte auch, dass Blocky die Rede des Manns am Automaten so nicht stehen lassen konnte.

Blocky: »Das ist immer das Erste, was die Fremden fragen, wenn sich mal wieder einer zu uns verirrt.«

Er machte einen behämmerten Fremden nach, der hinter vorgehaltener Hand flüsterte: »Sag mal, man hört ja so einiges – ist es bei euch immer noch so schlimm mit den Rechten?« Und Blocky gab die Antwort, jetzt wieder ganz Blocky, gleich selber: »Quatsch. Früher vielleicht mal. Heute doch längst schon nicht mehr.«

Der am Automaten bestätigte: »Das sag ich doch – so richtig durchgedreht ist keiner mehr. Das war alles früher mal. Früher war es krass, jetzt ist es ruhig geworden. Wir haben in Oberhavel unsere zwei, drei Stadtbekannten, die haben kurze Haare, die hören ihre Mucke, aber die greifen niemanden mehr an. Das sind normale Spinner, mit denen du auch mal ein Bier saufen kannst.«

Und er erzählte – gekonnter Themenwechsel – wieder zügig, wieder mit schnellen Blicken, Griffen, Schritten, dass er gerade von der Bandprobe käme.

Bandprobe?

Wieso Band?

War das seine Band?

Seine Band heiße 5 Teeth Less, zu Deutsch Fünf Zähne weniger (der Name der Band sei nicht so wichtig, man hätte sich auch Ein Sack Schrauben nennen können, das habe man sogar ernsthaft erwogen, aber der englische Name sei dann doch besser gewesen, man singe schließlich auf Englisch). Vier Mann. Bass, Gitarre, Schlagzeug, Gesang. Er, Raoul, säße am Schlagzeug. Man mache Punkrock, aber mit amerikanischem Einschlag, Blink 182, Greenday, The Offspring, die Richtung, es sei so eine Mischung aus Punkrock und Hardrock, wobei man da genau sein müsse, denn Heavy Metal, die alte Langhaar-nummer, die fände er, die fände die Band das Letzte.

Er stamme, erzählte er, aus einer alten Oberhaveler Fi-scherfamilie; sein Vater, Siggi mit Vornamen, im Städt-chen und in der ganzen Gegend bekannt wie ein bunter Hund, besitze eine Lkw-Spedition. Er sei gelernter Mau-rer, derzeit aber leider arbeitslos (er sagte »leider«), seit einem halben Jahr beziehe er Hartz IV, gerade habe er mit dem Lkw-Führerschein begonnen. Seine Wohnung liege übrigens hier – Raoul zeigte an die Kneipendecke – ganz genau, gleich hier drüber, im ersten Stock, im Stockwerk über der Gaststätte.

»Ich war schon auf'm Weg in die Koje. Da dachte ich, kiekste noch auf eene Molle bei Schröder rinn.«

»Und nun stehe ich hier.«
Er hielt seine Hand hin und wiederholte seinen Namen: »Tachchen. Raoul. Raoul Schleusner.«
Raoul.
Das war ja ein geiler Vorname.
Wo hatte Raoul, bitte, so einen geilen Vornamen her?
Grinsen.
Moment der Irritation.
Raoul: »Weiß nicht. Wo kriegt man seinen Vornamen her …
Denke mal, meine Eltern haben mir den gegeben.«

Raoul erklärte: »Mein Bruder heißt Eric. Mit C. Meine El-tern hatten so einen Vogel mit französischen Vornamen. Weeßte. Weeß ick auch nicht, was das bedeuten soll.«
»Und du bist Journalist?«, fragte Raoul.
Trotz der Biere, die er intus haben musste, konnte ich se-

hen, wie Raouls Gehirn geschwind die Vor- und Nachteile ausrechnete, die die Anwesenheit eines Reporters für ihn haben konnten.

Ich fragte Raoul, ob wir ein bisschen über seinen linken Arm, den bunten, den zutätowierten reden könnten, das seien ja wohl die obergeilen Tätowierungen.

»Können wir«, sagte Raoul.

Er schob den T-Shirt-Ärmel hoch und legte den Arm neben das Bierglas. Nach wenigen Worten war klar, dass er die Geschichten, die um seinen Arm rankten, schon oft erzählt hatte. Heiko und Hansi ließen die Arbeit für einen Moment lang ruhen: Feierabendgesichter. Sie standen hinterm Tresen, Geschirrtuch über der Schulter, und hörten zu, amüsiert, mit lachbereiten Gesichtern, als habe Raoul einen Ruf als Geschichtenerzähler zu verteidigen und als erwarteten sie, dass Raoul, ihnen zu Gefallen, die Wahrheit ein wenig dehnen würde, damit eine Pointe mehr und eine gute Geschichte dabei heraussprang: Raoul, Geschichtenerzähler.

Alle Tattoos, erzählte Raoul, kämen von privat, die Tattoos seien also nicht in Studios, sondern von Kumpels in deren Wohnzimmern gestochen werden – ganz recht, alle hier in Oberhavel. Er habe, so Raoul, keine verbotenen Tattoos, keine Hakenkreuze, auch keinen scheiß Wikinger auf der Schulter, mit dem sie damals, als Oberhavel noch ein Nazinest gewesen war, alle herumgerannt seien. Angefangen habe er mit dem Blink-182-Bandlogo auf dem Unterarm. Nun aber hübsch eine Tattoo-Geschichte nach der anderen, vom Handgelenk bis rauf zur Schulter:

Das seien ein Drachenauge; zwei Totenschädel, ein kleiner, ein größerer; ein Tribal-Muster; die Teufelszahl 666;

das Logo seiner Band 5 Teeth Less; ein paar bunte Sterne; die Knastnummer 114302. Richtig, ein halbes Jahr lang, von Herbst 2002 bis Sommer 2003, habe er in der Jugendvollzugsanstalt, in Spremberg gesessen, damals habe sich einiges aufgestaut gehabt: diverse Körperverletzungen, diverse Falschaussagen. Er sei der 1143ste gewesen, der 2002 in der JVA Spremberg eingesessen habe, so setze sich so eine Knastnummer zusammen. Auf seinem Arm sei außerdem die Figur des Wollknäuel Sockenbart eintätowiert, das kleine Arschloch aus *Drawn Together*, der Zeichentrickserie, in der gegen alles gehetzt werde, was politisch nicht korrekt sei, gegen Juden, Neger, Schwule. Die winzige Zahl Fünf hinter seinem linken Ohr, die sei natürlich auch ein Gruß an seine Band, die Jungs von 5 Teeth Less. Was das sechseckige Warnschild mit der Aufschrift »Traxx« auf seinem Puls zu bedeuten habe?

Das Traxx, so Raoul, das sei hier die Discothek im Ort, übler Laden, fertige Kaschemme, finsteres Loch, aber egal, man ginge da natürlich trotzdem hin. Eines Nachts habe er mit dem Besitzer des Traxx gewettet, dass er sich trauen würde, sich den Eintrittsstempel vom Traxx auf den Arm tätowieren zu lassen. Nun trage er den Stempel auf dem Arm und zahle immer noch Eintritt. Tja. Haha.

Raoul erklärte, die gestochene Kunst auf seinem Arm betreffend: »Lustig muss es sein, schön bunt, bisschen feddich. Das harte Zeug, zerfressene Kinder, Kalaschnikows, Todesbotschaften von al-Qaida, das lassen sich doch nur die Harmlosen tätowieren. Ich muss mich nicht profilieren. Ich muss mich nicht als harter Hund darstellen.«

Er setzte sein Glas so heftig ab, dass das Bier spritzte.
Raoul tippte dem Reporter an den Arm, als sei ihm in der
Sekunde eine Ungeheuerlichkeit eingefallen:
»Du! Ich habe deinen Namen auf meinem Arsch stehen.«
Der Reporter staunte.
Der Reporter verstand nicht.
Raoul, mit großer Freude: »Nein, ganz im Ernst. Dein
Name steht auf meinem Arsch … willste sehen?«
Er wandte mir den Rücken zu und zog die Hose so weit
herunter, wie es nötig war. Auf Raouls linker Pobacke
waren die Worte »Dein Name« eintätowiert.
Heureka.
Riesenfröhlichkeit beim Reporter.
Was für ein Theater.
Raoul erklärte: »Hab ich schon die eine oder andere Sum-
me mit gewonnen, mit der Nummer.«
Nun hatte sich Raoul von oben bis unten, gewissermaßen
vom Kopf bis zum Hintern, vorgestellt.

Der große Unterhalter, dem selbst Blocky nichts außer
Kopfschütteln entgegenzusetzen hatte, erzählte – sicher
auch deshalb, weil er selber fand, dass ein gemäßigtes
Thema an der Reihe war –, dass es die Band seit fünf
Jahren gebe. Was ich sonst noch über die Band wissen
müsse? Na, alles. Die vier Jungs in der Band, das sei die
ultimative Gang, das seien die Kumpels:
Da sei Eric, sein jüngerer Bruder, 24 Jahre alt, er spiele
die Gitarre. Da sei Rampa, 32 Jahre alt, am Bass. Und
da sei Crooner, 27, vor zwei Jahren zur Band gekommen, er sei der Sänger der Band. Er, Raoul, 26 Jahre
alt, sei der am Schlagzeug. Die Jungs in der Band seien
alle gelernte Maurer, und alle lebten sie von Hartz IV.

Bloß Crooner nicht, der arbeite als selbstständiger Vermögensberater.

Die Band, so Raoul, sei alles für ihn, sein Ein und Alles, das absolut Wichtigste in seinem Leben, und so sähen das auch die anderen Jungs. Man sei die ultimative Kumpel-Gang, blindes Verständnis, blindes Vertrauen, Hand ins Feuer, Kumpels durch dick und dünn, einer für alle, alle für einen, all die Kumpelsprüche hätten bei ihnen wirklich mal einen Sinn. Man sei befreundet, weil es die Band gebe, und die Band gebe es, weil man so gut befreundet sei. Wenn es die Band nicht gäbe, so Raoul, dann könnte er hier gleich einpacken, und genauso sähen das seine Kumpels, die anderen Jungs auch.

Mittlerweile habe man so etwa zehn, elf Songs, die Songs hießen *Wake Up*, *The Future*, *Nothing is Fine*, *Turn it Off* und *Never is Forever*, zuletzt habe man den Song *People Who Died* von der Jim-Caroll-Band gecovert, und seitdem Crooner vor zwei Jahren dazu gestoßen sei, könne man sich sogar einigermaßen hören lassen. Auf Festivals zöge die Band, vorausgesetzt, dass alle Kumpels anreisten, ein Zweihundert-Mann-Publikum an.

Raoul: »Wir haben die Band ursprünglich mal gegründet, um Weiber klarzumachen, und weil's mit den Weibern noch nicht geklappt hat, gibt's uns immer noch.«

Ja.

Hoho.

Wir waren in der Zeit jenseits aller greifbaren Uhrzeit angekommen. Es schien das Säufergelb von den Wänden, und es fielen ein paar richtig schön angetrunkene Sätze. Nazi-Scheiße. Wessi-Scheiße. Ossi-Scheiße. Die ganze schöne Scheiße eben. Wir standen Schulter an Schulter, den Tresen in Griffnähe, das große Gelbe mit dem kleinen Weißen in den Händen. Die Themen konnten gar nicht zu besoffen, also groß und bedeutend genug sein. Dabei rissen wir eine Menge an und schlitterten über die Dinge hinweg, anstatt, wie es sich bei Gesprächen gehörte, die Dinge mit Hand und Fuß und von einem Anfang bis zu Ende zu besprechen: ideal.

Noch mal ganz locker über das alte Oberhavel, durch das die Neonazis auf- und abgelaufen waren. Raoul: »Die Sehnsucht, die manch einer nach einem großdeutschen Reich hatte, die mussten sie aufgeben. Die war einfach nicht realistisch.«
Noch mal ganz locker über Arbeitslosigkeit. Blocky: »Ich habe eigentlich immer hart gearbeitet.«
Raoul: »Wir haben uns eigentlich nie als die typischen Hartz-IV-Empfänger gesehen. Ich wollte es nie so weit kommen lassen. Ich habe mich ja auch immer lustig gemacht über die Leute, ich habe ja nur Hartz-IV-Witze gerissen. Dann war man da auf einmal selber mit dabei.«

Reporterfrage: Woran konnte er, Raoul, rein äußerlich einen Hartz-IV-Empfänger erkennen? (Da war sie wieder, die moralisch anrüchige, die verbotene Frage.) Raoul, offenbar geradezu dankbar über diese Frage, legte los: »Den typischen Hartz-IV-Empfänger, na, den erkennst du auf einen Blick. Dünner, dreckiger Hund, kleine, dicke Alte dazu. Mindestens zwei Kinder, eins im Arm, eins im Kinderwagen und noch eins im Bauch. Immer kotterig, immer mies drauf, immer versoffen. Und am Ersten siehst du nur strahlende Gesichter: Hans Hartz der Vierte war da und hat Geschenke dagelassen. Zu jedem Ersten des Monats, da stehen sieben Fahrräder vor der Bank und zwanzig Fahrräder vor Schröder.«

Raoul erklärte noch mal, und er erzählte das mit Stolz: »Wir sind nicht der typische Hartz-IV-Empfänger – der sieht anders aus. Wir arbeiten auf Baustellen, uns kannst du überall einsetzen, wir sind uns für keine Arbeit zu schade, wir ziehen auch andere Geschäfte an Land. Unser Geld kriegen wir immer irgendwie ran. Wir sind Ossis, verstehst du, wir sind tüchtig mit Geldmachen.«

Warum war er, Raoul, der so schön abfällig über den typischen Hartz-IV-Empfänger erzählen konnte, dann selber im Club der Hartz-IV-Empfänger gelandet?

»Die Maurerbude, wo ich vorher gearbeitet habe, die hat mich halt plötzlich nicht mehr genommen. Ich hatte einfach keine Lust mehr auf Bau. Arbeitslosengeld gibt's ja nur ein Jahr. Und Scheiße, auf einmal war das Jahr herum.«

Mythos Hartz IV. Vielleicht war überhaupt nie zuvor eine Reform Gegenstand so zahlreicher Kneipengespräche gewesen. Das Riesending Hartz IV, das spürte der Reporter, würde noch oft, oft, oft und mit vielen Pilsbieren in den Händen immer wieder beschrieben und besprochen werden müssen.

Heiko schaltete sich von hinter der Bar in das Gespräch ein. Er konnte ein bisschen mitquatschen, weil das Lokal sich bis auf wenige Gäste geleert hatte. Seine schlauen Äuglein blitzten.

»Ich bin ja ein Befürworter«, sagte Heiko.

Befürworter von was?

Einfach so ein Befürworter?

Befürworter der schönen Molle?

Befürworter von allem?

»Nun hör mal zu«, sagte Heiko. Und er schlug mit dem Geschirrtuch nach dem Kopf des Reporters. »Für viele ist es mit Hartz IV viel einfacher. Viele haben es doch nicht mal geschafft, ihre Miete zu überweisen. Das wird jetzt für die erledigt. Die Miete wird direkt vom Amt an den Vermieter überwiesen.«

Heiko flüsterte, als sei das Folgende etwas, das man besser nicht laut aussprach: »Die Arbeit müsste wieder belohnt werden. Im Moment ist es für mich aber so, dass Vater Staat das Nichtarbeiten belohnt.« Heiko sah Raoul, Blocky und den Reporter an. Heiko sagte: »Weeßte …«

Blocky und Raoul nickten.

Heiko servierte noch ein Bier ins Lokal.


Und nun sollte, genauso locker, ein anderer Mythos, der berühmte Jammer-Ossi, durchgenommen werden. Beide, Raoul und Blocky, hatten ein gesundes Misstrauen gegen Wessis, aber die Jammer-Ossis, so stellte sich heraus, die gingen ihnen noch mehr auf die Nerven.

Raoul: »Jammern ist mit uns nicht.«

Blocky: »Ich sage immer: Wir kriegen gar nicht mehr mit, wie sehr sich alles um uns herum verändert. Heute ist alles bunt. Aber noch vor zehn Jahren war das ganze Städtchen grau, grau, grau. Wenn sich täglich und seit Jahren alles um dich herum verändert, dann kriegst du das nicht mit.«

Das Gespräch wurde getragener, gewichtiger, auch wolkiger, zäher: Es war jener staatstragende Teil, an dem jedes gute Trinkergespräch zwischendrin einmal ankommt.

Deutschland, so Blocky und Raoul, könne stolz auf sich sein – aber sicher. Aber sowieso. Aber, bitte, ganz genau. Warum, bitte, auch nicht.

Das Land habe ein zweites Land dazugekriegt, das wirtschaftlich bankrott war, und beide Länder aus eigener Kraft nach oben gebracht, und das, ganz ohne dass eine andere Nation, ganz ohne dass Moskau, Amerika oder Europa dafür hatten bezahlen müssen. Welches andere Land auf Erden hätte das, bitte, geschafft?

Blocky war ein Fan von Weisheiten. An seinen Weisheiten, das merkte man, gefiel ihm gut, dass ihnen nur schwer zu widersprechen war. Und je später es wurde und je mehr Biergläser geleert waren, desto sicherer schien Blocky auf der Seite derer stehen zu wollen, die unbestreitbar im Recht waren.

Blocky: »Ich sage immer, ob Ossi, Wessi, Gelber oder Brauner, ist egal. Wir sitzen alle rückwärts auf dem Lokus.«

Er grinste den Reporter an: »Na, ist doch so!«

Und dann erklärte Blocky noch einmal, glaubwürdig und mit schöner Ruhe, dass die erneute Trennung der Deutschen nach dem Fall der Mauer in Ossis und Wessis seine Sache nie gewesen sei. Es gebe heute ein Deutschland. Das sei seiner Meinung nach ja genau das Schöne, dass es heute eben nicht mehr zwei Deutschländer seien.

Und Blocky musste rasch noch einen Witz erzählen: Bitte, Blocky, erzähl deinen Witz.

»Ruft ein Ossi bei Thomas Gottschalk an, will sich bei *Wetten, dass ...?* bewerben. Ossi: ›Ich kann einen Wessi mit dem Teelöffel erschlagen.‹ Gottschalk: ›Ja, und wenn das nicht klappt?‹ Ossi: ›Dann nehme ich einen Spaten.‹«

Riesenfreude allerseits.

Grölen.

Gelächter.

Gespräche um halb zwei nachts in der Kneipe Schröder.

Ich versuchte, nur eine Minute lang – weil ich es irgendwann einmal so gelernt hatte und weil es ja durchaus interessant sein könnte –, die professionelle Distanz zu den beiden Oberhavelern einzunehmen, die sich für einen Reporter gehörte: Blocky und Raoul, so dachte ich, waren beide Topspeed-Sprechmaschinen. Wobei der Umstand, dass wir uns gerade erst kennengelernt hatten und es noch allerhand Neues, Wichtiges, vermeintlich Interessantes zu sagen und auszutauschen gab, dem Strom der Worte eher im Wege stand. So richtig gut, das ahnte man, würde es mit dem Labern, Schwafeln, Faseln, mit dem Geschichtenerzählen erst dann klappen, wenn alles Wichtige, Wesentliche, Interessante längst gesagt und im Strom der Worte jedes Wort gleich viel, nämlich absolut nichts mehr wert war. Das Nirvana des Geschichtenerzählers war dann erreicht, wenn Worte egal waren, weil im Fluss der Worte schon der ganze Sinn der Geschichten lag. Auf diesen Zustand, Zustand des absolut freien Topspeed-Laberns, freute sich der Reporter sehr.

Es musste nun, weil's so schön war, noch ein bisschen über den Paten des hiesigen Nachtlebens hergezogen werden. Wegen Geschichten, die gerade nicht genau erinnert werden konnten, sei er für Jahre in den Knast gewandert (aber ob das mit dem Knast genau stimmte, das konnte jetzt auch nicht sicher gesagt werden). Vom Knast jedenfalls sei der Pate mit Riesenmuskeln wieder herausgekommen und vor seinen Clubs aufgetaucht, wo er als Türsteher seine Gäste schikanierte und willkürlich Hausverbot erteilte. Klang ja ungeheuerlich. Beide, Blocky und Raoul, beteiligten sich mit Einsatz und Erregung am Erzählen dieser irren Geschichten.

Und in dem schönen Gesaufe, Geschwafel und Gedröhne bekam ich plötzlich ein grandioses Glücksgefühl.
Scheiß Berlin!
Super Oberhavel!
Guten Abend, Herr Blocky!
Hallo, Herr Raoul!

Hansi! Drei gehen noch!

Hansi war dann irgendwann weg: ab durch den Hinterausgang. Und Heiko trat noch mal zu uns in die Ecke und legte einen Arm um Raouls Schulter:
»Na Raoul, alter Gangster. Haste noch Puste?«

Die achte Runde stand auf dem Tresen, Raoul war längst auf Goldkrone Cola umgestiegen – »Machste mir noch 'nen Whisky, Heiko?« –, als Blocky anbot, den Reporter morgen im Auto durch die Kleinstadt zu kutschieren und ihm, wie er sich ausdrückte, alles zu zeigen. Man solle ihn morgen um zwölf in seinem Häuschen abholen kommen. Im Gegenzug lud Raoul den Reporter dazu ein, in ein Dorf namens Kurtschlag zu kommen, zwanzig Kilometer nördlich von Oberhavel. Dort liege der Proberaum seiner Band, und dort gebe die Band morgen Abend einen kleinen Gig für Freunde. Würde laut werden, und es würde auch garantiert viel gesoffen. Es käme neben der Band eine Gang von vierzig, fünfzig Leuten, das sei der harte Kern, Raouls Bekanntenkreis, die Leute in Oberhavel, die sich nicht unterkriegen ließen und auf die man sich, wenn's knallen sollte, verlassen könne. Die müsste ich, so oder so, alle kennenlernen. Ich sei also herzlich eingeladen.

Blocky stellte dem Reporter, als es zu spät für alles war, den Chef des privaten Sicherheitsdienstes von Oberhavel vor: einen gewissen Günter Pfund, auch Pfundi genannt. Pfundi war die Person, in die der Mensch hineinlaufen wollte, wenn nicht mehr Worte, sondern nur noch Laute für Klarheit sorgen konnten. Er stand da, klein, schmal und sternhagelvoll, Pfundi hatte die Würde des Mannes, der, obwohl er am Abend getrunken hatte, am nächsten Morgen trotzdem pünktlich zur Arbeit antrat.

Raoul: »Na, Pfundi?«

Pfundi bekam die irre Geschichte erzählt, dass sich der Reporter aus Berlin für ein paar Monate hier in der Kleinstadt einquartiert hatte. Eine Erzählung, du lieber Himmel, ja gleich ein ganzes Buch wollte der Reporter über die Kleinstadt schreiben.

Pfundi zu Raoul: »Watt will er hier?«

Pfundi zum Reporter: »Na prost Mahlzeit. Da bist du ja genau an den Richtigen geraten.«

Raoul nickte zu einem hin, der ganz am anderen Ende der Bar saß, ein Bier, einen Schnaps und Türme mit Zwei-Euro-Münzen vor sich. Raoul sagte: »Das ist Kegel-Kalle. Kalle kegelt sonst für sein Leben gerne, aber heute hat er am Automaten Glück gehabt.« Kegel-Kalle, so Raoul, hatte soeben gut 400 Euro aus dem Spielautomaten im Schröder herausgeholt.

Weil wir gerade dabei waren, stellte sich nun Tiger vor. Tiger war ein stark gebauter, dabei geschmeidig wirkender Mann mit rotblonden Haaren, er trug eine schwarze Fliegerjacke, die mit dem orangenen Innenfutter, und er war restlos betrunken. Das wisse er auch, dass er jetzt restlos blau sei, sagte Tiger: »Ich mache nicht mal mehr papp.« Er müsse jetzt schnell nach Hause, weil sein alter Vater bei ihm zu Besuch sei. Das sei ein ganz Lieber, sagte Heiko, und legte die Hand auf Tigers Schulter, früher habe Tiger Hühner und Hamster verkauft, die habe er der LPG geklaut –»Nicht wahr, Tiger?« –, jetzt sei er 55 Jahre alt, in Rente und wohne draußen in der Siedlung in einem Haus mit seinem Bruder und käme, wie bei Oberhavelern der älteren Generation üblich, immer mit dem Fahrrad in die Stadt gefahren. Dass Tiger jetzt, mitten in der Nacht, noch in der Kneipe herumstehe, das sei die Ausnahme, denn wenn Tiger fröhlich sei, dann meistens vor elf Uhr vormittags, damit er zum Mittagsschlaf und zum Ausnüchtern wieder zu Hause auf dem Sofa liege.

Dann tanzte noch einer mit einer viel zu großen Jeansjacke vor uns herum wie so eine Vaudeville-Tänzerin aus den Dreißigerjahren, ein völlig verrückter Auftritt.
»Ja«, sagt Raoul und guckte sich das Ganze von der Bar aus an. »Ditt is Heute-ein-König.«
Was denn?
Wer?
Raoul: »Heute-ein-König. Der heißt so. Harmloser Kerl. Hat meistens gute Laune.«

Eine halbe Stunde später, es war gegen zwei, knallte Raoul das Glas auf die Theke und sagte: »So. Ausgetrunken.«
Triumphierender Gesichtsausdruck dazu.
Ich musste wahnsinnig lachen.
Ich war dann froh, mich vor dem Gehen daran zu erinnern, dass am Wochenende ein Komparsen-Casting anstand, und ich wünschte allen viel Glück. Blocky, Raoul und die drei anderen Mitglieder der Band wollten da hin.

Von Raouls eisenhart rausgeknattertem Brandenbur-
gisch, das noch einige Umdrehungen härter klang als das
von Blocky – böser, plastischer, lustiger – merkte sich der
Reporter fürs Erste die folgenden Worte:
Tachchen (für Guten Tag).
Juti (für gut, in Ordnung).
Jenaupe (für genau).
Allet schick? (für alles klar?)
Versoffner Kunde (für Asozialer).
Rinnejehau'n (die Steigerung von Hau rein, also Auf Wie-
dersehen).

Auf dem Weg zur Heimat, die dunkle Spandauer Straße
hinunter, spürte ich mein rechtes Bein: das Knie, das ich
mir beim Training in Schwedt verdreht hatte. Es fuhr kein
Auto mehr. Die Rundbank an der Eiche war leer, auch
sonst war kein Mensch zu sehen. Ich merkte mir ein
Fenster im noch unrenovierten Haus über dem Friseursalon am Markt: Das Fenster stand offen, grauweiße, etwa
vierzig Jahre alte Vorhänge bewegten sich im Wind. Ich
schlief sofort ein.

## 8 Training

Gleich morgens im Bett: der Riesenschreck darüber, was
gestern Abend in der Gaststätte Schröder alles vorgefal-
len war. Aber Moment: Es war ja nichts weiter und schon
gar nichts Schlimmes vorgefallen. Es war nur wesentlich
mehr passiert, als sich der Reporter das hatte vorstellen
können:
Stimmen.
Hände.
Gesichter.
Kämpfe.
Biere.
Sprüche.
Namen.
Ein Arsch.
Yeah.
Ich erinnerte mich vor allem an das wunderbare pilsgelbe
Licht.

Und da rief auch schon mein Kumpel aus Berlin an: sich nach dem Rechten zu erkundigen. Ich erzählte, dass ich fix und feddich sei, sonst aber alles in Ordnung. Ulkig, ich hatte keine Lust, mit Berlin zu telefonieren.

Neun Uhr. Ich war von Schritten auf dem Hotelflur und vom Fummeln mit einem Schlüssel im Schloss der Tür nebenan aufgewacht. Hinter den Gardinen hörte ich die Geräusche der Kleinstadt: An- und Abfahren. Das Öffnen und Zuschlagen von Lieferwagentüren. Verständigung unter Handwerkern. Und immer wieder die Bässe, die auf der Spandauer Straße spazieren fuhren.

Vom Bett aus betrachtete ich das Zimmer, das ich mich am Vortag nicht genauer zu betrachten getraut hatte: Ich lag auf Frotteewäsche. Das Bett waren zwei schwarze Metallbetten, die zum Doppelbett zusammengeschoben waren. Über dem Bett hingen zwei gerahmte Fotos, Mischwald im Herbst. Das Laub glitzerte golden. Der Teppich, billige Auslegeware, blau-grau-rot-gelb changierend, wellte sich an den Rändern. Der Boden war zu den Fenstern hin abschüssig. Die dem Bett gegenüberliegende Wand war mit beigem Saunaholz eingekleidet. An diesem Holz war in einer goldenen Metallhalterung eine sumpfig aussehende Pflanze mit rosa Blüten angebracht. Ein Kleiderschrank mit Schiebetüren mit großen Spiegeln, schwarzem und silbernem Pressholz. Eine Couch mit lila-schwarz-gold-gelbem New-Wave-Muster. Eine schwarze Glaslampe auf einem schwarzen Glastisch. Ein winziger Fernseher. Auf dem Schreibtisch lagen Deckchen über Deckchen über Deckchen. Eher zu viele Stühle als zu wenige. Ich notierte alles, was ich sah, in meinem Notizbuch. Ich fand's ein absolut korrektes Zimmer.

Vor den Kleiderschrank-Spiegeln ging ich, in Unterhosen, in die Grundstellung des Boxers und sah mich an: Der im Spiegel, so lernte man das im Training, war der Gegner. Den schaute ich an. Ellbogen und Arme am Oberkörper, die Rechte am Kinn, die Linke irgendwo vor der linken Augenbraue. Ich ließ den Oberkörper in der Hüfte kreisen, hielt die Deckung oben.

Im Flur oben dachte ich noch mal, dass nicht Hässlichkeit den Flur so bedrückend machte, sondern die Versuche, von der Hässlichkeit durch Dekoration, die wiederum auch nur eine miese, kleine Hässlichkeit sein konnte, abzulenken. Ich huschte durch die Gänge, um möglichst niemanden zu treffen. Unten im Gastraum waren Tische fürs Frühstück gedeckt. Maria stand nicht dort, wo ich sie gestern hatte stehen sehen: hinterm Tresen. Dort stand jetzt Wilfried Finster, in Gastwirtsuniform wie gestern, und zapfte ein Pils. Er zog, zur Begrüßung, zwei Finger von der rechten Augenbraue nach unten, so wie ein Soldat seinen Vorgesetzten begrüßt. Ich grüßte zurück.

Ich fand die Kleinstadt heute auf die ersten Blicke – die Hauptstraße rauf (Rathaus), die Hauptstraße runter (Brücke) – unfassbar mies und klein und niedrig und hässlich bunt angestrichen und, ja, auch einfach langweilig.
Ich war wieder auf null gestellt.
Null Komma null Ahnung, was ich hier anfangen sollte.

Also den Hut auf den Kopf – Zeitungen kaufen bei Helga Liebniz in der Tabakbörse, Spandauer Straße. Den Kunden vor mir bediente Frau Liebniz wie folgt: »Den *Kurier?* Noch einen Wunsch?«, und gab sich die Antwort gleich selber: »Wünsche haben Sie genug, wa? Aber die kann ich Ihnen nicht erfüllen, wa? Also, einmal den *Kurier*, 50 Cent.« Es war derselbe leiernde Tonfall, den ich bei Frau Biermann in der Fleischerei gehört hatte.

In der Bäckerei Kindler gab es einen Pott Kaffee und drei Brötchenhälften mit Käse, Kochschinken, Salami.
»Dann dürfen Sie sich schon mal setzen.«
Die Frau hinter der Auslage trug einen Bürstenschnitt, in den die Farben Schwarz, Rot, Gold hineingefärbt waren. Unter den Kunden hörte ich viele »Da-sage-ich-Da-sagt-sie-Da-sage-ich«-Gespräche, die stets mit beiderseitig vorgebrachter Empörung und mit Kopfschütteln endeten.

Vor der Gaststätte Schröder saßen schon wieder zwei Pilsbrüder, beide im besten Rentenalter, Hut auf dem Kopf, Gasthaus im Rücken, Blick auf die Straße, Glas vor sich auf dem Tisch. Was in Deutschland weggesoffen wurde: phänomenal.
Gegenüber, auf den Fensterbänken neben dem Getränkehandel, hatte schon wieder der Komplett-Zerstörte mit dem Cordhütchen Platz genommen, seinen Stoffbeutel mit der Tagesration Bier zwischen den Knien. Ich wunderte mich, dass diese komplett kaputten Hände noch eine Bierflasche halten konnten.

Weil Frau Liebniz die Zeitungen, die ich kaufen wollte, nicht hatte, ging ich in den Lotto-Toto-Laden am Kirchplatz, keine zwanzig Meter von Schröder entfernt.
In diesem Haus hatte der Kunde eine Holztür aufzustoßen und stand dann in einem Raum, der gleichzeitig ein Treppenhaus und eine mit zahlreichen Stoffen, Tapeten

und Deckchen dekorierte Wohnung war. Links führte eine steile Holzstiege in den ersten Stock, die Tür rechts ging ins Ladenlokal.

Ein noch mal anders beißender, anders widerlicher, wieder vollkommen unerklärlicher Geruch. Blümchentapeten, die vielleicht aus den Fünfzigerjahren stammten, vielleicht noch älter waren. Bilder, die das Motiv Trockenblumensträuße zeigten. Ein *Berliner-Kurier*-Thermometer. In den Fenstern standen Plastikbehälter mit den Haribo-Gummis Kinderschnuller, Kirsch-Cola, Riesenerdbeeren und Schlümpfe. Die Verkäuferin, geschätzter Jahrgang 1940, war zahnlos.

Zur Begrüßung sagte sie: »Aua. Aua. Aua.«

Dann: »Aua. Mein Rücken.«

Ich sagte: »Der Rücken, oder?«

Sie sagte nichts.

So standen wir ein bisschen, und ich sah ihr zu, wie sie da stand, hinter der Ladentheke, Hände in den Hüften, schwer atmend, vornübergebeugt.

Dann sagte sie, man möge ihr die Preise auf den Zeitungen bitte vorlesen, sie könne ihre Lesebrille gerade nicht finden.

Ich wusste sofort, dass dies der Laden war, in dem ich in den nächsten Monaten meine Zeitung kaufen würde. Dann musste ich, zum Ausklang meiner Morgeneinkäufe und als seelischen Ausgleich, eine Apotheke aufsuchen, deren Einrichtung mir aus der Großstadt bekannt war: bisschen teure Deos anfassen gehen.

Blocky traf ich zur verabredeten Zeit in seinem altrosa gestrichenen Haus. Es lag am Berg, oberhalb der Stadt, gewissermaßen im Villenvorort von Oberhavel. Bloß sahen die Häuser hier nicht wie Villen, sondern wie dekorierte Hundehütten aus: eine Mischung aus Stasi, Obi-Baumarkt und Gelsenkirchener Einfamilienhaus. Viele gefliese Vorgärten, geteerte Garagenauffahrten, Vogelhäuser, die auf Betonsockeln standen. Der deutsche Rasenmäher war überall zu hören.

Die Adresse von Blockys Haus war Fidel-Castro-Straße Ecke Amselweg, und dann da noch mal hundert Meter weiter den Sandweg hinunter. Was für ein Drama. In der Adresse Fidel-Castro-Straße Ecke Amselweg lag schon das ganze Drama dieser Wohngegend. Vor Blockys Haus parkte ein grüner Audi.

Auf dem Weg, etwa auf der Hälfte des Bergs, hatte ich einen Mann im schwarzen Trainingsanzug auf einer Bank sitzen sehen: Kappe auf dem Kopf, riesige Kopfhörer auf den Ohren. Er saß vornübergebeugt, die Ellbogen auf den Knien gestützt, ein Knie sprang federnd auf und ab: Er stellt für mich, wie er da saß – weggestöpselt unter den riesigen Kopfhörern –, das absolut sinnfällige Bild einer wunderschönen Komplettverweigerung dar. Über den Mann auf der Bank, das dachte mein verkaterter Kopf im Vorbeifahren, wäre es notwendig gewesen, einen Dreihundert-Seiten-Roman zu verfassen, er wäre es wert gewesen.

Hinter Blockys Gartenzaun sah dann alles herrlich unaufgeräumt aus. Gleich am Hauseingang eine Mischung aus Müllkippe und Baustelle: Teile aus Eisen, Rost, Draht, Steinen, Sand, Brettern, Eimern, Schaufeln, Werkzeug. Hinter dem Haus das Haushaltsgebäude, dahinter eine Wiese mit Obstbäumen. Eine Blockhütte als Gartenpavillon: Elektrogrill, Plastiktisch, Plastikstühle, Gartenzwerge. Eine Deutschlandfahne an einem metallenen Fahnenmast, sauber eingelassen in ein Betonfundament. Im Gebälk des Pavillons stand ein Dampfbügeleisen aus Omas Zeiten. Unter dem Dach der Hütte konnte man an einem Balken das ins Holz gefräste Wort »Blockhütte« lesen, und ich verstand erst jetzt den Gag: Blocky hatte deshalb eine Blockhütte im Garten stehen, weil er Blocky hieß. Aua. Man konnte von Blockys Garten in die Nachbargärten hineinsehen.

Blocky war, als ich eintrat, gerade im Gespräch mit einem kräftig gebauten, enorm russisch aussehenden Russen (Brauen, Stirn, Wangenknochen). Er, Russe, war ganz offensichtlich vollständig blau. Er stand da, schwankend, beide Arme in Richtung Blocky ausgestreckt. Der Russe wollte von Blocky eine Flasche Bier haben.

»Ich trinke nicht mit einem, der besoffen ist«, sagte Blocky. Er sprach eindringlich und betont ruhig und freundlich. »Du sollst nüchtern werden, dann trinke ich wieder mit dir.«

Das war eine Logik, die der Reporter natürlich interessant fand: Der Russe sollte nüchtern werden, damit er mit Blocky einen saufen gehen konnte. Oberhaveler Trinkerlogik. Mit einem von Anfang an Besoffenen soff dieser Blocky nicht, das fand er blöd.

Blocky trug ähnliche Kleidung wie gestern bei Schröder: kariertes Hemd, Dreiviertelhose, Turnschuhe. Vor ein paar Tagen, erklärte Blocky, habe Vassily, der Russe, ihm geholfen, die Blockhütte zu errichten. Man habe dann nach Feierabend noch ein paar Bierchen zusammen getrunken, und Vassily sei betrunken nach Hause gekommen, wofür ihm Olga, seine Frau, die Ohren lang gezogen habe.

»Was ist los, Vassily? Hast du Stress mit Olga?«

»Nichts Stress. Vassily wollen Bier.«

Vassily boxte Blocky nun mit voller Wucht in den Bauch. Was Blocky und seinem Bauch wenig ausmachte.

»Nee. Du bist besoffen. Ich will dich besoffen hier nicht haben. Komm wieder, wenn du nüchtern bist, dann trinken wir ein Bier zusammen.«

Der Russe stierte. Dann trollte sich der Russe zum Gartentor und haute ab.


Das Spazierenfahren mit Blocky war voll in Ordnung. Ich erfuhr allerhand über Oberhavel, was ich so nie hatte wissen wollen. Es war gut langweilig zwischendrin. Und trotzdem genoss ich jede Minute.

Im Auto ließ Blocky die neue Bruce Springsteen laufen: »Musik, die ich mag, weil die so orchestral ist. Weeßte.«

Blocky kannte jeden, wirklich jeden, der uns auf der Straße oder auf dem Bürgersteig entgegenkam. Es war ein durchgehendes Winken, Grüßen, Nicken, Hupen. Blocky konnte kaum das Lenkrad halten, so oft musste er grüßen, und es schien ihm wichtig, stets der Erste zu sein, der die Hand zum Gruß hob. Wenn einer nicht zurückgrüßte, sagte Blocky: »Watt denn? Sieht der mich nicht? Ist der blind?« Blocky erklärte, dass er für jeden mit einem Blick zu identifizieren sei, weil sein Audi das in der Gegend unübliche Nummernschild OR für Oranienburg habe.

Wir kamen weit hinaus, dorthin, wo es nur braune Wiesen, Büsche und stillgelegte Bahngleise gab. Einen buschartigen Baum bezeichnete Blocky als die für die Region typische Kopfweide. In einen Busch hineinzeigend, erklärte Blocky: »Wenn der Holunder blüht, brenne ich meinen Holunderschnaps. Den haben alle meine Freunde so gerne.« Und als die Blicke einmal in die Ferne schweifen konnten, rief Blocky: »Scheiß Windräder! Verschandeln die Landschaft, und wir bezahlen den Mist!«

Beim Durchfahren eines der für Brandenburg typischen Straßendörfer – flache Häuser, lange Vorgärten, Kirche in der Straßenmitte – hatte ich die Gelegenheit, einem Ostmenschen die Frage zu stellen, die ich als Westmensch schon immer stellen wollte:
Reporter: »Blocky, wie nennst du den rauen, löchrigen und sandfarbenen Putz, der sich an allen Fassaden, sofern es keine Plattenbauten waren, in der DDR befand?«
Blocky: »Kratzputz.«
Der Blocky am Lenkrad hatte diese Sorte Fragen natürlich gerne, auch wenn er kurz nicht glauben wollte, dass ein Mensch den Häuserputz der DDR, der Kratzputz genannt wurde, nicht kannte: »Der Beton wird mit Splittsteinen vermischt. An der Fassade werden die Steine mit einem Brett mit Nägeln herausgerieben. Daher die typischen Wischspuren an den Häuserwänden.«
Wieder zurück in der Stadt, trug sich vor dem Eiscafé auf der Spandauer Straße eine ulkige Szene zu: Blocky wollte hier Stopp machen, weil er im Eiscafé habe anschreiben lassen. Die Eissorten hießen Fruchteis Kiwi und Milcheis Mozart, Milcheis Raffaelo und Milcheis Mon Cheri. Gegen den kleinen Hunger gab es Bockwurst mit Toast

oder ein Paar Wiener mit Toast. Zu der Frau, die vor uns in der Schlange stand und von Blocky als Gründerin eines privaten Krankenpflegedienstes vorgestellt wurde, sagte Blocky: »Nimm mal was Exotisches, Ananas oder Maracuja.« Die Frau vom privaten Krankenpflegedienst: »Nee, ich nehme Schokolade und Vanille, ich darf das, ich bin Kind der DDR.« Tja, lustig. Eins zu null für die DDR.

Zum Ende der Tour sprach Blocky mir eine Einladung zum Grillen in seiner Blockhütte aus: Schönes Entrecote, bei Kaiser's gebe es das gerade zu acht Euro das Pfund: »So billig kriegst du das ja nie mehr.« Schönes Bierchen dazu, Whisky hinterher. Gerne, Blocky. Das machen wir ganz bald mal. Zum Abschied rief Blocky dem Reporter hinterher: »Grüße an Wilfried.«

16 Uhr. Der Reporter blickte zum Himmel hinauf. Nun kam das Ding, vor dem ich mich, neben dem ersten Betreten eines Gasthauses in der Kleinstadt, am meisten gefürchtet hatte: Boxtraining beim Oberhaveler Boxring e. V., Schmelzstraße.

Boxen? Richtig, Boxen war die Sportart, die leider doch immer ein bisschen wehtat (wenn man sich blöd anstellte oder wenn man ein verdrehtes Knie hatte). Boxen war – das mochte ein Klischee sein, stimmte aber trotzdem – die Überprüfung, ob man ein bisschen mehr drauf hatte, als ein bisschen lustig durch die Gegend zu reden: fest auf dem Boden stehen, ausweichen, noch fünf Liegestütze mehr machen, obwohl die letzten zehn schon wehgetan hatten, diese Dinge. Das Boxen, so hatte ich mir das in Berlin überlegt, sollte neben dem Saufen mein zweites Standbein in der Kleinstadt sein. Wer vor der ersten Trai-

124

ningsrunde in einem Boxclub nicht wenigstens ein bisschen ein blödes Gefühl hatte, der musste dumm sein.

Die Frauen am Empfangstresen schickten mich gleich ganz nach hinten, in den Raum, der hinter dem Spiegelsaal mit den Fitnessgeräten lag. An der Tür zum Boxclub war eine Art Begrüßungsschreiben, von Boxern für Boxer, ausgehängt: »Warum Amateurboxen? Weil dieser Sport den Körper stärkt, den Kameradschaftsgeist weckt und fördert, die Willenskraft erhöht, zu Disziplin und Fairness erzieht, einen rechten Kerl aus dir macht. Deshalb lerne ich im Oberhaveler Boxring e. V. die edle Kunst der Selbstverteidigung durch das Fechten mit den Fäusten.«
Tür auf.
Guten Tag, Boxring Oberhavel.
Die Jungs waren gerade beim Seilspringen.

Trainer Maik Brunner, geschätzte 45 Jahre alt, stand mit dem Rücken zur Tür, guckte: mittelgroß, kräftig, blond, blauäugig, kurzer Fassonhaarschnitt, ausrasierter Nacken, zerknautschtes Gesicht. Sein Gesicht wirkte breiter, als es hoch war: sah cool aus. Er trug lässige Nicht-Marken-Sportkleidung und Schuhe mit flachen Kreppsohlen. Man dachte beim ersten Blick auf den Trainer, dass dieser Mann in seinem Leben einiges an Drill über sich hatte ergehen lassen: in Schulen, Boxschulen, Trainingslagern, Kasernen. Auf den zweiten Blick dachte man, dass der Trainer ein Frauentyp war. Er konnte ziemlich gut gucken, es war ein spöttisches, es war ein abschätziges Grinsen. Maik Brunner war der Typ Trainer, der das T-Shirt in die Trainingshose reingesteckt trug.

Gespräch zwischen Trainer und Reporter:

»Schon mal geboxt?«

»Ja.«

»Wie viele Kämpfe?«

»Na, gar keinen.«

»Du willst hier also nur ein bisschen mittrainieren?«

»So isses.«

»Na, dann mach dich mal warm.«

Wer ich war, woher ich kam, ob Arbeit oder keine Arbeit, was ich hier zu suchen hatte in der Kleinstadt, das wollte der Trainer, wie so üblich bei Trainern, alles nicht wissen.

Es war ein moderner, mit dem Nötigsten eingerichteter, in keiner Weise irgendwie romantischer Club: Spiegel, Sandsäcke, Ring. Es waren fünf Jungs, die mit mir vor den Spiegeln auf und ab sprangen: einer mit enorm schwerem, muskulösem Oberkörper (für den Boxsport war dieser Körper fast zu kräftig); ein normal Kräftiger; ein kurzer Kräftiger; ein Schmaler; ein Dicker. Der Kräftige war an Armen und Unterschenkeln tätowiert und trug ein T-Shirt mit der Aufschrift »Hatecrime«. Auf der Rückseite des T-Shirts des Tätowierten stand: »Fuck the system«. Alle fünf Jungs trugen Fighter-Haarschnitte (Nacken und Seiten kurz rasiert). Keiner der Jungs war ein auffällig guter Seilspringer, keiner schlug einen Doppelschlag oder Kreuzschlag. Der mit dem enorm kräftigen Oberkörper gehörte irgendwie nicht hierhin – vielleicht auch nur, weil seine Sportkleidung zu teuer aussah. Bei dem Schmalen und bei dem kurzen Kräftigen dachte ich, dass beide im Ring gefährlich werden konnten, der Schmale, weil er zäh aussah, der Kleine, weil Kleine im

Ring immer gefährlich waren. Der Dicke hatte überhaupt kein Taktgefühl und schoss, anstatt in den Knien zu federn, mit gestrecktem, steifem Oberkörper wie ein Maschinenkolben auf und ab.

Trainer Brunner hatte den Schwerpunkt des heutigen Trainings auf Kondition gesetzt. Ansage: »Ich will euch schwitzen sehen. Ihr sollt euch mal richtig auskotzen.« Also sechs Runden à zwei Minuten Seilspringen, dazwischen Lockerungsübungen, Kraftübungen. Dann Übungen am Sack; dann Partnertraining; dann Ring. Nach drei, vier Minuten war klar: Das war kein Quatsch hier. Toughes Training. Natürlich sprach Trainer Brunner seine Ansagen im Kasernenton. Ansagen von Trainer Brunner:
Eine Minute ist rum.
Noch eine Minute.
Halbe Minute.
Zeit.
Die Pausen aktiv nutzen, auslockern.
Seil aufnehmen.
So, feddich werden zur sechsten und letzten Runde.
Dann knallten die Seile wieder auf die Holzböden, und die Zeit begann, so unendlich langsam zu vergehen, wie das nur beim Sport möglich war. Es lag eine wunderbar schöne Stumpfsinnigkeit im Seilspringen.

An den Blicken des Trainers sah ich, dass er sah, dass ich mit dem Seilspringen nicht erst gestern angefangen hatte, und weiter sah ich, dass er entschieden hatte, mich dennoch oder gerade deshalb wie einen Anfänger zu behandeln. Ich machte das, was ich beim Sport immer machte, nämlich schwitzen wie ein Schwein. Dann tat das rechte Knie weh. Dann tat das rechte Knie nicht mehr weh. Dann trat, als der Körper maximal erhitzt, aufgeladen, reaktionsschnell und kampfbereit war, die Leere im Kopf ein, die beim Sport immer so toll war, und ich hörte das Zauberwort: »Zeit.«

Das, dachte ich, war vielleicht das Herz, der ganze Sinn dieser Sportart, dass man nach zwei, spätestens nach drei Minuten dieses schöne Wort zu hören bekam: Zeit.

Zwischendrin gab man sich, wie unter Sportskameraden üblich, die Hand: Rico. René. Paul. Benno. Fred.

Es war ein Irrtum, dass man beim Sport über tolle Sachen nachdenken konnte, dazu war der Boxsport zu anstrengend. Ich dachte nichts.

Beim Sandsacktraining rief der Trainer aus Leibeskräften: »Feuer, Männer, Feuer!« Und man konnte die Jungs, während sie die Säcke verprügelten, vor Anstrengung ihre Gesichter verziehen sehen.


Die Jungs wickelten Bandagen. Mich winkte der Trainer vor den Spiegel, ging in die Grundstellung und zeigte mir, obwohl er ahnen konnte, dass ich mich damit längst auskannte, das Einmaleins der Schritte, also den Passgang: Rechte ans Kinn, Gewicht auf den linken und vorderen Fuß, den linken Fuß setzen, die linke Faust schoss dem, der einen da im Spiegel ansah, gerade an die Stirn, den rechten Fuß nachziehen. (Gut möglich, dass ich den Passgang jahrelang falsch trainiert hatte, ich hielt das allerdings für unwahrscheinlich, ich hatte im Gegenteil das Gefühl, dass mir der Passgang längst in Fleisch und Blut übergegangen war.) Ansage Brunner: »Schön die Ellbogen an den Körper rannehmen. Nicht weggucken. Der Gefahr ins Auge blicken.«

Und als ich im Boxring Oberhavel die ersten Schritte im Passgang auf den Spiegel zu machte, sah ich plötzlich vor mir, wie die nächsten Trainingsstunden im Boxring Oberhavel ablaufen würden:

Der Trainer würde mir, der ich den Passgang bei ihm neu zu erlernen hatte, aus nächster Nähe, vielleicht einem Meter Abstand, zusehen. Er würde zurücktreten, mich dabei kritisch von der Seite mustern, den Kopf schütteln. Dann würde er wieder näher treten und mich, der ich vor den Spiegeln den Passgang übte, dabei so anbrüllen wie man einen Schwachsinnigen, den nur ein Schreck wieder zu Sinnen bringen kann, anbrüllte: Das würde des Trainers Brunner Art sein, mich auf meine technischen Fehler hinzuweisen.

Anstrengende Scheiße.

Er kam nun sehr nah, schrie: »Du sollst mit dem Fußballen auftreten, nicht mit der Ferse! Mensch!« Ich nickte, machte meinen Schritt so, dass ich mit dem Fußballen, nicht mit der Ferse auftrat, schwitzte, übte Passgang.

Er kam erneut und bellte mir aus nächster Nähe von hinten in die Deckung hinein: »Guck mal, wie du dastehst! Wie stehst du da?«

Ich hatte mittlerweile eine derartige Angst, falsch dazustehen, dass ich tatsächlich dastand wie ein Vollidiot.

Im Spiegel konnte ich sehen, wie Rico (das war der mit dem massiven Oberkörper) René (das war der mit dem Hatewear-T-Shirt) im Ring mit einigen flüssigen Kombinationen, mit Körperhaken und Seitwärtshaken zum Kopf, derart zusetzte, dass dieser in die Knie ging und den Kopf unter den Armen vergrub. Atempause, bitte. Trainer Brunner trat zum heftig atmenden René hin: »Wenn du eine Pause brauchst, dann musst du sehen, dass du rankommst an den Gegner und klammerst.«

Zum Abschluss des Trainings sagte Brunner: »Fünf mal zwanzig Liegestütze. Aber bitte sauber. Dann lieber weniger Liegestütze. Die aber sauber.«
Lockerungsübungen.
Wiegen.
Danke.
Schluss für heute.

Beim Abnehmen der Bandagen erzählte Rico, der hier offensichtlich auch erst zum zweiten oder dritten Mal trainierte, René, dessen Kopf noch pumpte vor Anstrengung, ganz locker und so nebenbei, wie es sich für einen routinierten Boxer gehörte, was er für einer war: aus Potsdam; bei Motor Babelsberg geboxt; erste Bundesliga; 91 Kilogramm; Schwergewicht; bisher vierzig Kämpfe; keine Lust, sich auf Halbschwergewicht herunter zu hungern. Alles klar. Dieser Rico war also offensichtlich einer, der in einer anderen Liga boxte als die anderen Jungs im Club. René: der Kultname aus dem Osten. Es gab ja keinen zweiten Vornamen, der so sehr DDR war wie dieser.
Noch ein paar Worte mit dem Trainer: Jaja. Und: Nö. Und: Sicher. Und: Ja, klar. Und: Das sehe man ja dann.
Maik Brunner: Er habe mit neun mit dem Boxen angefangen, habe in der Junioren-Nationalmannschaft, dann in der DDR-Nationalmannschaft geboxt, zuletzt bei Uli Wegner (vielleicht das bekannteste Trainergesicht im deutschen Boxen, dieser Wegner hatte Sven Ottke und Artur Abraham groß gemacht). Bei einigen entscheidenden Kämpfen habe Maik dann ein bisschen Pech gehabt. Vor zwei

Jahren sei er von Berlin nach Oberhavel gekommen, wo er beim Wasser- und Schifffahrtsamt einen ordentlichen und gut bezahlten Posten angetreten habe. Der Trainer erklärte, dass es auf Dauer natürlich darauf ankäme, die Neun-, die Zehn-, die Zwölf- und Dreizehnjährigen zum Training zu kriegen: »Mit denen, verstehst du, kannst du dir was aufbauen.«

Ich sagte: »Hat mir Spaß gemacht bei Ihnen heute. Danke.«

Und der Trainer brüllte: »Sportsleute duzen sich doch untereinander! Mensch! Maik!«

Auf der Schmelzstraße blieb ich, gut erschöpft, stehen und hörte einem Fernseher zu, der in Schwerhörigen-Lautstärke hinter geschlossenen Jalousien lief. RTL brachte eine Billigreportage über Arbeitslose: »Man schämt sich schon, wenn man sich 100 Euro leiht«, sagte eine Stimme hinter den Jalousien, und der Reporter im Fernsehen hatte wieder eine Frage. Dann spielte ein melancholisches Klavier. Dann wurde umgeschaltet, eine Stimme sprach, sehr laut, aufgekratzt: »Nicole Kidman.« Ich war vollkommen fertig.

Vor der Brücke kam mir Heute-ein-König winkend, singend, tanzend entgegen, wieder mit der viel zu großen Jeansjacke, mit Zigarettchen im Mund. Als wir auf einer Höhe waren, blieb er stehen, griff sich an den Kopf, als sei ihm gerade etwas Ungeheures eingefallen. Er zeigte auf mich und fragte:

»Sag mal, rauchst du gar nicht?«

Ich guckte ihn von der anderen Straßenseite aus an, sagte:

»Nein.«

Dann gingen wir beide weiter.

Auf der Spandauer Straße schoss mir ein Junge mit dunkler Hautfarbe auf einem kaputt aussehenden, heruntergerockten Mountainbike entgegen. Er stand in den Pedalen. Er trug ein brasilianisches Fußballtrikot. Er hielt den Blick vor sich auf die Straße gerichtet. Ich dachte: Was ist denn hier los? Ein Schwarzer in Oberhavel.

Im Haus Heimat versuchte ich – ich stand mit gepackter Tasche unten im Gastraum –, Maria in ein Gespräch zu verwickeln. Es war wirklich schwierig. Sie hatte wieder mit Gläsern und Spülwasser zu tun. Ihren Haarhaufen hatte sie zu zwei Zöpfen geflochten, womit sie exakt so aussah wie die süße Squaw in einer Sechzigerjahre-Karl-May-Verfilmung. Sie kam wieder absolut schlaff, müde und reizend rüber: faszinierend. Ich dachte, wie gerne ich den Namen Maria mochte und wie gerne ich diesen Namen aussprach, weil ich die Person mochte, die diesen alten und müden Namen trug, weshalb ich den Namen auch nicht als tot, sondern als sehr frisch und lebendig empfand. Irre. Aber so war der Mensch gestrickt.

Wirt Finster war nicht zu sehen, auch sonst war kein Gast im Gastraum. Auf meine letzten beiden Fragen hatte Maria mit phänomenal leerem Gesicht und der Gegenfrage »Watt?« geantwortet. Nun fing sie mit kleinem Stimmchen, aber durchaus flüssig und zügig an zu erzählen: Ihre Familie lebe in Berlin, Reinickendorf. »Berlin ist gut zum Partymachen. Aber sonst ...« Pause. »Berlin ist mir nüscht.« Dann sagte Maria: »Ich mag die Türken nicht, die machen mich immer so an.« Pause. Maria sagte: »Deutsche machen das besser als die Türken. Die greifen mir nicht immer gleich in den Schritt und sagen: Na, hast du Lust?«

Ich erklärte, dass ich großes Verständnis dafür habe, dass sie nicht gegen ihren Willen angefasst werden wolle, von niemandem, auch von Türken nicht. Maria erklärte: »Ich habe ja nichts gegen Ausländer, ich bin ja selber halb Ausländerin, halb Spanierin.« Ich tat erstaunt, obwohl ich Maria keine Sekunde abnahm, dass sie halbe Spanierin war. Das, dachte ich, hatte sie, die Süße, sich gerade ausgedacht, um sich interessant zu machen.

Ich sah mir, während sie abspülte, ganze drei oder vier Minuten lang ihre Fingernägel an. Ihre Finger waren rot vom Spülwasser, die Nägel waren weiß, der äußerste Rand, ein etwa drei Millimeter breiter Streifen, war ein braungelb gepunktetes Tigermuster. Ich fragte Maria, ob sie irgendwann einmal Zeit habe, mir etwa eine Stunde lang alles über ihre Fingernägel zu erzählen: Wie der Fachbegriff für diese Nägel laute. Ihre Lackiermethode. Reinigung und Pflege. Vor- und Nachteile dieser besonderen Fingernägel, positive und negative Erfahrungen, die sie mit diesen Nägeln gemacht habe. Alles. Sie sagte nichts.

Ich dachte an Blocky, Raoul und die Jungs in der Band, die Eric, Rampa und Crooner hießen. Ich nahm meine Tasche, verabschiedete mich. Im Auto machte ich den Schlenker vom Stadtpark zur Aral-Tankstelle.
Blauweiß leuchtende Tankstellen-Poesie:
Aral.
Alles super.
Staubsauger.
Luft und Wasser.

Da parkten etwa sechs Autos.

Vor einem Warnschild mit der Aufschrift »Feuergefahr: Rauchen, Feuer, offenes Licht polizeilich verboten« standen etwa zehn junge Männer. Kappen. Ohrringe. Blaumänner. Ein Ed-Hardy-T-Shirt. Einer mit einem Edeka-Polohemd. Bierdosen. Acht der zehn Jungs rauchten.

An der Tankstelle stand ich mit laufendem Motor, ich rief Raoul an und entschuldigte mich: Werde heute leider nichts mehr. Ich könne unmöglich zum verabredeten Konzert im Proberaum erscheinen, es täte mir leid: Unvorhergesehenes in Berlin. Beim nächsten Mal sei ich aber sicher dabei. Dann fuhr ich ab, wobei ich darauf achtete, dass der Fiat 500 eine schöne Kurve quer über die Tankstelle zog, und ließ mich gleich mehrere Tage lang, mindestens aber zwei Tage länger, als ich geplant hatte, nicht in der Kleinstadt blicken.

## 9 Regionalexpress

Noch einmal ganz von vorne anfangen: also den Zug nehmen. Wer wirklich weit wegkommen wollte von zu Hause,
der musste den Regionalexpress nehmen. Das wusste ja
auch eigentlich jeder. Zugfahren: der letzte romantische,
einen Rausch bewirkende, unmittelbar süchtig machende Zustand unserer Zeit, an dem täglich Millionen ganz
selbstverständlich teilnahmen – das, was Wanderungen
übers Land früher einmal gewesen sein mochten. Schon
nach zehn Minuten Zugfahrt war der Reporter von allem,
was in den Tagen zuvor gewesen war, etwa dreitausend
Kilometer weit entfernt.

Gleis fünf am Berliner Hauptbahnhof: Hier fuhren die Züge Richtung Norden, nach Wittenberge, Stralsund, Templin, Wandlitz, Eberswalde. Und hier fing, noch mitten in der Stadt, noch auf dem Bahnsteig, schon die Provinz an, und mit den Minuten, die man auf dem Bahnsteig wartete und auf und ab ging, fuhr man schon mitten in die Provinz hinein. Die Provinz: Kappen, Dreiviertelhosen, Runen-Tätowierungen.

Der Doppeldeckerzug.

Die Hin- und Rückfahrt kostete 9,40 Euro.

Auch hier dieselbe Überraschung wie beim Autofahren: wie schnell man raus war aus Berlin. Es gab kaum Vororte. Es wurde gleich flach, grün und leer. 18 Minuten nach Abfahrt vom Hauptbahnhof war man im wogenden Feldermeer am Bahnhof Schönfließ angekommen.

Es war keine schöne, höchstens eine mittelschöne Landschaft: eine Fläche, die ohne jede Urkraft, jeden Überschwang, jede Herrlichkeit auskam.

Man konnte auch sagen: Es war weder eine schöne noch eine hässliche Landschaft – insofern also doch eine hässliche Landschaft, weil Landschaften in der Vorstellung des Betrachters doch stets schön zu sein hatten.

Kratzputz.

Sandböden.

Die dünnen Bäume Ostdeutschlands, Kiefern, Birken, Lärchen.

Grandios verlassene Western-Bahnhöfe, in denen das Bahnhofsrestaurant »Zum schmalen Taler« hieß. Man hätte, mit einer gemütlichen Traurigkeit im Bauch, jederzeit losflennen können, eben weil die Bahnhöfe der Dörfer und Kleinstädte – ähnlich wie Ziegelfabriken, Pferdedroschken oder steife schwarze Zylinderhüte – aus einer abgelaufenen Zeit, dem 19. Jahrhundert, stammten.

Schade war natürlich, dass im Zug von heute weder ein Fenster geöffnet werden konnte noch geraucht werden durfte, weshalb es in diesem Zug, was nicht anders möglich war, bestialisch stank: nicht einfach nach Schweiß, sondern nach wochenlang nicht gewaschenem Menschen (es war wahrscheinlich nur ein Mensch in diesem Zug, der sich nicht wusch, aber der reichte).

Ich hatte – normal – natürlich gleich wieder einen richtig schönen Schiss, dieses Mal vor den Leuten, die da mit mir im Regionalexpress (RE) saßen.
Der RE-Einheimische gab sich in seinen Blicken durch eine schöne Stumpfsinnigkeit, Bosheit, Zugenageltheit zu erkennen, der RE-Fremde dadurch, dass seine Blicke hinter den Zugfensterscheiben etwas finden wollten, was neu, interessant oder sonst wie betrachtenswert war. Gleichzeitig provozierten die Blicke des RE-Fremden den RE-Einheimischen, weil der Fremde es wagte, diese Zugfahrt anders als der Einheimische anzugehen, also nicht stumpf, böse, zugenagelt, sondern interessiert. Schwierig. Es war schwer, den Proll zu studieren, weil der Proll begreiflicherweise ganz schön wütend werden konnte, wenn der Reporter ihn betrachtete. Guckte der Proll den Reporter an, so sagten seine Blicke natürlich immer: Warum guckst du? Hast du irgendein Problem?

Auf den Sitzbänken neben mir hatten sich zwei wunderbare Mädchen hingelagert und dabei, noch im Hinlagern und Platznehmen, angefangen, möglichst viele Gegenstände auszupacken und um sich herum auszubreiten und zu verteilen: Taschen, kleinere Taschen, Schminkbeutel, Zigarettenpackungen, goldene Feuerzeuge, silberne Feuerzeuge, Handys, an denen pinkfarbene Kuscheltiere hingen. Ich durfte die Mädchen angucken, sie hatten es, so glaubte ich, sogar ganz gerne, dass der Reporter sie sich so ausgiebig ansah. Beide hatten ihre Füße, die in kurzen Socken, den sogenannten Söcklingen, steckten, auf die Bank gegenüber gelegt, ihre Ballerinas lagen auf dem Boden. Beide Mädchen, vielleicht achtzehn Jahre alt, boten derartig topfitte, mit grandioser Präzision gestylte, getunte, polierte Anblicke – nesquik-farbene Gesichter, viel Lidstrich und Kajal, schreiend rosa Lippenstift, dazu weißer Glitzer in den Wimpern. Sie trugen Jeans und Sportkleidung in den Farben Kreischweiß, Brüllgelb und Jaulrosa, und beide Mädchen aßen, während sie auf ihren Handys herumdrückten, Reiscracker. Das eine Mädchen stippte ihren Cracker in eine Packung heftig stinkenden Frühlingsquark hinein, wobei es ihre Art war, die Reiscrackerstücke, an denen der Frühlingsquark klebte, mit einem irgendwie provokanten, einem sexuell provokanten Zungenroller in ihren Mund hineinzuschnalzen. Das andere Mädchen klärte derweil am Handy mit einer Freundin, die wohl in einem anderen Regionalexpress durch die Gegend gondelte, die Umstände einer Party, die am Abend steigen sollte. Der Reporter war begeistert.

Beim Einsteigen hatte ich ein für jeden *Spiegel*-Redakteur auf den ersten Blick erkennbares Neonazi-Paar gesehen. Zwei fesche junge Leute. Er trug weinrote New-Balance-Turnschuhe, Ben-Sherman-Hemd, karierte Skatershorts, gemäßigt kurze Haare. Ihre Grundfarbe war rosa. Sie

wirkten dumm und stumpfsinnig, aber nicht gefährlich –
die Sorte gemäßigter und moderner Nazis, die in Handy-
läden oder Supermärkten arbeiten konnte. Ein Proll, der
teuer gekleidet ist, das dachte man, sah noch gemeiner
aus als die Prolls mit preiswerter Kleidung.

Er: »Watt machste so im Urlaub?«

Sie: »Na, langweilen.«

Sie sprachen leise: viel »Weeßte« und »Wa« in ihrer
Unterhaltung, aber auch ein merkwürdig altmodisches
Heinz-Rühmann-Film-Vokabular mit Worten wie »Hinz
und Kunz«, »Firlefanz« und »Fisematenten«. Als beide
aufstanden, konnte man auf den Gesäßtaschen seiner
Shorts in Zehn-Zentimeter-Runenschrift das Logo des
Neonazi-Labels Thor Steinar lesen.

Der im Brandenburger Regionalexpress am häufigsten
anzutreffende Jugendliche aber war kein Neonazi, sondern der introvertierte, ganz mit sich selbst beschäftigte
Langhaar-Jugendliche, wohl eine Weiterentwicklung des
Provinz-Hippies aus den Siebzigerjahren. Man würde
heute sagen: der *World-of-Warcraft*-Mittelalter-Gaukler-
Kiff-Öko-Schluff-Schüler. Da saß er, mit weichen Stoffen
wie Nicki, Cord und Samt bekleidet und mit Lederkordel
um den Hals, und las ein Taschenbuch über Verschwö-
rungstheorien oder ein Taschenbuch mit dem ironischen
Dufte-Titel *Die bekloppte Republik*. Die Neonazis hatten
für diesen Typ Mitreisenden keinen Blick übrig.

Eine Viererbank weiter führte ein junger Mann, der beide
Sitzbänke für sich allein beanspruchte, vor, wie man sich
maximal effektiv von allen außerhalb seines Kopfes statt-
findenden Vorgängen abkapselte: Kappe auf dem Kopf,
zusätzlich eine Kapuze über der Kappe. Sonnenbrille.

Stöpsel vom MP3-Player in den Ohren. Arme verschränkt. Turnschuhe auf der Bank gegenüber, Rucksack auf dem Schoß. Ohren dicht, Augen dicht, Kopf dicht, alles zu. Auf seinem Kapuzenpullover waren Totenköpfe, Drachen und ähnlich billiger Ramsch abgebildet.

Eine Frau, zwischen 30 und 50 Jahre alt, fing an, ihre Haare mit heftigen Bewegungen nach hinten zu bürsten. Es sah wie eine Selbstbestrafung aus. Aua. Auf wen hatte diese Frau diese Stinkwut?

Umsteigen in Oranienburg: »Willkommen in der Stadt der Landesgartenschau.« (Lustig, weil Oranienburg ja eindeutig nicht die Stadt der Landesgartenschau, sondern des Konzentrationslagers Sachsenhausen war.)

Die ab Oranienburg fahrende Bahn hieß Regioshuttle RS 1 oder Prignitzer Eisenbahn, kurz Prignitzer genannt, und hatte nur zwei Türen. Die Diodenanzeige sagte an: »RB 12 Templin Stadt. 08.05. 14:14. Nächster Bahnhof Sachsenhausen Nordbahn.«

Motherfucking Birkenwerder.
Motherfucking Sachsenhausen.
Motherfucking Nassenheide.
Motherfucking Grüneberg.
Motherfucking Löwenberg.
Motherfucking Bergsdorf.

Ziegen.
Pferde.
Ponys.
Wie jämmerlich und heruntergekommen so eine Weide, auf der ein Pferd herumstand, aussah.

Es sah das Land, das draußen vorbeifuhr, wie das Land aus, dem es nicht erst seit zwanzig Jahren nicht gut ging: Das Elend, die Kargheit, Ausgezehrtheit und Armut waren viele Hundert Jahre alt. Diesem Land, das sah man im Vorbeifahren, war es seit seiner Erfindung, den Zeiten Friedrichs des Großen, nie besonders gut gegangen.

Ich bekam ein Provinz-Grusel-Frieren, und mir fiel ein, dass fast alle Bedienungen, Türsteher, sonstigen Fachkräfte aus den schicken Clubs und Restaurants in Berlin genau aus diesen Orten, der deutschen Provinz, kamen, und wie oft man von diesen Leuten gehört hatte, wie froh, regelrecht erlöst sie waren, der Enge ihrer Heimatstädte und Heimatdörfer entkommen zu sein und nun in der Großstadt leben zu dürfen. Logisch, der normale Mensch wollte weg von hier, raus aus der Kleinstadt, nichts wie in die große Stadt.

Nächster Bahnhof: Oberhavel (Mark).
Irre.
Ich, Reporter, der auch im Zug seinen Hut nicht abnahm, wollte genau hier sein, in diesem Provinzhöllennest: Oberhavel, Hardrockhausen.

## 10  Frühe Biere

Ich platzte, um mit dem Ort warm zu werden, gleich mal
bei Schröder hinein. Nachmittagsbetrieb. Kaum Gäste.
Der Fernseher aus. Das Radio an. Das Mittagsgericht
war heute Gemüsesuppe mit Wursteinlage, die Portion
zu 2,10 Euro. Es roch überraschend unmuffig. Ein alter
Mann und ein Alkoholiker, der Alte mit Tirolerhut, der Alkoholiker mit rot gesoffenem Gesicht: Bier und Schnäpse
auf dem Tisch. Kegel-Kalle am Tresen. Ein Handwerker,
der im Stehen eine Currywurst aß.

Heiko begrüßte mich, obwohl es gerade das zweite Mal war, dass ich sein Lokal betrat, wie einen alten Freund: »Moritz ... schöne Molle?«

Ich erklärte Heiko, dass es um halb vier nachmittags für mich noch ein bisschen zu früh für ein Bierchen sei, leider, ich sei ja Superreporter und müsse immer hellwach sein. Das fand Heiko ziemlich lustig.

Heiko: Mann mit den Balu-der-Bär-Augen. Ich musste mir eingestehen, dass diese routinierte Heiko-Herzlichkeit bei mir sehr gut ankam: eben wie eine Kumpel-Umarmung. Er stellte mir einen Teller Gemüsesuppe hin und, als ich halb fertig damit war, einen Becher Kaffee und zwei Hackepeter-Brötchenhälften. Ich grinste dumm, weil ich so zufrieden war. Ich dachte: Alte Scheiße, ist das gemütlich hier. Ich plumpste runter und hatte für gute zehn Minuten keine Frage. Es war das erste Mal in der Kleinstadt, dass der Reporter einfach gute Laune hatte.

Gespräche zwischen dem Alten mit Tirolerhut und dem Alkoholiker. Der Alte mit Tirolerhut hieß Lothar und sprach mit badischem Dialekt. Der andere, Alkoholiker, wollte dem Badenser begreiflich machen, wie viele Zigaretten er pro Woche rauchte. Er schaffte es nicht. Er bekam es einfach nicht ausgespuckt. Er brauchte vier, fünf Anläufe, um die Anzahl der Zigaretten, die er pro Woche rauchte, in einem verständlichen Satz der deutschen Sprache auszudrücken (es war nicht sonderlich viel, er rauchte eine Packung pro Woche).

Alkoholiker: »Kopfschmerzen habe ich heute. Weiß gar nicht, von was. Vielleicht vom Fahrradfahren ohne Mütze.«

Badenser: »Kopfschmerzen kenne ich nicht. Die hatte ich noch nie in meinem Leben.«

Alkoholiker: »Hast du zugelegt? Das erste Mal, als ich dich gesehen habe, hattest du noch weniger drauf. Also, so empfinde ich das jedenfalls.«

Badenser: »Du machst dir zu viel Gedanken.«

Alkoholiker: »Was trinkst du denn, wenn du zu Hause bist?«

Badenser: »Fürstenberg. Eins der besten Biere der Welt. Gibt's auch im Flugzeug.«

Alkoholiker zu Heiko, er hielt ein Kümmerling-Fläschchen hoch: »Wir nehmen noch zwei.«


Kegel-Kalle wackelte da am Tresen herum. Heiko war gerade ganz woanders. Es musste niemand hinter dem Tresen stehen, damit Kalle diesem Niemand seinen Kram erzählte. Kalle kam faselnd von nirgendwo und ging faselnd nach irgendwo: faseling his way through Faselland.

Kegel-Kalle erzählte: »Ditt ist normalerweise alles unnormal. Völlig unlogisch. Sage ich mal.«

Kalle lispelte stark. Er suchte neuen Halt an der Theke. Er hielt sich mit ausgestreckten Armen an der Theke fest, wobei sein Kopf zwischen den Schultern hin und her baumelte. Er riss den Kopf nach oben, knickte in den Armen ein, fiel mit der Brust gegen die Theke und bekam dabei einen Laberflash nach allen Regeln der Kunst:

»Hier bleibt nichts, wie es ist. Alles verändert sich jeden Tag. Verstehst *du* ditt?«

Ich bot mich als Zuhörer an.

Ich sagte: »Nö. Verstehe ich auch nicht.«

Ich sah ihn an, damit er weitererzählte.

Kalle: »Ditt jibt's do nich'! Ich meine: Jeden Tag macht

hier ein Nagelstudio auf. Wenn ich mal drei Tage nicht da bin, dann ist aus dem Gemüseladen garantiert ein Import-Export geworden. Oder ein Nagelstudio.«

Kalle malte mit der Hand, die gerade nicht das Bierglas hielt, einen großen Bogen durchs Lokal. »Wir haben hier neun Nagelstudios in Oberhavel, und da sind die mobilen Nagelstudios noch gar nicht mitgerechnet. Ich meine ...«, Kalle grinste, jetzt musste ein todsicherer Gag kommen. Er trötete los: »Wenn ditt wenigstens *sone* Nagelstudios wären ...« Und er stieß, während er sich am Tresen festhielt, mit seinen Hüften vor und zurück, als nähme er eine Frau von hinten.

Kalle suchte sich einen Bierhocker. Bisschen ausruhen nach diesem Erregungs-Anfall. Es war ein großer, ein unvergesslicher Auftritt des Kegel-Kalle gewesen.


Heiko erzählte, während er am Pilshahn stand, mal dieses und jenes. Ein Geschirrtuch lag ihm auf der linken Schulter. Pilszapfer-Lyrik: dass es ihm gut ginge, weil es ihm immer gut ginge; dass es eine harte Woche für Oberhavel gewesen sei, weil gleich drei Oberhaveler Bürger – ein älteres Ehepaar, ein alleinstehender älterer Mann – sich erhängt (Heiko nannte es: sich uffjebaumelt) hätten.

Heiko erzählte gerne, und er hatte gerade Zeit zu erzählen, weil in der Kneipe nicht viel los war. Nachmittags, dachte der Reporter, war Plauderstunde, nachmittags war in der Kneipe die ideale Zeit zum Erzählen, weil sich abends zu viele Männer am Tresen drängten. Gut, dachte der Reporter, war es, wenn Heiko einfach erzählte, was er erzählen wollte. Was Heiko erzählte, war so oder so spannend. Heiko erzählte von früher. Heiko erzählte von der Wiedervereinigung. Heiko erzählte von der DDR:

»Für unsere Generation, Jahrgänge neunundsechzig, siebzig, kam die Wende doch genau richtig. Wir haben in der DDR noch eine gesunde Schulbildung genossen und unsere Ausbildung gemacht: dann Mauerfall. Und dann ging es los. Für meinen Vater zum Beispiel kam die Wende dreißig Jahre zu spät.«

Er erzählte, dass sein Vater Hansi und er sich bei der Arbeit abwechselten. Eine Woche habe er die Spätschicht, eine Woche sein Vater, am Freitagabend dann sei so viel los, dass beide ranmüssten. Er käme auf einen schönen 15- bis 16-Stunden-Tag.

Und weiter im Erinnerungs-Text: früher einmal. Ganz früher einmal.

»Früher hat die Familie noch gezählt. Erst die Familie, dann die Arbeit. Es gab einen anderen Zusammenhalt, ein Gemeinschaftsgefühl. Dass man sich wegen irgendeinem Mist verklagt hat, das hätte es früher nicht gegeben. Die Schulausbildung war besser. Früher konnten die Leute nach Tschechien, Bulgarien, Rumänien, Ungarn reisen, wenn sie in der Partei waren, auch nach Österreich. Und heute? Heute kann jeder nach Amerika, und es kommt da doch niemand hin, weil das Geld nicht reicht. Es war nicht alles besser früher, klar, den perfekten Staat, den gibt's ja nicht. Mein Vater hat die Hölle durchgemacht, weil er ein Privatunternehmen hatte.«

Heiko legte eine Pause ein, guckte, stellte sicher, dass seine Erzählung ankam. Weiter im Text:

»Ich habe Schlosser gelernt. Wir waren eine Truppe von fünfzehn Handwerkern. Außer dem Vorarbeiter und dem Polier hatte jeder denselben Lohn. Und keiner war dem anderen Konkurrent. Die Atmosphäre untereinander war besser. Du bist zusammen mit dem Bus zur Arbeit gefahren. Du hast nach der Arbeit zusammen ein Bier getrunken – komm, noch auf zwei Bier und zwei Schnäpse rein in die Kneipe. Am Wochenende, da sind wir schön mit dem Moped zur Ostsee gefahren und haben die Weiber durchgebumst.«

Feixender, augenzwinkernder Heiko.

Er, Erzähler, kam dem Reporter nun ganz nahe: »Weißt du, Moritz. Das mit dem Gemeinschaftsgefühl, das kriegst du aus uns Ossis auch nicht mehr heraus. Das bleibt. Das steckt bei uns in den Genen. Ich sage immer …« Er nahm das Geschirrtuch und wischte damit irgendwo entlang. »Ich sage immer: Setz acht Wessis an einen Tisch, da zahlt jeder seine eigene Rechnung. Setz acht Ossis an einen Tisch, da zahlt einer alles, und beim nächsten Mal ist der Nächste dran.«

Ich hörte Heiko zu. Und: Ich ahnte, dass Heiko recht hatte. Ich konnte mir die beiden Tische vorstellen, den im Westen, den im Osten, und ich sah förmlich vor mir, wie die Männer am West-Tisch nach ihren Portemonnaies griffen, die in ihren Gesäßtaschen steckten, während am Ost-Tisch ein Mann die Hand hob und rief: Komm, ich mach das heute.

Und während ich fand, dass Heiko recht hatte, und ich mich schon gut fühlen wollte bei dem Gedanken, dass Heiko recht hatte, fühlte ich mich plötzlich provoziert. Lustig, das war mir noch nie passiert: Ich fühlte mich als Westler von einem Ostler zur Verteidigung meiner West-Ehre herausgefordert.

Der Reporter unterbrach den Erzähler hinterm Tresen: »Komm, Heiko. Jetzt schwärmst du davon, was das früher für schöne Zeiten waren. Früher, als wir noch jung waren.« Und damit der Abstand zwischen ihm, dem Erzähler, und mir, dem Zuhörer, nicht zu groß wurde, sagte ich: »Wenn ich davon erzähle, was ich mit zwanzig getrieben habe, dann kriege ich auch ganz feuchte Augen.« Und der Reporter haute nun, einem Impuls folgend, der ihm sagte, dass es ein Fehler gewesen wäre, mit seinem Unwohlsein hinter dem Berg zu halten, einen Hammerspruch heraus: »Hör auf, Heiko. Hör einfach auf, mir diesen sentimentalen Mist zu erzählen. Die DDR war doch ein Scheißstaat.«

Er war sofort da und beugte sich übern Tresen, er schlug mit der Faust, exakt so stark, dass er sich nicht wehtat, auf die Theke. Heiko: »Das kann ich nicht sagen, dass die DDR ein Scheißstaat war, das kann ich wirklich nicht sagen …« Er zögerte: »Nein. Für mich war das kein Scheißstaat.«

Dann sprachen wir beide volle fünf, sechs Sekunden nicht.

Heiko hatte das sehr genau bemerkt, dass der Reporter sich hier ein Ding erlaubt hatte. O ja, er hatte das mitbekommen. Man konnte dem Mann hinterm Tresen dabei zusehen, wie er sich, kraft seiner Lebenserfahrung und sozialen Kompetenz, die sich in Tausenden von Kneipengesprächen gebildet hatte, dazu entschied, dem Fauxpas des Reporters nichts weiter zu entgegnen. Im Gegenteil, dieser Heiko setzte darauf, dass die Stimmung an diesem Nachmittag in der Kneipe Schröder eine pilsig friedliche blieb. Heiko sprach mit Plauderstimme weiter, so, als wäre nichts vorgefallen:

»Dass es keine Missverständnisse gibt: Ich möchte die

DDR nicht zurückhaben. Vom Sozialen her war es besser. Aber vom Staat her hat es nicht funktioniert.«

Und Heiko schloss mit einem herrlichen Pilstrinker-Spruch, der in jede gute deutsche Pilskneipe gehörte: »Der Kommunismus, sage ich immer, ist von der Sache her ja das Beste, was es gibt. Ist aber leider nicht umsetzbar.«

Und Heiko erzählte noch ganz etwas anderes. Er erzählte, dass man das Bier zu Ostzeiten warm, also temperiert, also auf Zimmertemperatur, jedenfalls nicht kalt getrunken habe.

Kleine Verständnispause beim Reporter.

Wo?

Was?

In der DDR war das Bier warm?

Ganz recht. In der DDR habe man das Bier nicht kalt, eher lauwarm, also auf Zimmertemperatur, bisschen kälter als lauwarm getrunken. Wenn zu Winterzeiten die Bierlieferung gestockt und man erst in letzter Minute die Fässer in die Keller bekommen habe, dann habe die Stammkundschaft gemault, weil das Bier zu kalt aus dem Zapfhahn kam. Dann habe man, so Heiko, schon mal einen Tauchsieder hinter der Theke rausgeholt und in das Bierglas reingehalten, damit sich das Bier auf eine schöne Trinktemperatur erwärmte.

Unerhörte Geschichte. Der Reporter staunte. Ich erklärte Heiko, dass ich sicher war, in diesem Jahr noch keine so ganz und gar erstaunliche Geschichte gehört zu haben, und dass ich ebenso sicher war, in diesem Jahr nicht noch einmal eine Geschichte zu hören, die so neu, erstaunlich und absolut unerhört war wie die Geschichte, dass man in der DDR das Bier auf Zimmertemperatur getrunken habe.

Wir tranken dann noch eins.

Einmal den Hahn durchgezogen.

Frühe Biere.

Prost.

Die Theke im Schröder, die aus beigem Pressholz gemacht war: Sie war der letzte für jeden sichtbare Hinweis
darauf, dass die Gaststätte Schröder ein Lokal war, das
auf dem Gebiet der ehemaligen DDR stand. Und selbst
diese Theke hätte genauso gut in einer Stadt im Ruhr-
gebiet, in dem sich in den letzten Jahrzehnten nicht viel
getan hatte, stehen können: in Essen, Gelsenkirchen.

Der Reporter hatte gedacht – noch in Berlin war ich mir
da sicher gewesen –, dass es traurig, auch ein bisschen
eklig sein würde, einen Ost-Menschen von der untergegangen DDR schwärmen zu hören. Und nun hatte es mir
doch ganz gut gefallen. Der Reporter hätte Heiko gerne
noch eine Stunde länger von früher erzählen gehört.

In Heikos Erzählung klang das Lob der DDR wie eine
ganz selbstverständliche, wie eine natürliche Sache: Der
Mensch mochte einfach das, was früher war, nicht, weil
es gut oder schlecht, recht oder unrecht war, sondern
weil es während seiner Kindheit, der Jugend stattgefunden hatte – der Zeit, in der der Mensch nur dieses eine Leben, sein Leben, kannte. Schluss. Und wenn der Mensch
sich an sein erstes Mal erinnerte, das erste Mal Zeltlager,
das erste Mal Fummeln, Sex, K.-o.-Trinken, dann war es
natürlich egal, ob diese schönen Dinge in einem Staat
stattgefunden hatten, der seine Bürger eingekerkert, un-
terdrückt, ausgehorcht, verhöhnt und die freie Meinungs-
äußerung verboten hatte: klar.

Wenn Heiko erzählte, so dachte der Reporter, war es, als

wenn Uropa von 1920 erzählte, nur war der hier eben nicht hundert, sondern erst knapp vierzig Jahre alt, und die irre Zeit lag nicht 85, sondern erst zwanzig Jahre zurück. Zwanzig Jahre waren ja gar nichts. Die Wiedervereinigung hatte Menschen älter gemacht, als sie in Lebensjahren waren, weil mit der Wende die Uhren auf Null gestellt worden waren und die Leben von vorne begonnen hatten – einer wie Heiko hatte es, obwohl erst 39 Jahre alt, schon auf zwei Leben gebracht: ein Leben, das 1989 beendet war, ein Leben, das seither andauerte.

Ich sagte, weil ich als Reporter im Einsatz plötzlich das Gefühl hatte, auf diese Banalität hinweisen zu müssen, dass das persönliche Glück die eine Ebene, das Unrecht des Staates, in dem man gelebt habe, die andere Ebene sei, diese zwei Ebenen der Wahrnehmung ließen sich eben nicht miteinander vermischen, sie hätten nichts miteinander zu tun. Der berühmte Satz »Es war nicht alles schlecht« sei eine Selbstverständlichkeit beziehungsweise eine Hirnrissigkeit, genauso hirnrissig wie der Satz: »Die DDR kann kein Unrechtsstaat gewesen sein, denn ich habe in diesem Staat viele fröhliche Pilsbiere getrunken.« Im Deutschland des Dritten Reichs oder im Apartheid-Regime Südafrikas, so argumentierte ich, am Tresen der Kneipe Schröder in Oberhavel stehend, sei es sicher auch möglich gewesen, das eine oder andere fröhliche Bierchen zu trinken, trotzdem seien beide Staaten Unrechtsstaaten gewesen.

Ich hatte mich mit dem DDR-Ding warmgequatscht: Da hätte ich gerne noch ein bisschen weitergemacht.

Heiko nickte heftig: seine Art der Zustimmung zu dem von mir vielleicht etwas umständlich dargelegten Text. Er sagte: »Na sicher …!«, und nickte wieder. Und wollte, glaube ich, noch etwas sagen, aber er ließ es besser bleiben.

Und so hatten der Reporter und Heiko von der Gaststätte Schröder ganz nebenbei das große Feuilleton-Thema dieses Frühsommers – ein Ministerpräsident hatte die Frage aufgebracht, ob die DDR ein totaler Unrechtsstaat oder kein totaler Unrechtsstaat war – ausreichend gründlich besprochen und abgehakt.

Heiko beugte sich zum Reporter über die Theke: »Kennst du die Schlusssätze von *Sonnenallee*? Da ist für mich alles drin, da stimmt für mich alles. Ganz zum Ende sagt der Typ …« Heiko nahm die Stimme des Erzählers in Leander Haußmanns Film *Sonnenallee* ein – der Typ im Film sprach anscheinend genauso wie Heiko Schröder in der Gaststätte Schröder zu Oberhavel, feierlich, versonnen, ein wenig weggetreten vom Gewicht der Erinnerung: »Es war einmal ein Land, und ich habe dort gelebt. Wenn man mich fragt, wie's war: Es war die schönste Zeit meines Lebens. Denn ich war jung und verliebt.«

Das Lokal füllte sich, und Heiko konnte nicht mehr ganz so flüssig weiterplaudern. Kegel-Kalle stand schon wieder am Spielautomaten, drückte da auf den Tasten herum. Raoul hatte mir eine SMS geschrieben: Seine Spione hätten mich ausgemacht, als ich auf der Spandauer Straße unterwegs gewesen war. Heute Abend sei Bandprobe. Wenn ich dabei sei, dann sollte ich mich um acht vor der Kneipe Schröder einfinden. Ich würde abgeholt.

Ich hatte Lust auf die bisschen härteren Sachen, es konnte, von mir aus, jetzt ruhig einen Zacken fieser, schwärzer, asozialer, gemeiner zugehen.

Ich sagte: »Heiko? Die Rechnung, bitte.«

## 11 Philipp-Müller-Straße (Spaziergang I)

Ich bekam noch einmal einen Schreck, wie dunkel das Haus Heimat schon von außen aussah: ein Ort, der gefühlt unter der Erde, nicht oberhalb der Erdoberfläche lag.

Dieses Mal hatte ich den Hintereingang durch die Kopeken-straße genommen: ein Holztor. Ich schloss auf, und mich guckten zwei Kinder an, ein Junge und ein Mädchen. Sie saßen im Eingang des Nachbarhauses. Beide, Junge und Mädchen, kippten gerade vom Kindsein zum Erwachsen-werden hinüber: Sie hatte fettige Haare, er rote Äuglein und ein fettig glänzendes Gesicht. Da saßen beide auf der oberen der zwei Treppenstufen, in Trainingsanzüge aus dem Billig-Discounter gekleidet, sie barfuß, er in braunen Ledersandalen, er fummelte an einer Packung Zigaretten herum, und der Reporter dachte sofort: England, frühe Sechzigerjahre, in einer der grau-braun-schwarzen Arbei-terstädte, in Liverpool oder Manchester, kurz bevor die große Beatwelle losbrach. Oder noch mal ganz anders, noch früher: Deutschland, gleich nach dem Krieg.

Ich stand vor der Holztür, sie griff sich an ihre Jacken-tasche, eine Stimme sprach: »Achtung, der Besitzer die-ses Handys ist Kampftrinker.« Noch einmal die Ansage: »Achtung, der Besitzer dieses Handys ist Kampftrinker.« Sie hielt das Handy in der Hand, die Ansage war ihr Klin-gelton.
Ich sah das Mädchen an.
Ich sagte: »Hey. Wow. Ist das dein Klingelton?«
Sie nickte. Erschrocken. Sprachlos. Das Mädchen im Hauseingang guckte von unten nach oben: von den Stu-fen im Hauseingang, auf denen sie saß, zum Tor im Haus nebenan, vor dem ich stand.
Der Handyklingelton meldete: »Achtung, der Besitzer dieses Handys ist ein Kampftrinker … Achtung, der Be-sitzer dieses Handys ist ein …« Das Handy schwieg.
Der Reporter ging einen Schritt vom Holztor weg, in Rich-

tung der Stufe, auf der beide, der Junge und das Mädchen, saßen: »Das ist ja ein geiler Klingelton. Wo hast du den denn her?«

Ich wusste jetzt komischerweise auch nicht, was eine sinnvolle Frage zu diesem Handyklingelton war, aber ich wollte mich unbedingt mit den beiden unterhalten: »Hast du den Klingelton im Internet heruntergeladen?«

Das Mädchen guckte den Jungen an, dann weit weg und ganz woanders hin, die Straße hinunter. Sie legte eine Hand auf ihren Mund. Lachen. Unterdrücktes Lachen. Ein Teil des Lachens rutschte ihr als Prusten unter der Hand hervor. Der Reporter: »Hast du den Handyklingelton auf der Straße gefunden?«

Beide, Junge und Mädchen, lachten laut heraus: Nein. Sie hatte den Klingelton nicht auf der Straße gefunden.

Das Mädchen: »Den habe ich von meinem Papa.«

Wilfried Finster saß vor seinem kleinen Fernseher in seinem Eck an der Pilsbar. Er guckte eine Dauerwerbesendung, einen Kellnerblock mit der Aufschrift Berliner Kindl vor sich auf dem Tresen, und hielt einen Bleistift über den Block. Anscheinend konnte bei der Werbesendung jeden Moment etwas gesagt oder ins Bild gehalten werden, was Herr Finster dann nicht verpassen und in seinem Block notieren wollte. Er übergab mir den Zimmerschlüssel, wobei er den Blick nicht vom Fernseher abwendete, mit den herrlich schlappen Worten: »Na? Mal wieder im Lande?«

Ja, Meister Finster. Mal wieder im Lande.

Das zweite Boxtraining verlief exakt so, wie ich mir das beim ersten Training vorgestellt hatte.

Der Trainer begrüßte mich mit den Worten: »Was machst

denn du hier? Hattest du mal wieder Lust zu boxen?« Das war des Trainers ironische Anspielung darauf, dass ich zu den letzten beiden Trainingseinheiten am Dienstag und am Donnerstag nicht erschienen war. Und zu den Jungs, die in ihren Springseilen standen und auf das Kommando warteten, sprach der Trainer im selben lakonischen Tonfall, in dem alle Vergeblichkeit seiner bisherigen Ansagen auf eine grandios augenzwinkernde Art mitschwang: »So, dann wollen wir mal bisschen Boxtraining machen. Seil aufnehmen. Erste Runde.« Und sechs Springseile knallten rhythmisch auf die Bodenbretter.

Der Tätowierte trug ein Krieger-T-Shirt mit dem Aufdruck »Blue Eyed Devils«, auf der Rückseite eine Kalaschnikow mit der Ansage »Mass Terror/To end it all«. Wie beim letzten Training war der Tätowierte auch dieses Mal etwa zwanzig Minuten zu spät in der Halle erschienen und hatte dann betont zügig das Seil aufgenommen und zu springen begonnen, als könne er den Regelübertritt durch Unterwürfigkeit wiedergutmachen. Ich stellte mir vor, dass der Tätowierte in einer Fabrik arbeitete, wo ihn der Vorarbeiter die zwanzig Minuten, die er an den Trainingstagen Dienstag, Donnerstag und Freitag gerne früher gehen würde, nicht früher gehen ließ.

Das verdammte Knie.

Ich mochte den Trainer und ich respektierte den Trainer – komischerweise auch gerade dafür, dass er mich als Boxer nicht ernst nahm. Ich ahnte, dass es wohl schon beim nächsten Training zu weit offeneren, aggressiveren Übergriffen gegen mich kommen würde, und dieser Übergriffe hätte ich mich, auf eine Art, die ich mir vorzustellen versuchte, während das Seil um mich herumschwirrte, dann zu erwehren.

Auf dem Weg vom Boxclub zurück in die Heimat blieb ich auf der Probstbrücke stehen und lehnte mich über das Geländer: Beim Training war ich weit über das hinausgegangen, was mein Körper zu leisten gewohnt war.

Der Fluss floss langsam, er stand fast still. Meine Knie zitterten. Die vom Sport noch nasse Kleidung klebte am Oberkörper, der warme Maiwind strich den Fluss hinauf. Große Unruhe oben in der Luft und in den Zweigen, da, wo die Vögel unterwegs waren. Es war wieder die irre Tageszeit, in der die Mutter Erde meldete, dass es sie auch noch gab, und der Tag, bevor es in den Abend hinüber ging, noch einmal tief Luft holte: noch vor 18 Uhr.

Ich drehte um, und statt ins Hotel lief ich zur Stadt hinaus, dorthin, wo ich am ersten Abend mit dem Auto gelandet war, und weiter. Die Straße hieß Dammhaststraße, und hinter der Kreuzung hieß sie Philipp-Müller-Straße.

Vor einem Imbiss stand ein Mann mit Krücken. Ein Auto kam im Rückwärtsgang vorgefahren, der Mann wies, indem er mit den Krücken bald dort und da hin zeigte, das Auto am Straßenrand ein. Die Funcar-Autovermietung: Hier konnte man Fahrzeuge mieten, die wie eine Mischung aus Motorrad und Rasenmäher aussahen. Auf einer mit Fliesen eingefassten Fassade hing ein Schild, das eine Kakerlake und eine Ratte zeigte, daneben der Schriftzug: »Oberhaveler Schädlingsbekämpfung/Holz, Bauten, Gesundheitsschutz«. Die Straßenschilder wiesen Richtung Templin.

Die Häuser waren zwei- oder dreistöckige Arbeiterhäuser, alle aus der ersten Hälfte des 20. Jahrhunderts. Grau nach Grau nach Grau. Dann Scheißgrau, dann Kackgrau. Verdreckte Stromkästen. Mülltonnen auf der Straße. Die wenigen renovierten Häuser hatten keine Chance. Statt Bürgersteigen gab es Erdpisten, von Kopfsteinpflaster unterbrochen. Nur leer stehende Ladenlokale. Hinter den Schaufenstern mit der Aufschrift »Blumen, Geschenke, Getränke« hingen die Tapeten von den Wänden.

Heiko hatte dem Reporter erzählt, dass die Gegend hinter der Probstbrücke vor allem von Einheimischen der älteren Generationen Schwindel-Schweiz genannt würde.
Schwindel-Schweiz.
Warum Schwindel-Schweiz, Heiko?
»Keine Ahnung«, hatte Heiko gesagt, »das heißt da eben so.«

Es nahm die Tristesse hier irgendwie noch mal eine höhere Geschwindigkeit auf, das Grau kam von weiter her und wollte weiter hinaus: Der geschützte Raum der Innenstadt fiel weg. Man stellte sich vor, dass diese Straße zehn, zwanzig, vielleicht hundert Kilometer immer so weiterging. Autos fuhren achtzig Stundenkilometer und schneller. Ich erhöhte mein Lauftempo.
Da stand ein Trabant, der Volkswagen der DDR, in der immer wieder phänomenal beschissenen Farbe Erbsengrau. Hier war überhaupt noch viel DDR zu sehen. Vor zwanzig Jahren hätte der West-Besucher beim Anblick dieser Ost-Straße den grausamen Satz gesagt: »Die armen Menschen, die hier leben müssen ...« Und noch heute sah es hier exakt so aus, wie die in Berlin sich eine beschissene Kleinstadt in der beschissenen Mark Brandenburg vorstellten.

Ich war etwa zehn Minuten gelaufen. Die Straße gabelte sich auf. In der Mitte der Straße tauchte ein mit Eisenroll-läden verschlossener Imbiss auf: Asia-Bistro. Links da-von ging es in etwas hinein, was man als Industriegebiet deuten konnte: Brachen, Baracken, Garagen, zerfallene Backsteingebäude, geparkte Sattelschlepper, die Raouls Vater Siggi gehören mussten. Die Waldstraße.

In der Gaststätte Schröder hatte mir Raoul von dieser Ge-gend erzählt – wieder in seiner phänomenal drastischen, merkwürdig altmodischen Sprache. In der Waldstraße, so Raoul, wohnten die Asozialen, das Geschmeiß, Gesocks, das Kroppzeug, nur Ex-Knackis und Alkoholiker. Voll-idioten, hatte Raoul gesagt, nichts weiter Gefährliches. Zu Nazizeiten, so Raoul, hätten in der Waldstraße die härtesten Skinhead-Partys stattgefunden, und das seien natürlich damals die besten Partys gewesen. Sei alles eine Ewigkeit her. Ich nahm die Straße rechts.

Es wurde schnell noch trister: heruntergelassene Roll-läden, zerschmissene Fenster, ausgehängte Türen. Links an der Straße tauchte die Diskothek Traxx auf, der Club, von dem Blocky und Raoul erzählt hatten: der üble Laden, die fertige Kaschemme, das finstere Loch.

Haus, Eisentor, Garage. Über der gesamten Fassade hing, etwa zehn Meter hoch, eine grüne Plane mit der Aufschrift »Cocktails«. Das Tor war mit den Signalworten »Neu Traxx Neu Jeden Samstag Wochenenddrink Pop, Dance, Charts, Black, Soul u. v. m.« beklebt. Die Garage war mit Plakaten tapeziert, die ein nacktes Frauenhinterteil zeig-ten: »Cocktailabend 2 for 1«. Der Club sah wirklich übel aus, aber auch gut übel, wie ein böser Traum, in dem al-lerdings allerhand Aufregendes passieren konnte.

Ich stand da, notierte, sprach in meinen Olympus-Stift. Dann ging mir kurzfristig das Gefühl für das, was wichtig und unwichtig war, und für das, was richtig und unrichtig war, verloren.

Ich fotografierte die Diskothek Traxx. Dann fotografierte ich ein Sonnenstudio, das schräg gegenüber vom Traxx lag, und zwar so umfassend und aus allen Perspektiven, bis die Tür des Sonnenstudios sich öffnete und eine vergleichsweise annehmbar aussehende Frau heraustrat und mich fragte, ob das sein könne, dass ich gerade ihr Sonnenstudio fotografiert habe, und was das bitte zu bedeuten habe.

Die Frau stand da, die Hände in die Hüften gestemmt, ihr ganzes Auftreten verlangte nach einer Erklärung.

Der Reporter griff wieder zu dem Trick, dass er sehr zügig allerhand Unbegreifliches auftextete: Ich interessiere mich, so der Reporter, ganz allgemein für Sonnenstudios, weshalb ich im Speziellen auch ihr Sonnenstudio fotografiert habe. Dann entschuldigte ich mich und ging schnell fort.

Ich stand nun, ganz plötzlich und unvorbereitet, vor dem jüdischen Friedhof: jenem, der vor einigen Jahren geschändet worden war. Ein Hinweisschild hatte ich nicht gesehen. Ich war von der Hauptstraße weg und einen schmalen Weg entlanggegangen: Metall, Wellblech, Holz, Kratzputz, »Hier wache ich«- und »Betreten auf eigene Gefahr«-Schilder. Dann stand ich vor einer Mauer: eine Sackgasse. Der Friedhof eben. Sand trieb durch die Luft. Einige wenige Grabsteine standen auf einem Stück Wiese hinter der Mauer aus Feldsteinen. Es war ein stiller, freundlicher Ort, nur seine Lage – ein Rondell, zu dem jener enge Gang führte – wirkte beklemmend. Eine Tafel nannte 1998 als das Jahr der Wiedereinweihung und den 13. Februar 2001 als die Nacht der Schändung. Schon im April 1933 waren jüdische Geschäfte in der Kleinstadt zerstört worden.

Die Sportkleidung klebte, mir wurde kalt. Und es kamen, im beschleunigten Takt, in dem der Reporter seine Schritte auf den Seitenstreifen der Endlosstraße setzte, eine Vielzahl von Sinnlosigkeits- und Vergeblichkeitsgefühlen in mir hoch: ein toller Schub, eine geile Hektik.

Was war aller Scheußlichkeit, Hässlichkeit, Trostlosigkeit entgegenzusetzen, außer dass der Reporter sich vor sie hinstellte, sie ansah und als exakt das bezeichnete, was sie waren: Scheußlichkeit, Hässlichkeit, Trostlosigkeit. Wer brauchte die Beschreibung von Trostlosigkeit? Bestand die Möglichkeit – das wäre ja eine irre Aussicht –, dass die Trostlosigkeit sich durch ihre detaillierte Beschreibung in einen besser zu ertragenden Zustand verwandelte?

Nein. Anders. Kitsch-Käse. Leider: alles Quatsch.

Aller Inhalt, Wert und Sinn des Reportertums bestand darin, dass die Reportage noch nicht zu Ende war. Es musste weitergehen. Die Geschichte musste weitergehen. Es musste auch deshalb weitergehen, damit die Mickrigkeit, Unbrauchbarkeit, Sinnlosigkeit jeder einzelnen Notiz, Beobachtung, Aufnahme besser wegzustecken war.

Nicht die einzelne Geschichte zählte, nur der Fluss, der Lauf, das Tempo, das von einer Geschichte zur nächsten entstand. Die einzelne Geschichte war immer nur so viel wert wie die Geschichte, die darauf folgte. So fand ja auch das Leben jedes einzelnen Menschen statt: Jedes Erlebnis war für sich genommen ein Witz – ein Sinn konnte einzig in der Hoffnung liegen, dass es irgendwie weiterging. Es war dies also, gerade in den düsteren Stunden, die ganze Arbeit des Reporters: Vorwärts. Weitermachen. Dranbleiben. Mitnotieren. Weiter so.

Im Haus Heimat sagte Wirt Finster die grandios deplatzierte Begrüßung »Hi, Fan« (den Gag hatte der Reporter das letzte Mal Mitte der Siebzigerjahre in der Grundschule gehört). Ein einsamer Pilstrinker an der Bar. Maria war auf andere grandiose und umständliche Art damit beschäftigt, die Wandspiegel im Gastraum zu putzen, wobei sie halb auf dem Boden stand, halb auf einem Tisch lag und dabei ihr Hinterteil in den Gastraum hineinstreckte. Maria trug ein goldenes Fußkettchen. Bei beiden, Wilfried und Maria, wunderte sich der Reporter, wie sehr er sich freute, sie zu sehen. Ansonsten schien mir Finster müder, gramer, gebeugter und noch blasser als sonst.

Oben im Zimmer sprang ich mit einem USB-Stick, den ich in meinen Computer steckte, ins Internet: Philipp Müller, ein deutscher Arbeiter und Kommunist. Er war am 11. Mai 1952 mit nur 21 Jahren in Essen bei einer Demonstration gegen die bundesdeutsche Remilitarisierung von der Polizei erschossen worden. Müller galt als erster Toter einer Demonstration in der Bundesrepublik. In der DDR wurde er als Patriot und Nationalheld aufgebaut, vor allem die FDJ und ihr Vorsitzender Erich Honecker nutzten das Gedenken an Philipp Müller zu Propagandazwecken.

Wieder unten im Gastraum saugte ich ein Pilsbier in mich hinein, damit aller Kleinmut und alle Mickrigkeits-Bedrückung schwanden und ich mit Schwung am vereinbarten Treffpunkt vor der Gaststätte Schröder ankam.

Im Kopf sagte sich der Reporter die Namen der Mitglieder der Band auf, die er am Abend im Proberaum treffen würde, auch einfach deshalb, um noch einmal zu hören, wie ihre Namen klangen:

Raoul.

Eric.

Rampa.

Crooner.

Vor der Gaststätte Schröder war eine schwarze Limousine mit getönten Scheiben geparkt. Als ich die Straßenseite wechselte und auf das Auto zuging, sprang der Motor an.

## 12 Deutschboden

Wir bretterten durch die Stadt, hinter der Schleuse entlang
über die Havel, die Dammhaststraße und Philipp-Müller-
Straße hinunter: den Weg, den ich vor einer Stunde noch
zu Fuß entlanggelaufen war.

Das Auto war ein Skoda Superb, schwarz, mit Ledersitzen. Der, der hinter dem Lenkrad saß, war Crooner, der Sänger der Band, der, wie Raoul erzählt, einem bürgerlichen Beruf nachging. Soweit das von der Rückbank des Wagens zu erkennen war: ein gut aussehender Mann. Schmal, kräftig, schmales Gesicht, hellblaue, kalte Augen, eine akkurate, nicht übertrieben kurz geschnittene Frisur. Keine Tätowierungen. Dieser Crooner war ein ganz anderer Typ junger Mann als sein Beifahrer Raoul: mehr bürgerliche Gene. Crooner sah nach Versicherung aus. Er sah nicht unbedingt aus wie ein Rock-'n'-Roll-Sänger, eher wie einer, der einen Rock-'n'-Roll-Sänger bei einer Party ziemlich gut darstellen konnte.

Crooner rauchte. Raoul, der auf dem Beifahrersitz saß, rauchte auch. Crooner trug einen Ringelpulli. Raoul war wie bei unserem ersten Treffen gekleidet: Kappe, T-Shirt, Jeans, Turnschuhe. Raouls Haaransatz unter der Kappe sah frisch rasiert aus. Raoul: »Ich hasse das, wenn das hinten in den Nacken hängt.« Crooner sagte über seinen Wagen: »War nicht so teuer. Ein Ein-Jahres-Wagen.«

Der Reporter erklärte Crooner, dass er ab und an mit dem Aufnahmegerät herumfuchtele, weil er Reporter sei und immer alles aufnehmen müsse.

»Mach mal«, sagte Crooner.

Der Mythos Schwindel-Schweiz musste geklärt werden. Ich fragte die Jungs, den Olympus-Stick zwischen die Köpfe auf den Vordersitzen haltend, was Schwindel-Schweiz zu bedeuten habe und wo diese verzauberte Gegend liege.

»Da fahren wir gerade durch«, erklärte Crooner.

Raoul: »Alles, was hinter der Probstbrücke liegt, nennen

wir Schwindel-Schweiz. Weil da die Verrückten gewohnt haben, das Pack, die Verbrecher, die, die nicht arbeiten und mit einem Krankenschein in der Arschtasche herumlaufen. Mittlerweile wohnen da ganz normale Leute. Den Namen Schwindel-Schweiz, den hat sich wahrscheinlich irgendein Spritti bei Schröders an der Theke einfallen lassen.«

Wir bogen ab in die 109 Richtung Templin. Bis zum Proberaum in Kurtschlag, in dem die beiden anderen Bandmitglieder auf uns warteten, waren es noch 15 Kilometer. Eine schnurgerade zweispurige Straße, rechts und links Kiefernwald, kein Haus, kein Feld, keine Lichtung, kein Weg, immer nur Kiefernwald. Crooner fuhr natürlich schnell. Der Skoda federte die Schlaglöcher in der Piste ab. Eine Straße, wie Sibirien im Kino aussah. Und tatsächlich, so erfuhr ich: Bis Mitte der Neunzigerjahre waren die Russen im Wald Richtung Templin stationiert gewesen.

Wir waren bei Spitznamen. Raoul erzählte, dass Spitznamen in Oberhavel eine ganz natürliche Sache seien, früher oder später bekäme jeder seinen ab. »Wir haben mal einen Abend bei Schröder gesessen und alle Spitznamen aus Oberhavel aufgeschrieben, die uns eingefallen sind. Wurden vier DIN-A4-Seiten.« Und dann fingen Raoul und Crooner an, während der Skoda über die Schlaglöcher schoss, sich Spitznamen zuzurufen.

Es war eine ziemlich lustige Liste. Die Namen waren: Öl-Uwe, Waldstraßen-Fee, Hubbabubba, Eiweiß, Krumpumpel (einer, der humpelte), Sexy, Udo Undeutsch, Meta Mehlhase, der Teewurst-Blonde (ein Rothaariger), Hundertachtzig (einer, der zu schnell mit dem Fahrrad unterwegs war), Hemmhemm (ein Behinderter, er hatte mal ein Ding mit der Wippe abgekriegt, machte seither »Hemmhemm«, wenn er auf der Straße grüßte), Grease (einer mit Fünfzigerjahre-Haartolle), der Bürgermeister von der Schorfheide (hatte Schorf im Gesicht), Frosch-Uwe, Bowling-Bob, Kegel-Kalle, Waschbär, Porno-Grille, Triple-D (der dicke Dieter), Hundertzehnprozent, Ring-ring (ein Spinner, der behauptete, bei den Bikern zu sein, obwohl er nur ein Fahrrad besaß), Sülze, Augenzeuge (einer, der den ganzen Tag aus dem Fenster guckte), der Quotenneger, Innepisse-Eiermann (tauchte regelmäßig volltrunken vor dem Schröder auf und pinkelte sich die Hosen voll).

Crooner: »Fakt ist, dass die Leute sich ihren Spitznamen nicht aussuchen können. Das hat noch nie geklappt.«

Raoul: »Wenn dir etwas passiert, was ein bisschen raus-sticht, dann hast du deinen Spitznamen weg. Der klebt dann für immer an dir. Unser Kumpel Decke: Der ist mal nach einer Party mit Eimersaufen bis zum Morgengrauen total voll durch den Ort geirrt, splitternackt, nur mit einer Decke bekleidet. Seitdem heißt der Decke.«

Der Reporter merkte, dass die Jungs sehr gerne erzähl-ten. Es sollten natürlich tolle Geschichten sein. Es hatte sich in den zehn Minuten, seit wir im Auto saßen, eine Art Wettbewerb entsponnen, wer den größeren Knaller zu er-zählen hatte. Den Wettbewerb gewann natürlich Raoul. Ihr Heimatort Oberhavel sollte ein möglichst spannender, lustiger, harter, am besten richtig verrückter Ort sein, eine Art gallisches Dorf in Brandenburg. Das sollte bloß kein langweiliger Ort sein. Es war jetzt schon eine ziemlich kurzweilige Autofahrt.

Wir passierten das erste und einzige Hinweisschild der Strecke. Auf dem langen gelben Schild, das links in den Wald hineinzeigte, stand: »Deutschboden 1 km«. Exakt in dem Moment, als das Auto auf einer Höhe mit dem Schild war, bediente Crooner die Hupe, beide Jungs grüßten mit der rechten Faust und sprachen im Chor: »Deutschboden.«

Es folgte, was ein irgendwie heroischer, weil gut rätselhafter Moment war, keine weitere Erklärung. Es fiel auf, dass der Ort »Deutschboden« auf den Silben »Boden«, nicht auf dem »Deutsch« betont wurde: Deutschboden.

Der Reporter freute sich.

Ich sagte: »Großartig. Weshalb das Hupen?«

Raoul: »Ein Ritual. Man hat zu hupen und die Faust zu heben, wenn man an diesem Schild vorbeifährt. Weil Deutschboden einfach so ein geiler Name ist. Und weil Deutschboden auch so ein geiler Ort ist: drei Häuser mitten im Wald. Wir wissen das nur aus Erzählungen. Von uns ist noch nie jemand in Deutschboden gewesen. Wichtig ist – also ganz besonders wichtig ist, dass du auch dann hupst, wenn du allein im Auto an dem Schild vorbeifährst.«

Crooner am Lenkrad: »Das ist ganz wichtig. Nicht vergessen. Immer hupen.«

Raoul drehte sich vom Beifahrersitz zum Reporter auf der Rückbank um: »Wir kriegen das mit, mein Lieber, wenn du an Deutschboden vorbeifährst und nicht hupst.«

Wir bogen in ein Dorf ab. Kopfsteinpflaster. Brücke über einem Rinnsal. Eine malerische Kulisse (soweit ein Dorf in Brandenburg malerisch aussehen konnte). Die Bierstube: eine Baracke mit Hasseröder-Leuchtschild. Dahinter lagen die Felder. Das Restaurant »Zum Mittelpunkt der Erde«. Vor der Kirche ging es in einen Sandweg hinein. Durch ein Eisentor. Crooner parkte seinen Wagen neben einem weinroten Opel Astra vor einem zweistöckigen Kratzputz-Kasten mit der Aufschrift »Schule«. Vorm Haus Brennnesseln, Gestrüpp, meterhohes Gras. Die Jungs traten die mit quer genagelten Brettern verstärkte Haustür auf, im Treppenhaus stank es nach DDR-Putzmittel, nach kaltem Stein und Pisse. Der Reporter trug Hut und hielt, während es die Treppe hinauf ging, das Aufnahmegerät mit gestrecktem Arm den Jungs hinterher. Ich hatte Angst, einen Spruch zu verpassen.

## 13 Proberaum

Der Proberaum lag im ersten Stock der Schule. Auf zwei Sofas, die um ein Schulpult herum vor einer großen Fensterfront standen, saßen Rampa und Eric, brennende Zigarette in der Hand, und tranken Bier.

Man sah, neben den Jungs, eigentlich nur Müll. Die zwei Sofas sowie alle anderen Polstermöbel kamen vom Sperrmüll: ein weinrotes Ecksofa, ein Sofa mit New-Wave-Muster. Etwa zwanzig leere Bierkästen, eine Aluleiter, ein Staubsauger. Auf der Fensterbank ein Videorekorder, ein Stapel Porno-Kassetten, leere Zigarettenschachteln, sonstiger Müll, ein noch nicht angebrochenes Sechserpack Bier. Eine quergestellte Schulkommode war die Bar. Auf dem Schulpult, das als Couchtisch diente, standen drei randvolle Aschenbecher und etwa dreißig leere, halb volle oder noch nicht angebrochene Flaschen: Wodka, Goldkrone, Berliner Kindl, die Mischgetränke Fanta, Cola und der Energy-Drink Booster, das Billig-Red-Bull vom Supermarkt Plus, eine Tüte Chips mit Bacon-Geschmack. Hier musste vor Kurzem ein Saufgelage stattgefunden haben, bei dem die Jungs plötzlich die Kräfte verlassen hatten.

Neonröhren an den Decken. Gut die Hälfte der Wände bedeckten Eierkartons, die als Dämmung dienten, dazwischen Schimmelflecken, sonstige Flecken, ein runterhängendes, mit Krepppapier eingewickeltes Waschbecken, Schmierereien und Sprüche sowie eine Vielzahl von extra nachlässig, kreuz und quer über die Flecken gehängte Poster. Unter den Schmierereien fiel als Erstes der mit roter Farbe geschriebene Spruch »Gelb darf gehn, Braun bleibt« auf. Eine auf die Wand gemalte Uhr zeigte fünf vor zwölf. Unter den vielen Plakaten sah man ein Pornoplakat, das eine nackte Frau zeigte, die rittlings auf dem Penis eines nackten Mannes saß, während ein zweiter Mann ihr den Penis in den Mund steckte, dazu der Text »Fuck Brothers – Einzug ins Fickhaus«. Ein Plakat, das die Band

5 Teeth Less neben anderen Bands, die Herbst, Freigeist, Punk Beat Rockers, Porcupine und Dito hießen, nannte: Ankündigung für ein Open-Air-Festival in Fürstenberg. Daneben hingen etwa acht Poster der amerikanischen Punkband Blink 182, sowie, neben anderen Bandpostern, ein Plakat, das die nackte Christina Aguilera auf dem Cover des *Rolling Stone* zeigte.

Im hinteren Teil des Raums war die Ausrüstung für eine Band aufgebaut, Boxen, Bassboxen, Verstärker, Mikrophonständer, Schlagzeug. Da lehnten ein Bass, zwei E-Gitarren. Durch die Fenster sah man ins grüne Nichts, auf Wiesen, Bäume, Gräser, die Dorf-Diaspora, und die warme Abendluft des Mai strich herein. Es war ein besonders hässlicher, aber natürlich auch ein großartiger Raum: Als hätte sich ein mittelmäßig begabter MTV-Redakteur einen Proberaum für eine Punkband ausgedacht.

Rampa und Eric standen auf.

Umständliches Bierabstellen, Zigaretten-im-Aschenbecher-ablegen, Hosen-hochziehen, T-Shirt-runterziehen.

Beide hielten die Hand hin.

Tachchen.

Setzten sich wieder.

Die Jungs sahen gleich voll in Ordnung aus, aber wie ihr Kumpel und großer Bruder Raoul nicht ungefährlich. Beide, Rampa und Eric, waren harte Jungs. Und beiden traute man zu, dass sie sich in einer Schlägerei vortrefflich wehren beziehungsweise, was den Unterschied machte, schneller sein und als Erste zuschlagen konnten.

Rampa war ein 95-Kilo-Schrank, aber ein Schrank mit Brille: die schmale schwarze Hornbrille, die man in diesen Jahren bei vielen sah. Weitsichtigengläser, helle Augen dahinter. Der helle Typ. Rötliche Haut. Piercing in der Unterlippe, mehrere Ringe in den Ohren. Eine schwarze Kappe saß tief in die Stirn gezogen.

Er hatte breite Schultern, kräftige Arme. Beide Arme waren zutätowiert. Der Oberkörper steckte in einem hellblau-grau-weiß karierten Hemd mit Button-Down-Kragen, das Hemd war bis zum obersten Knopf zugeknöpft, womit ein nicht für jeden zu dechiffrierender Modecode ausgesendet wurde: Skinhead-Style, Arbeiterklasse, England, 1969, die erste Schule der Skinheads, die von den Mods abstammte, Reggae und Ska, also die schwarze Musik von den West Indies hörte und noch keinen gesteigerten Wert auf Prügeleien legte. Jeansshorts, Nike-Turnschuhe. Man sah diesen Rampa, wie er so friedlich dasaß, auf der Baustelle mit Zementsäcken, Bretterbohlen, Ziegelsteinen und Bierkästen herumwerfen, und ebenso gut konnte man ihn sich auf einem Konzert in den ersten Reihen vorstellen, wo Männer mit Springerstiefeln und nackten Oberkörpern tanzten.

Jetzt schaute er gerade finster, was er auch gut konnte. Man sah diesem Gesicht an, dass dieser Rampa gut losschnauzen und brettharte Ansagen machen konnte, denen man dann besser nicht widersprach. Genauso gut würde er plötzlich loslachen und unheimlich aufgekratzt und fröhlich sein können. Eine nicht ungefährliche Spannung würde aus dem Gesicht des Rampa nie ganz weichen.

Eric, der kleine Bruder, wirkte freundlicher, dabei aber nicht weniger düster. Man sah ihm nicht an, dass er Raouls Bruder war. Er war ganz in Schwarz gekleidet: schwarze Kappe, schwarzes T-Shirt, schwarze Shorts, schwarze

Puma-Turnschuhe. Auf Erics Kappe stand »Atticus«, auf seinem T-Shirt »Alive«. Eric war kleiner als sein Bruder und nicht ganz so breit gebaut wie Rampa, aber wie bei seinem Kumpel waren auch Erics Programm die Muskeln: kräftige Arme, kräftige Unterschenkel. Tätowierungen auf Oberarmen und dem rechten Unterschenkel. Man sah diesen Eric, wie er so dasaß, sich im Gedränge mit anderen kräftigen Männern flüssig hin- und herbewegen, sich vor- und zurückkämpfen, über Schultern, Arme, Köpfe hinweg greifen, schubsen, lachen, auch mal einen nicht weiter böse gemeinten Faustschlag austeilen. Aber ähnlich wie bei Rampa war auch in Erics Erscheinung ein Bruch, ein Widerstand zum reinen Kraftprogramm angelegt, ebenfalls für jedermann auf die ersten Blicke zu erkennen: Erics Haare sahen blauschwarz aus, vielleicht waren sie schwarz gefärbt. Im Nacken waren sie kurz, an den Seiten gestuft geschnitten, vorne hingen sie in die Stirn. Es war ein Haarschnitt, wie ihn englische Bands um 1980 und Nachtclubmenschen im Berlin der Gegenwart trugen. Insgesamt wirkte dieser Eric ein bisschen ungewaschen, aber, komisch, auch das stand ihm gut.

Ein echter Knaller in Erics Erscheinung waren seine mit schwarzem Nagellack lackierten Fingernägel. Es waren männliche, nicht besonders gepflegte Nägel, und der Lack blätterte von ihnen herunter, wodurch die Sache noch mal einen anderen Schwung bekam. Nur wegen dieser Nägel stand gleich eine wahrlich dramatische Menge von Fragezeichen im Raum. Da dieser Mann ziemlich offensichtlich nicht schwul war, sendete das abgeblätterte Schwarz gleich eine Vielzahl von Referenzen aus, die sich mit dem Klischee einer Kleinstadtexistenz schwer vertrugen, in etwa: Punkrock, Hardrock, Metrosexualität, Oper, Kino, Glamour, Exzess, Absturz (schon klar: In Wahrheit waren alle diese Dinge vor etwa dreißig Jahren in der Kleinstadt angekommen und wurden hier, in der Kleinstadt, in besonders reiner Form, wahrscheinlich der reineren Form gelebt als in der Großstadt). Zusammen mit den Puma-Turnschuhen stellten diese Fingernägel jedenfalls eine gewagte Ansage, fast eine Mutprobe dar: Man stellte sich vor, wie dieser Eric in Supermärkten, auf Tankstellen und in namenlosen Sauflöchern seine Extravaganz rechtfertigen musste und sich einen Spruch zurechtgelegt hatte, um die Sache abzukürzen: »Das ist Punkrock. Verstehst du nicht. Ist mir auch egal, ob du das verstehst. Geh weg.«

Eric trug außerdem, was der Reporter erkannte, als sich Eric mit der linken Hand eine Bierflasche öffnete, einen Flaschenöffner-Ring am linken Daumen.

Ich sagte gleich, schon als ich die Hände der Jungs drückte, wieder meinen Idiotenspruch auf: dass ich der Reporter sei, der ein Buch über Oberhavel schreibe und deshalb alles, wirklich alles und jeden Spruch, die guten und die weniger geglückten, mit dem Gerät aufnehme, worüber, bitte, niemand zu erschrecken brauche.

Interessierte Gesichter.

Den Aufnahmestift sollte ich mal herzeigen.

Digitales Aufnahmegerät, ja?

Alles klar.

Na.

Mach mal.

Raoul öffnete die Kommode und entnahm ihr ein Raumspray, mit dem er gleich anfing, Spraywolken in die Luft über den Polstermöbeln zu sprühen: Air Wick Flieder-frisch. Dann sollte erst mal in aller Ruhe gesessen und ein Bierchen zusammen getrunken werden.

Es ging zwischen den Jungs nun um Spiele für die Playstation 3. Dabei wurde mit rätselhaften Fachkürzeln aus der wunderbaren, dem Reporter fremden Welt der Unterhaltungselektronik hin und her geworfen, die LCD-Fernseher, Full HD, Blue-Ray und HDMI-Kabel hießen. Die Playstation 3 kürzten die Jungs mit dem Begriff Playsi ab.

Dann musste, umso heftiger, das Spiel der Spiele, das im Herbst dieses Jahres neu auf den Markt kommen würde, besprochen werden: Modern Warfare 2, *Call of Duty*. Raoul hatte geregelt, dass die örtliche Videothek ihnen in den ersten Minuten des Tages des Erscheinens, nämlich um zwölf Uhr nachts am 18. November, gleich zwei Exemplare des neuen Spiels aushändigen würde. Raoul erklärte, dass die Band sich dann sieben Tage komplett freizuhalten habe, an Bandproben sei in dieser Woche ebenfalls nicht zu denken: Man wolle sich während dieser Tage ausschließlich auf das brandneue, in jedem Fall grandiose, weil extrem brutale, realitätsnahe und sofort süchtig machende neue Shooter-Spiel konzentrieren, das bei Erscheinen in Rekordzeit zum erfolgreichsten Computerspiel aller Zeiten aufstiege.

Die Band bemerkte, dass der Reporter einen hässlichen Stoffelefanten mit hässlichen, großen Plastikaugen ansah. Der Elefant saß, riesengroß, hellblau und verdreckt, auf einer der Lautsprecherboxen.

Rampa: »Das ist Lauser. Wir haben ihn aus einem Müllcontainer gezogen. Er hat als Wachhund nichts getaugt, da wurde er das Bandmaskottchen.«

Die Band guckte, ob der Humor des Rampa ankam: ja, super. Kam an.

Der Reporter bekam, ohne gefragt zu werden, eine Flasche Bier in die Hand gedrückt. Raoul schüttete sich Goldkrone und Sprite in einen Pappbecher, erklärte: »Goldie Sprite«.

Um am Drücker zu bleiben und weil die Band zum ersten Mal geschlossen dasaß, forderte der Reporter die Jungs auf, sich einer nach dem anderen vorzustellen: Es entstand eine Interviewsituation. Was der Reporter wissen wollte? Die Jungs machten selber Vorschläge: Beruf. Kontostand. Bevorzugte Zigarettenmarke. Vorstrafen. Alkoholpegel. Staatsangehörigkeit.

Crooner: »Ich bin Vermögensberater.«

Eric: »Ich bin zurzeit leider arbeitslos. Sonst auf dem Bau tätig.«

Rampa: »Trockenbau. Zurzeit aber leider auch auf Hartz IV.«

Raoul: »Bei mir weißte's ja. Ich mache, wenn alles gut geht, demnächst meinen Lkw-Führerschein.«

Das geile Brandenburgisch schon wieder. Alle vier sprachen so schnell, dass sie mit den Worten kaum nachkamen. Rampa war, das war mit zwei Sätzen deutlich geworden, ein ähnlich guter Sprecher wie Raoul. Crooner sprach, als hätte er da etwas aufzuholen, so harten Dialekt wie die anderen. Eric drängte beim Sprechen weniger nach vorne. Er sprach leiser, verhaspelte sich, verschluckte ganze Silben, wohl, weil er die Pointen und die Punkte schneller setzen wollte, als seine Zunge es ihm erlaubte. Man musste gut hinhören, um ihn zu verstehen.

Der Reporter: »Ihr seid die kräftigen Männer.«

Rampa: »Genau. Wir sind die, die in der Schule nicht aufgepasst haben. Sonst wären wir jetzt Vermögensberater.«

Eric: »Oder Hausmeister. Stellvertretende Hausmeister vielleicht.«

Der Reporter hielt Rampa den Aufnahmestift hin: »Was macht man als Trockenbauer, Rampa?«

Rampa: »Rigipswände, Metallprofile stellen. Decken. Fußböden. Dämmen, spachteln. Meinst du die Frage ernst?«

Rampa zögerte, mit einigen Sekunden Verspätung. Er guckte in die Runde, als wollte er sich vergewissern, ob er als Einziger einen Gag wie eine ernst gemeinte Frage beantwortet hatte: Nein, Rampa. War ernst gemeint gewesen, die Frage.

Rampa zu Crooner, er zeigte mit dem Finger auf seinen Kumpel und ballerte die nächsten Sätze in etwa drei Sekunden in eisenhartem Brandenburgisch heraus: »Hättest du in der Schule mal anständig gesoffen, wärst du Maurer geworden. Wie wir. Aber nein, du musstest ja Abi machen.«

Es entstand eine Gesprächspause. Erst hielt Raoul seine brennende Zigarette hoch, es folgten die anderen Jungs. Dann erst verstand der Reporter, dass Raoul die Leitung der Interviewsituation übernommen hatte. Es war eine fast niedliche Szene.

Raoul: »West Ice.«

Rampa: »Cabinett.«

Eric: »Pall Mall.«

Crooner: »Cabinett Mild.«

Die nächste Gesprächspause. Die Jungs sollten ihre Tätowierungen erklären. Tätowierungen, immer ein schönes, immer ein dankbares Thema. Es ging so ab, dass der, der dran war, an T-Shirt-Ärmeln und Hosenbeinen zog und zerrte, um die betreffende Körperstelle freizulegen.

Auf Rampas Armen saßen Tribal-Tätowierungen; ein Spinnennetz am Ellbogen (»Ein Andenken an einen Kumpel, der sich vor den Zug gestellt hat. Ich habe kein Foto von ihm. Wenn ich das Spinnennetz sehe, dann fällt er mir automatisch ein.«); ein Frauenkopf, der entfernt Ähnlichkeit mit Britney Spears hatte (aber das war sie um Himmels willen natürlich nicht). Die Vornamen von Rampas Eltern waren auf den Puls tätowiert, die Mutter auf den rechten, der Vater auf den linken Puls, Würfelzähler zeigten die Geburtsjahre der Eltern an, 5 und 4 für die Mutter (1954), 4 und 2 für den Vater (1942). Auf Rampas Rücken wuchs eine Großtätowierung, die noch nicht fertig gestochen war: Da musste noch allerhand ausgemalt werden. Der Wikinger auf der Schulter, so Rampa, stamme noch aus der guten alten Skinhead-Zeit.

Eric hatte einen Teufel. Oder einen Dämon. Etwas in der Richtung. Noch einen Drachen. Auf Erics Schlüsselbein, dem Übergang von Hals zu Oberkörper, war der Schriftzug »Not like you« eintätowiert – man sah die großen, in verschnörkelter Schreibschrift geschriebenen Worte, wenn Eric dasaß und der Ausschnitt seines T-Shirts nach unten rutschte. Darunter das Logo der Band 5 Teeth Less, darunter, auf Erics Bauch, wieder groß und geschwungen geschrieben, der Schriftzug Rock 'n' Roll.

Eric sagte nun den oberlaschen Satz: »Tätowierungen sind so geil.«

Raoul half seinem Bruder nach: »Wir nehmen das mit den

Tätowierungen nicht so ernst. Ich habe mir schon überlegt, ob ich mir die Ergebnisse aus dem Theorie-Prüfungs-
bogen vom Lkw-Führerschein auf den Arm tätowieren
lasse.«
Raoul nickte, um seinem Gag zusätzlich Schwung zu ver-
leihen: »Weeßte. Weil ich mir das alles doch immer nicht
merken kann.«

Die Jungs mussten andauernd Witze reißen. Einer gab den
Nächsten. Es ging gar nicht anders. Wenn einer den Mund
aufmachte, dann musste das ein Witz werden. Sonst war
das keine sinnvolle Wortmeldung. Es bestand praktisch
Witzzwang. Ein nichtwitziger Satz war ein vergebener
Satz. Und wenn einer zwei, drei Sätze lang vollkommen
unkomisch dahergeredet hatte, dann musste der vierte
Satz der sich doppelt überschlagende Superwitz sein. In
der Kleinstadt zu leben, hieß, im ständigen Redetraining
zu bleiben. Ulkige Sache: Es war so, als ob die Tatsache,
dass es eigentlich wenig zu erzählen und wenig zu besprechen gab, die Grundlage dafür bildete, dass man alles
lustig und als Gag erzählen konnte. Menschen, die mehr
erlebten, das dachte der Reporter, waren ungleich unko-
mischer als die Menschen hier in Oberhavel.
Crooner: »Ich habe keine Tätowierungen.«
Der Reporter: »Und das bleibt auch so?«
Rampa: »Ja, bis er mal besoffen einschläft.«
Reporter: »Warum bist du nicht tätowiert, Crooner?«
Crooner: »Wenn ich mal ein Motiv habe, von dem ich
sage, das muss ich haben, das soll ein Leben lang bleiben,
dann kommt es drauf.«
Rampa: »Er hat hinten so ein ganz zartes Arschgeweih.«
Gelächter bei Rampa und Raoul.

Der Reporter startete noch einen Interviewangriff: »Und, Herr Rampa? Bist du vorbestraft?«

Der nette Rampa ging, wie vom Reporter verlangt, gleich an die Decke. Und signalisierte im selben Zug, dass er die Frage als nicht ganz ernst gemeinte Aufforderung zu einem Spielchen richtig verstanden hatte. Er warf einen Blick in die Runde: »Warum denn ich? Frage doch mal die anderen.«

Raoul ging betont sachlich auf die Frage ein. Als habe er als Einziger und als der Kopf der Band, der er wohl war, das Image, den Erfolg, die Zukunft der Band im Blick: die sogenannten Karrieren. Er hatte, das verstand ich gerade, seinen Kumpels erklärt, dass es nur von Vorteil sein könnte, sich mit mir, dem Reporter zu verständigen: Publicity, Öffentlichkeit, jede Presse war gute Presse, diese Dinge. Raoul war, was ihm niemand übel nehmen würde, um ein freundliches und konstruktives Gesprächsklima mit dem Reporter bemüht.

Raoul führte das Interview mit den Jungs von der Band 5 Teeth Less.

Raoul: »Na, dass ich im Knast war, habe ich dir ja schon erzählt. Ich war von 1999 bis 2006 auf Bewährung. Wie war das bei dir, Eric?«

Eric: »Bei mir war Gott sei Dank nie was Großes. Oder wie war das bei mir, Rampa?«

»Nee, Eric«, sagte Rampa. »Bei dir war nichts. Du hast immer Glück gehabt.«

Eric: »Richtig bestraft worden bin ich jetzt erst vor Kurzem. 320 Euro. Wegen Falschbaden. Das musst du dir mal vorstellen: Die haben mich verknackt, weil ich trotz Baden-Verboten-Schild in den Tümpel gehüpft bin.«

Und Raoul reichte den Stab weiter an Rampa: »Erzähl du, Rampa.«

Rampa: »Ich war nie im Gefängnis. Aber es war knapp.«
Er zeigte Zähne, um zu zeigen, wie knapp es war.

Rampa: »Raoul, was würdest du sagen, wie knapp es war?«

Raoul: »Ich würde sagen: Du bist ganz knapp am Knast vorbeigeknirscht.«

Rampa erzählte: »Ich bin noch bis 2014 auf Bewährung. Wegen Schwarzfahrens, also wegen wiederholten Fahrens ohne Führerschein. Ich hatte vier Monate auf Bewährung. Wurde neu erwischt. Verurteilt zu acht Monaten Knast. Bin in Revision gegangen. Auf die Tränendrüse gedrückt. Arbeit besorgt. Angestrengt. Noch mal Bewährung gekriegt. Jetzt ist es ganz knapp, ich darf mir nichts mehr, also wirklich gar nichts mehr erlauben: Nachts ohne Licht oder besoffen auf dem Fahrrad, und ich gehe für zehn Monate in den Knast.«

Rampas Erzählung war noch nicht beendet: »Dann, vor etwa einem Jahr, kam noch eine Verhandlung, aber nicht wegen Schwarzfahrens. Da hat mir ein Penner in einer Kneipe, bei Franky's Place hier bei uns auf der Spandauer Straße, meinen Pullover geklaut. Hinter der Brücke habe ich den Penner gestellt. Ich zu dem Typen: Hey, du Penner, du hast meinen Pullover. Willst du mir den bitte …? Als er auf mich drauf wollte, habe ich dagegengehalten, auf meine Art. Dann kam die Anzeige wegen Körperverletzung.«

Rampa guckte, ob einer der anderen etwas sagen wollte.

Eric sagte: »Was für ein Penner, der Typ …«

Raoul: »Das war der Letzte. Kaputter Kunde …«

Rampa: »Das Schlimme ist: Ist man schuldig, denkt man

sich die größte Scheiße aus und kommt damit durch. Ist man unschuldig und sagt, wie es gewesen ist, sperren sie einen weg. So ist das wirklich.«

Raoul fühlte sich, auch weil sein Kumpel Rampa die Stimmung so vorgegeben hatte, nun ebenfalls aufgefordert, eine Geschichte zu erzählen, die mit einer Anzeige wegen Körperverletzung endete. Folgende Geschichte:

»Ich war mit zwei Kumpels beim Billardspielen, da ruft mein Bruder an: Jakob hat Fatzke mit der Keule verhauen. Fatzke: Das ist mein Hund, eine Promenadenmischung, habe ich zum dreizehnten Geburtstag geschenkt bekommen, lebt immer noch, aber längst bei meinen Eltern. Jakob: Ein mieser Wichser war das. Ein Arschloch sondergleichen. Ein versoffener Kunde, Alkoholiker, der nie gearbeitet hat, Abschaum. Ich: Watt? Ich komm gleich vorbei. In der Marktstraße kam er mir entgegen. Da habe ich ihn vom Fahrrad runtergerissen, ihn bis zu Hause vor die Tür geschleift. Dann habe ich ihm die Fahrradpumpe so oft über den Schädel gezogen, bis das Ding auseinanderfiel. Danach habe ich erst angefangen mit Fäusten. Meine zweite Vorstrafe war das. Hat Arbeitsstunden gegeben.«

Gesprächspause. Natürlich auch deshalb, weil hier in den letzten drei Minuten gleich zwei Menschen verprügelt worden waren: ein Penner, der Pullover klaute, und ein Schwein namens Jakob, das Hunde schlug.

Der Reporter dachte noch einmal, wie nett es von den Jungs war, dass sie ihm so viel aus ihrem Leben erzählten. Sie hätten ja auch einfach nichts sagen können.

Crooner erklärte: »Ich habe keine solchen Geschichten.

Ich bin überhaupt nicht so schlimm wie die anderen hier. Kein Gefängnis, keine Vorstrafen, keine Bewährung.«
Crooner grinste.
Raoul: »Ja, Crooner ist unser lieber Junge. So einen musst du auch immer dabeihaben.«

Die Jungs gingen zu ihren Instrumenten. Eric reichte mir das zweite Bier. Einstecken der Kabel, Einstellen der Verstärkerknöpfe. Raoul nahm am Schlagzeug Platz, Crooner hatte einen Zettel in der Hand, auf dem er seine Songtexte notiert hatte.
Und Eric erklärte dem Reporter plötzlich, während er an der Gitarre, die vor seinem Bauch hing, herumzog: »Ich überlege auch, ob ich im Transportgewerbe einsteige. Weeßte. Weil ich sowieso den ganzen Tag mit dem Auto unterwegs bin.«
Raoul: »Ja, Eric ist unser Stadtrundenfahrer.«
Rampa rief von seinem Bass: »Eine Menge Jungs in Oberhavel, besonders im Baugewerbe, arbeiten ja eigentlich auch selbstständig. Bloß eben nicht offiziell selbstständig.«
Crooner rief laut: »Das schadet dem Staat.«
Rampa bellte Crooner an: »Scheiß auf den Staat. Nicht jeder hat – wie Raoul, wie Eric, wie ich – den Anstand, nicht schwarzzuarbeiten. Wenn einer schwarzarbeitet, dann verdient der gutes Geld und gibt das auch wieder aus. Er schadet also nicht dem Staat, sondern entlastet den Staat, weil er die Wirtschaft fördert.«
Crooner sprach erneut mit demonstrativ lauter Stimme: »Wer schwarzarbeitet, schadet sich selbst.«
Wieso, Herr Crooner, fragte nun der Reporter, schadet sich, wer schwarzarbeitet, selbst?

Crooner: »Weniger Steuereinnahmen ergeben höhere Steuersätze. Deshalb schaden die sich selbst.«

Raoul, lässig: »Die zahlen die ja nicht, die Steuer.«

Crooner: »Irgendwann sind die Kassen pleite. Dann gibt's auch kein Hartz IV mehr.«

Rampa: »Dann muss der Schwarzarbeiter halt nur noch von Schwarzarbeit leben.«

Raoul: »Den Pleitestaat, den gibt's nicht wegen der Schwarzarbeit. Das liegt an den ganzen Hau-Raus da oben, die in Saus und Braus leben und keine Steuer zahlen. Das bisschen Bau, das bisschen Kellnerei, das schwarz gemacht wird in Deutschland.«

Crooner: »Alter, das sind 400 Milliarden im Jahr.«

Rampa: »Die Jungs am Bau, in Berlin und sonst wo, die verdienen schwarz das Doppelte von dem, was sie sonst auf dem Bau kriegen. Das Doppelte! Verstehst du.«

Rampa erzählte von einem Trockenbauer, ebenfalls auf Hartz IV, den er aus Berlin kenne. Der arbeite viel, sei alles andere als faul: »Der verdient gut. Siebenhundert kriegt der vom Amt. Eins sechs, eins sieben macht der nebenbei. Macht im Monat etwa zwei fünf zum Ausgeben. Wohnung und Strom kommen ja auch vom Amt.«

»Nein«, sagte Raoul, »Schwarzarbeit ist das Beste, was du machen kannst. Anders gesagt: Es kann nicht klug sein, auf die Hälfte der Kohle zu verzichten. Das Doppelte zu verdienen ist doch besser als die Hälfte.«

Raoul, an seinem Schlagzeug sitzend, wendete sich auch direkt an den Reporter: »Das hat auch noch andere Gründe. Ich kenne kein Gewerbe, in dem die Zahlungsmoral so schlecht ist wie beim Bau.«

Eric: »Es ist wirklich ein Zittern von Monat zu Monat.«

Raoul: »In keinem Gewerbe musst du drei, vier Monate auf dein Geld warten, das muss keine Krankenschwester, kein Verkäufer. Nur die am Bau.«

Der Reporter fragte Rampa, ob die Schwarzarbeit in Oberhavel gesellschaftlich akzeptiert sei.
»Vollkommen«, sagte Rampa. »Du wirst schief angesehen, wenn du's nicht machst.«
Der Reporter fragte Rampa und Raoul, warum sie, trotz dieser Einstellung, auf Schwarzarbeit verzichteten.
Raoul, grinsend: »Zu faul.«
Rampa: »Hör zu, Reporter.« Er sprach leise. »Was Schwarzarbeit angeht, wirst du von uns immer nur eins hören: Wir sind keine Arschlöcher. Wir arbeiten nicht schwarz. Aus. Feddich.«
Raoul: »Man hat das eben ganz früher mal gelernt, dass Schwarzarbeit verboten ist. Da halten wir uns dran.«
Ich hörte einer Punkrockband aus Oberhavel zu, die, anstatt ihre Instrumente zu bedienen, über Schwarzarbeit und die volkswirtschaftlichen Folgen für Deutschland debattierte. Abstrakt.

Und dann legten sie los.
Sie spielten höllenlaut.
Es klang gleich ziemlich gut.
Und es klang dann auch gleich ziemlich scheiße, wie so oft bei halb professionellen Rockbands, weil natürlich keiner der Jungs sein Instrument auch nur ein bisschen besser als notdürftig spielen konnte.
Ich war gleich absolut begeistert.
Der Kick, der einen jedes Mal aufs Neue traf, wenn die große Maschine loslegte, die aus Schlagzeug, Gitarre,

Bass und Gesang bestand: Für diesen Kick musste eine Band ja nicht gut, nur laut spielen und mit grandioser Begeisterung für sich und ihre Sache dabei sein. Wer sich die klassische Rockband ausgedacht hatte, das bekam der Zuschauer hier noch einmal vorgeführt, der hatte sich etwas ausgedacht, an dem kleine Jungs bis ans Ende aller Zeiten ihre Freude haben würden, wie an lauten Motoren, an Prügeleien, an großen Busen oder Steaks mit roter Soße: einfach, weil es so reinhaute, so knallte, so nach vorne ging.

Das Stück hieß *Nothing is Fine*, es war, wie Raoul erklärt hatte, eine Eigenkomposition. Es gab einen Tempowechsel. Das Solo war, wie sich das für eine Punkband gehörte, kurz. Eric spielte eine Art Tote-Hosen-Gitarre: Es knarrte, knurrte, knuffte, ruckelte, zuckelte und rumpelte. Eric war der, der mit seinem Instrument fast die Hälfte des Sounds ausfüllte. Wenn der Gitarrist sich verspielte oder hängen blieb, dann drehte er dem Rest der Band den Rücken zu: als müsse er das bisschen technische Versiertheit, das ihm als Gitarrist zur Verfügung stand, vor den anderen schützen.
Rampa wirkte zu breit, zu kräftig für sein Instrument. Sein Bass hing tief, beinahe auf Kniehöhe. Manchmal sah man Rampa an, dass er nicht wusste, welches Gesicht er zu der Tatsache aufsetzen sollte, dass er der Bassist einer Rockband war. Vielleicht war es ihm sogar peinlich. Raoul führte sich absolut souverän an seinem Schlagzeug auf. Das Instrument stand ihm. Dass Raoul schwitzte am Schlagzeug, stand ihm auch gut. Er war wohl ein ziemlich guter Schlagzeuger. Crooner hielt beim Singen Bierflasche und Zigarette in der rechten Hand. Wenn er richtig

loslegte, schwoll eine Ader an seinem Hals an. Das sah gut aus. Überhaupt legte Crooner eine Menge Leidenschaft in seinen Gesang, er dosierte es gut, es wirkte nicht wehleidig und nicht lächerlich. In besten Momenten klang Crooners Stimme wie die von James Dean Bradfield von der englischen Band The Manic Street Preachers, in anderen Momenten wie Robert Smith von The Cure. Im Refrain von Crooners Texten hieß es: »Where is the satisfaction / Where is the sense / Where is the start / And where is the end«. Das Fazit des Songs lautete: »This life is not mine / And nothing is fine«. Du lieber Himmel, ja.

Der Reporter schämte sich gleich ein bisschen, wie er da auf seinem verdreckten New-Wave-Sofa saß und begeistert war. Der Ernst, die Entschlossenheit, die Hingabe, mit der die Jungs in ihrem Sound drinstanden, war schlichtweg großartig. Und natürlich war es bewegend zu erleben, wie vier Härtefälle aus Oberhavel den zarten, den offenen, den noch nicht benannten Kräften – die jede Musik, gerade die angeblich harte, ja immer haben musste – einen Ausdruck gaben.
Wer sich für die Musik entschied – Entschuldigung, aber das dachte ich, während ich die vier Oberhaveler ihren Shit herunterspielen hörte – der konnte kein komplettes Arschloch sein, der hatte die Welt noch nicht aufgegeben.

Sie gingen weiter durchs Programm, spielten noch vier, fünf Songs, es waren schnelle Punkrock-Nummern dabei, die Raoul mit Eins-Zwei-Drei-Vier am Schlagzeug anzählte, und es gab balladenartige Songs, bei denen Crooner sich ins Zeug legte, und zwischendrin verspielten sie sich und stritten sich und bezichtigten sich gegenseitig der Patzerei, und dann kamen sie zum Sofa und holten sich neue Biere und mixten sich neue Drinks und fingen mit den Songs wieder von vorne an. Ich trank und lachte und klatschte und schrieb mit und merkte, dass dieser Abend wie schon der erste Abend mit Raoul natürlich wieder ein hammerharter Alkoholabend werden würde.

Eric riss nun, mit einem Blick über seine Schulter, der seinem Bruder galt, die ersten Akkorde von *People Who Died* von der Jim Carroll Band an. Den Blick vom Gitarristen zum Schlagzeuger – der sah zu gut aus, er saß so gut wie sonst keine Geste bei dieser Probe: Den musste sich Eric von einem Konzert oder einem Musikvideo abgeschaut haben.

Und dann lärmte Erics Gitarre los, und der Song brach mit der Kraft, den nur die einfachsten Songs haben, nach vorne.

Es war ihr mit Abstand bester Song. Sie hatten ihn schon oft gespielt. Sie fühlten sich pudelwohl damit. Der Song schien direkt aus ihrem Leben zu kommen, er passte zu der Band, zu ihren Gesichtern, Kappen, ihren Turnschuhen. Die Band war sich so einig mit diesem Song, dass sie ihn mit einer Spur Nachlässigkeit und den spöttischen Gesichtern aufführen konnte, die aus dem Song mehr als einen Song machten: zu einer Vertonung der Gegenwart, in der die Jungs steckten, einem Soundtrack ihrer Leben, einer Hymne.

1980 hatte der New Yorker Junkie und Dichter Jim Carroll mit dem Song *People Who Died* ein Fazit seines damals erst dreißig Jahre alten, gefühlt aber schon hundertjährigen Lebens gezogen. Es war, komischerweise, kein wei-

ter Weg von jenem New York um 1980 ins Oberhavel der Gegenwart. Crooner sang:
Teddy sniffing glue, he was 12 years old
Fell from the roof on East Two-Nine
Cathy was 11 when she pulled the plug
On 26 reds and a bottle of wine
Bobby got leukemia, 14 years old
He looked like 65 when he died
He was a friend of mine.


Im Folgenden riss Crooner die Schicksale von zwanzig Freunden herunter, die alle auf die beiläufigste und sinnloseste Art zu Tode gekommen waren. Der Refrain sagte: Es waren alles seine Freunde, und sie starben.

Ich trank das Bier aus und goss mir, um mit dem Bums der Sache mithalten zu können, einen Wodka in einen Pappbecher.

Rampa sagte: »Probeabschlussbier.«

Es bedeutete, dass die Instrumente eingepackt, die Fenster geschlossen, die Lichter ausgeknipst wurden. Dann ging es Hopplahopp runter zu den Autos.

Raoul sagte den großen Satz: »Wer von uns ist noch nüchtern? Beziehungsweise, wer von uns ist auf die Art besoffen, dass er denkt, er sei noch so nüchtern, dass er noch fahren kann?«

Die Jungs verteilten sich auf die Autos, zwei in Erics Astra, zwei Jungs und der Reporter in Crooners Skoda. Es war gegen halb zwölf nachts, die Band so fit, wie der Reporter erledigt war: Zeit, nach den paar Bieren, die wir hatten – so der Vorschlag der Jungs –, irgendwo ein paar Bierchen trinken zu gehen.

## 14 Disko im Wald

Vor uns fuhr Erics Auto: der alte Astra. Wir schossen im Abstand von zehn Metern hinter ihm her, mit gut hundert Stundenkilometern, die strichgrade Bundesstraße hinunter, quer durch den Russenwald.

Der Mond beschien die Birken und Kiefern. Der weiße Mittelstreifen auf der Fahrbahn. Es wurde geschwiegen. Raoul klapperte mit CDs im Handschuhfach.

Der Reporter sagte, dass ihm das Dorf Kurtschlag soweit ganz gut gefallen habe: »Schönes Kopfsteinpflaster. Oder so.« Antwort im Skoda: »Nee. Kopfsteinpflaster mögen wir nicht. Glatt und eben sollen die Straßen sein.« Und wir schossen weiter.

Als links am Wegesrand das Hinweisschild »Deutsch-
boden« auftauchte, bediente unser Fahrer die Hupe, das
ganze Auto erhob die rechte Faust und sprach im Chor:
»Deutschboden«.
Frage vom Beifahrer: »Man hat dich eingewiesen?«
Der Reporter nickte.
Der Beifahrer: »Schön.«


Der neben mir tippte unserem Fahrer von hinten auf die
Schulter: »Spiel unserem Besuch mal den richtig schönen,
harten, asozialen Nazirock vor. Die Klassiker: Landser.
Lunikoff Verschwörung. Hate Society. Die richtig fiesen
Dinger.«
Der Fahrer schüttelte den Kopf: »Ditt wird hier jetzt ganz
ohne Musik genossen.«
Der Reporter sah, dass der, der vor uns durch den Wald
schoss, die Scheinwerfer ausschaltete: Der Wagen fuhr
als dunkler Schatten und mit unverminderter Geschwindigkeit durch die Nacht. Unser Fahrer reagierte sofort
und schaltete ebenfalls die Scheinwerfer aus. So rasten
wir beide als schwarze Schatten dahin. Es war nahezu
komplett schwarze Nacht um uns herum, allein der Mond
beschien den Mittelstreifen auf der Straße und brachte ab
und an eine Birke oder ein Metallteil vom Wagen, der vor
uns fuhr, zum Glitzern.
Als ich etwas sagen wollte, etwas wie »Wahnsinn« oder
»Scheiße«, sah ich den Wagen vor uns plötzlich wie eine
Orgel blinken: rote, weiße, gelbe Lichter. Es war eine
Show, ein Lichterspiel, ein Lichtkonzert. Der Fahrer des
Astras musste auf den Lampen seines Armaturenbretts –
Standlicht, Fernlicht, Nebellicht, Warnlicht und den Sei-
tenblinkern – wie auf einer Kirchenorgel spielen. Unser

Mann am Steuer antwortete, indem er die Tasten, Schalter und Blinker in seinem Cockpit bediente.

So rasten zwei Geschosse und eine Lichtershow durch den Wald.

Es war eine grandiose Aufführung.

Teenager-Spiele.

Jimmy-Dean-Tum.

Fünfzigerjahre.

Jahrmarkt.

Kino, große Leinwand, große Gefühle.

Weltraum.

Disko.

Auto-Disko im Wald.

Man konnte sagen, dass beide, der in unserem Wagen und der vor uns, ziemlich gute Autofahrer waren.

Der Wagen vor uns zog nun auf eine wirklich surreal wirkende Geschwindigkeit davon: 120 Stundenkilometer.

Und noch schneller.

Wir zogen nach.

Der Beifahrer sagte: »Geh rauf auf 150. Los.«

Ich sagte: »Scheiße noch mal.«

Der Mann neben mir sagte: »Abfahrt.«

So rasten wir dahin.

Dann musste unser Fahrer wieder blitzschnell einem Manöver seines Vordermanns folgen. Der vor uns hatte seinen Wagen nach links gerissen, quer über die Gegenfahrbahn und über den linken Seitenstreifen. Von der Straße herunter. Wir hinterher. Als ich verstanden hatte, was passiert war, fuhren beide Wagen schon auf einem etwa drei Meter breiten Seitenstreifen links von der Bundesstraße. Immer noch mit achtzig Stundenkilometern.

Wir fuhren ohne Licht und mit gut achtzig Sachen links von der Bundesstraße 109, die von Templin zurück nach Oberhavel, Hardrockhausen, führte: auf dem Fahrradweg.

Der Beifahrer kommentierte: »Den haben sie gerade erst neu gebaut. Nur für uns.«

Unser Fahrer stieß einen Freudenschrei aus: Freude wohl auch einfach darüber, dass wir es bis hierher unfallfrei geschafft hatten.

Der Beifahrer hatte den weiteren Verlauf des Fahrradwegs im Blick. Und gab dem Fahrer Anweisungen: »Noch etwa zweihundert Meter. Vor den Büschen. Achtung. Jetzt. Rechts rum.«

Und das Auto schoss hinter dem Vordermann her, zurück auf die Straße. Runterbremsen. Einschalten der Lichter. Mit nicht mal fünfzig Stundenkilometern fuhren wir nach Mitternacht in der Kleinstadt Oberhavel, fuhren wir in Hardrockhausen ein.


Der Beifahrer schob eine Musik in den CD-Spieler, die zu dem nun grandios langsam vor sich hinschleichenden Auto passte: Black Strobe sangen *I'm a Man.*

Unser Mann am Steuer rülpste: »Ich bin schon mal von Fürstenberg nach Oberhavel ohne Licht gefahren. Kann man schaffen.«

Tatsächlich, ich war in einem Fünfzigerjahre-Film gelandet: nachträglich kolorierte Bilder.

Wilde Autos.

Wilde Frisuren.

Wilde junge Männer.

Die wilde Kleinstadt.
Yeah.

An der Aral-Tankstelle machten beide Autos Stopp: Zigaretten kaufen. Am Warnschild, das Feuer und offenes Licht polizeilich verbot, standen drei Kurzrasierte, alle drei eine brennende Zigarette im Mund: ein Dicker im Blaumann, der mit dem Edeka-Polohemd, noch einer. Das Verbotsschild, vor dem die verbotene Tat livehaftig ausgeführt wurde: immer wieder ein guter Anblick.
Raoul ging rüber, klatschte die drei Männer ab. Das Schild am Nachtschalter der Tankstelle bat darum, Nachtlärm zu vermeiden. Und während die drei Jungs am Schalter ihre Bestellung durchgaben, versuchte ich mir den Sinn meines Aufenthalts in der Kleinstadt noch einmal vor Augen zu führen. Ich sah nichts. Ich kam auf nichts. Ich konnte nichts erkennen. Das war das Schlimme und das Schöne zugleich: Es gab keine Geschichte, nur den Ort, an dem die Geschichte hätte spielen können. Wir mussten alle weitermachen wie bisher: so weiter. Nach nicht mal zwei Minuten saßen wir wieder in den Autos, auf dem Weg zur Hauptstraße.

## 15 Franky's

Auf der Hauptstraße verabschiedete sich Crooner. Er müsse morgen um sieben raus: Termine. Auch Eric war müde. Raoul und Rampa waren noch auf ein Bier dabei. Die Frage war: Wo gab es dieses Bier?

Die Rollläden der Alten Eiche am Marktplatz waren dicht. Die Rollläden vor der Kneipe Schröder waren dicht. An der Bierfasstür hing ein Plakat: Oldie-Party am 23. Mai. Selbst die Eiche am Rathaus war menschenleer. Wir standen auf der Spandauer Straße und schauten links und rechts, die Straße rauf und wieder runter.

Rampa sagte: »Franky's.«

Raoul antwortete: »Nützt nichts. Dann esse ich da noch einen Cheeseburger.«

Rampa: »Jetzt wird abgekackt.«

Wir gingen Richtung Brücke. Auf dem Weg durch die Stadt bat ich die Jungs, mir einen Überblick über die Oberhaveler Kneipenszene zu verschaffen. Die Frage mochten sie. Gaststätte Schröder?

Rampa: »Das ist die Urkneipe. Da habe ich schon als Zweijähriger gesessen und meinen Sprudel getrunken.«

»Für uns ging alles, alles im Schröder los«, erklärte Raoul. »Man fängt mit Cola im Billardraum im ersten Stock an. Bis man dann irgendwann unten mit am Tresen steht.«

Jede gute Geschichte in Oberhavel, so Raoul, fange im Schröder an, und jede bessere Geschichte höre auch dort auf. Das Schröder, so Raoul und Rampa, sei das N24, die Informationsbörse von Oberhavel. Wenn irgendetwas in der Stadt passiere, dann erfahre man es als Erstes dort. Vater Hansi und Sohn Heiko, die Betreiber des Schröder, seien schwer korrekte Leute: »Wenn du dich mit diesen Leuten nicht verstehst, dann bist du echt bescheuert.« Der Hansi, so Rampa, sei schon zu DDR-Zeiten ein harter Hund, ein Sturkopf und ein Schlaukopf gewesen. Ein naher Verwandter von Hansi, so erzählten Gerüchte in der Kleinstadt, habe heute noch Hausverbot, weil er bei der

Stasi gewesen sei: »Musst mal den Hansi selber fragen. Erzählt er dir.«

»Ich wüsste gar nicht, wo ich hin sollte, wenn es das Schröder nicht gäbe«, wiederholte Rampa, und kurz bekam ich Angst, dass die beiden Jungs nun eine Stunde lang nicht aufhören würden, über die Kneipe Schröder zu erzählen, so sehr genossen sie es, sich selber über die Kneipe Schröder reden zu hören. »Sagen wir so«, erklärte Raoul, »wenn du im Schröder Hausverbot hast, dann kannst du die Stadt verlassen.«

Die Alte Eiche?

Das andere große Lokal neben dem Schröder, aber eben die zweite Adresse im Ort. Die Eiche sei das dunklere der beiden Lokale: Dort träfe sich die Halbwelt, die Spieler, die Trickser, die Einäugigen und die mit den Stirnbändern, Bärten und Schlapphüten auf dem Kopf. Raoul: »Manchmal sieht's da wirklich aus wie im Spaghetti-Western.« Rampa: »Ich habe mal drüber gewohnt, ich muss es wissen: Es ist nicht unbedingt die High Society, die sich dort trifft.« Vom Tresen bis zu den Stammgästen sei in der Eiche noch viel alte DDR zu besichtigen. Raoul: »In der Eiche treffen sich vor allem die, die ein bisschen traurig darüber sind, dass es die DDR nicht mehr gibt, während sich im Schröder alle anderen, ganz gleich ob fröhlich oder nicht so fröhlich, treffen.« Wirt Bodo mache bisschen einen auf Siebzigerjahre-Rocker los, ein Typ, der gerne mal die Eagles und die Rolling Stones auflege. Dieser Bodo sei, wie Hansi und Heiko, ein grader und ein zuverlässiger Typ.

Das Haus Heimat?

Raoul und Rampa lachten, als sie hörten, dass der Reporter sich dort eingemietet hatte: Ja, warum auch nicht. Den Preis von zwanzig Euro pro Nacht fanden sie jedenfalls fair. Der Wirt Wilfried Finster, das hätte ich ja wohl schon gemerkt, mache seinem Namen alle Ehre: ein finsterer Geselle. Als Wirt vollkommen ungeeignet. Er vergraule seine Gäste.

Ich widersprach: Mit dem Wirt habe ich bisher noch keine Schwierigkeiten gehabt. Dann schwärmte ich von Finsters Bedienungsmädchen, der Donnerbusen-Frau Maria.

Rampa kannte sie nicht. Raoul konnte es nicht auf sich sitzen lassen, eine Frau, zumal eine mit Donnerbusen, die in Oberhavel Bier zapfte, nicht zu kennen. »Natürlich«, sagte Raoul, »Maria aus der Heimat. Die kriegt die Zähne nicht auseinander. Ein Kumpel von mir ist mit ihr mal ausgegangen. Muss ein zäher Abend gewesen sein.«

Wir blieben vor Franky's Place, schräg gegenüber vom Friseursalon »Kamm Inn« und dem Pizza-Service »Pico Bello«, stehen. Ich zeigte auf die Auslagen des Pizza-Service: Geht ihr da manchmal hin?

Rampa: »Das ist der verbotene Laden.«

Raoul: »Da kocht ein Albaner, kein Italiener.« Rampa: »Wir gehen da seit der WM 2006 nicht mehr hin. Warum gehen wir da nicht mehr hin? Weil die Italiener Heulsusen und scheiß Petzen sind, die sich durchgefummelt und durchgemogelt haben. Genau genommen: Weil die Italiener die Frechheit besaßen, Weltmeister zu werden.«

Gute Sache. Die Jungs verweigerten einem albanischen Pizza-Service den Besuch, weil Italien Deutschland bei der WM geschlagen hatte: Gegen halb eins früh auf der Hauptstraße von Hardrockhausen klang das logisch.

Da schoss der schwarze Junge, den ich vor Tagen auf der Hauptstraße gesehen hatte, auf seinem Fahrrad an uns vorbei: Brasil-T-Shirt, kurze Hose, dünne Beine. Er sah uns extra nicht an. Weder Raoul noch Rampa grüßten.

Ich ergriff die Gelegenheit, zu fragen, wer der Junge mit dem Brasil-T-Shirt war, den ich schon zweimal gesehen hatte.

Rampa: »Liebes bisschen …«

Raoul: »Das ist Speedy. Ein Schwatter, ein kleiner Spinner. Wir haben ja nur drei Neger in Oberhavel, deshalb kennt man die. Das sind der Quotenneger, David Carl und Speedy. David Carl hängt mit Crooner seinem kleinen Bruder ab, der ist okay. Den kannst du auch mal Nigger nennen oder einen dummen Spruch machen. Wenn er ankommt, sagst du: Kiek mal, da kommt Farbe ins Spiel. Weeßte, sone Scheißsprüche. Kein Problem.«

Rampa: »Also, um Speedy, die Wüstenspringmaus, da brauchst du dir wirklich keinen Kopf zu machen. Verlorene Zeit.«

Raoul: »Der ist eine kleine Nummer. Fährt für Franky's Flyer aus.«

Franky's Place sah schon von außen wie ein wirklich übler Laden aus. Einbecker Pilsener. Vorhänge aus rosa-weiß gestreiftem Tüll. Qualm hinter den Scheiben. Zwei Tische vor der Tür. Die Unscheinbarkeit des Ladens wirkte gefährlich.

Franky's?

Rampa: »Das ist der Laden zum Abkacken.«

Raoul: »Eine qualmige Kaschemme.«

Rampa: »Eine qualmige Lasterhöhle.«

Raoul: »Früher war's ein italienisches Lokal, sogar mit Italienern in der Küche. Mittlerweile sind da die Kurden drin. Der Besitzer heißt Franky, sein Kollege Dino. Beide nette Kerle. Wenn Dino kocht, dann schmeckt es gut. Wenn Franky kocht, dann ist es nicht so heiß.«

Rampa: »Wenn einer einen Cheeseburger bestellt, dann riecht der ganze Laden nach Fett.«

Raoul: »Franky's ist der Afterhour-Laden. Wenn nichts mehr geht. Wenn alles zu hat. Wenn man eh schon blau ist. Schön ist anders. Aber wenn man Durst hat, geht man da hin.«

Rampa zog die Tür des Abkack-Ladens auf und machte die Winkbewegungen des Animateurs, der die Laufkundschaft von der Straße holte: »Nun ma' rin in die jute Stube.«

Man bekam kaum Luft. Lila Teppichboden. Brandflecken und sonstige Flecken auf dem Teppich. Sperrholz-Tische. Metallstühle. Fahles Licht. Das nannte man eine ungünstige Beleuchtung. Alle Fenster waren geschlossen. Wir gingen ganz nach hinten ins Lokal, wo es keine Fenster gab, das Licht noch schwächer und die Luft noch dicker war.

Whisky Cola. Zwei Mal. Dazu drei große Biere. Das kleine Bier kostete 1,20 Euro, das große Bier, einen halben Liter groß, 1,80 Euro.

Man hatte uns hinterhergesehen. Im Vorbeigehen hatte Rampa zu einem Typen, der eine Brille trug und eine Hand nach Rampa ausgestreckt hatte, gesagt: »Halt dein Maul, sonst drücke ich dir einen Finger durch deine Scheiben. Du Idiot.« Nun stand der Idiot, der vollkommen dicht schien, gut zehn Meter entfernt von unserem Tisch bei einem Kollegen und deutete zu uns hinüber.

Ich sprach Rampa auf den Typen an. Ein Feind?

Rampa: »Ach Quatsch.«

Raoul: »Das ist Manni. Einfach nur ein Vollidiot. Asozialer. Allzeit-Arbeitsloser. Besoffener Kunde. Aber eigentlich auch ein ganz Netter.«

Rampa: »Der geht mir aber so was von auf die Eier.«

Raoul: »Hier musst du sofort für klare Verhältnisse sorgen. Am besten gleich, wenn du reinkommst, den Leuten das Maul verbieten. Sonst knallt's.«

Rampa: »Die Standardbegrüßung hier heißt: Halt's Maul.«

Raoul: »Mit bestimmten Typen brauchst du gar nicht zu quatschen.«

Rampa sagte die zwei Standardsätze auf, die im Nachtleben von Oberhavel die beste Wirkung hätten: »Halt's Maul, wenn du was sagst.« Der zweite Satz lautet: »Lass mich in Ruhe, wenn du was willst.«

Franky brachte die Getränke.


Rampa: »Faustregel: Die mit dem größten Maul haben die kleinste Faust. Ein Problem hast du mit denen, die nicht reden. Wenn die durchdrehen, ist es besser, du haust ab.«

Raoul: »Rampa weiß, dass er sich auf mich verlassen kann. So wie ich weiß, dass ich mich auf ihn verlassen kann.«

Rampa: »Wenn's hart auf hart kommt, weiß ich, dass Raoul für mich hier übern Tisch geht. Hat er auch schon oft genug für mich gemacht. Umgekehrt genauso.«

Natürlich interessierte den Reporter seine Sicherheit in der Kleinstadt. Das hatte ihn, von Anfang an, ja mit am meisten interessiert. Die Frage war, wo man in der Kleinstadt, spätestens ab 24 Uhr, riskierte, eins auf die Fresse zu kriegen. Und ob es Läden gab in der Kleinstadt, in denen man sozusagen garantiert eins auf die Fresse bekam.

Und auf zu den klassischen Suffthemen. Die klassischen Suffthemen, das waren der Alkohol selber, die Prügeleien, die Frauen. Alle drei Suffthemen waren selbstverständlich Protz-Themen. Ich war auch deshalb in die Kleinstadt gekommen, das verstand ich gerade, um Männer protzen zu hören. Vom Understatement, an Berliner Tischen Konsens und oft nicht mehr als ein anders abgehobener und zivilisierter Ausdruck der Angeberei, hatte ich in den letzten zwanzig Jahren genug gehabt.
Volle Gläser.
Rote Ohren.
Dicke Bäuche.
Harte Schwänze.
Trübe Augen.
Es war weit nach Mitternacht.
Ich wollte Männer volle Pulle – aufs Fetteste, Fröhlichste und aller Unkomischste – nach vorne gehen und angeben hören.

Rampa: »Klar. Wenn man hier was Falsches sagt, dann kriegt man auf die Fresse.«
Raoul zum Reporter: »Du nicht. Du bist ja ein Netter. Dir wird schon nichts passieren.«
Rampa: »Wenn Leute von außerhalb kommen und hier den Affen machen – gut, dann knallt's.«

Den Affen machen? Angeben, laut sein, sich auf eine dumme und anstrengende Art zu laut und selbstgewiss geben. Und Raoul erzählte die Geschichte – es klang nach einer erfundenen Geschichte –, wie ein Wessi einst im Schröder gestanden und sich geweigert habe zu zahlen: Er müsse nicht bezahlen, so der dumme Wessi, da er ja aus dem Westen sei. Hansi und Heiko hatten den armen Irren daraufhin vor die Tür gestellt, wo er mit dem Bus, aber ohne Hose, die ihm die Männer vom Schröder abgenommen hatten, zurück in den Westen habe fahren müssen.

Dann war von einem stadtbekannten Schläger namens Doggydog die Rede. Der sei vollkommen blöde. Aber dieser Doggydog habe enorme Nehmerqualitäten. Er stünde immer wieder auf, auch dann, wenn ihn drei, vier Mann bearbeitet und zu Boden gebracht hätten, so stark sei er. Man müsse Doggydog, so Rampa, schon die Beine brechen, damit er am Boden liegen bliebe.

Dann musste ausführlich der Begriff »Reinlatschen« besprochen werden. Reinlatschen bedeutete, dem Typen, der wehrlos und erledigt vor einem am Boden lag, von oben ins Gesicht hineinzutreten. Das Reinlatschen fanden beide, Rampa und Raoul, nicht gut.

Raoul: »Ich habe das nie verstanden, dass man nachtreten muss, wenn einer am Boden liegt. Dem Typen, der am Boden liegt und sich krümmt, ins Gesicht reinzulatschen, das macht man nicht, das ist eine Sauerei.«

Rampa: »Das sind Idioten, die das machen. Wegsperren. Oder gleich die Hand abhacken.«

Wir soffen rein.

Rampa erzählte, dass er morgen früh, wie jeden Morgen, nichts zu tun habe. Er stünde trotzdem, wie jeden Morgen, pünktlich um 6:30 Uhr auf, weil man ja auch als Arbeitsloser, so Rampa, sein Arbeitsethos habe.

Raoul erzählte, dass bei ihm morgen um halb drei nachmittags der zweite Anlauf für die Theorieprüfung vom Lkw-Führerschein anstand. Er nahm, auf den Schreck, gleich noch einen großen Schluck Goldie Cola: »Morgen früh wird noch mal ordentlich gelernt, und dann kriege ich das gebacken. Da setze ich einen Fuffi drauf, dass ich das gebacken kriege.« Raoul hob die Hand zum Schwur. »Wenn ich's morgen nicht schaffe, dann kauf ich Suff für einen Fuffi und stell das Zeug in den Proberaum.«

Der Reporter wollte nun von Raoul wissen, was er so mache, wenn er mal Lust auf ein bisschen Extrageld neben Hartz IV habe.

Dumme Frage.

Schon wieder so eine Frage, bei der der Reporter den Hut auf seinem Kopf besser ein Stück weit nach hinten schob.

Ihr seid auch Gangster, oder?

Seid ihr Gangster, Männer?

Fragen zu stellen war entsetzlich. Aber wer hatte schon die Zeit, darauf zu warten, dass die Welt von alleine zu sprechen anfing.

Rampa sagte nichts.

Raoul zögerte zu antworten.

Nachdenkliche Gesichter bei Raoul und Rampa.

Dann erzählte Raoul: »Ich habe Zigaretten verklingelt. Das lief ganz gut. Jetzt läuft es schlechter. Seit dem 1. Januar darf man pro Person vier Stangen Zigaretten über die polnische Grenze mitnehmen. Und das wird genutzt. Die fahren mit fünf Mann rüber, am besten vier Nichtraucher im Auto, und packen sich zwanzig Stangen in den Kofferraum. Das ist alles nichts mehr.«

Rampa: »Wir sind keine Gangster.«

Rampa sah seinen Kumpel Raoul an: »Wir sind noch nicht mal Arschlöcher. Würde ich sagen.«

Raoul: »Wir sind smart.«

Rampa: »Wenn wir jemand mögen, dann halten wir die Hand hin, dann gehen wir für den durchs Feuer. Das wirst du auch noch erleben, dass wir in Ordnung sind.«

Von unserem Tisch konnte man in einen fensterlosen Nebenraum, eine Art Separee, nicht größer als zwei mal drei Meter, sehen: Spielautomaten, Sofas. Da lungerten etwa acht junge Leute herum – Kurzrasierte, Tätowierte, die mit den Kappen, Ohrringen und Dreiviertelhosen – und ihre Mädchen. Es war ein traniges, müdes, drogiges Rumgehänge: abgefuckte Szene. Die Mädchen guckten. Die Jungs guckten extra nicht. Ein Junge schlug einem Mädchen mit der Faust auf die Schulter. Sie sagte »Aua«, obwohl es offensichtlich nicht besonders wehgetan hatte. Der Junge zog das Mädchen zu sich auf den Schoß.

Wir bestellten noch eine Runde.

Ich fragte die Jungs, wie es mit Frauen in Oberhavel aussehe. Ob es hier Frauen gebe. Was das für Frauen seien. Ich fragte: »Frauen, habt ihr so was? Ich meine: Kennt ihr Frauen?«

Der Reporter musste im Folgenden erklären, dass eins der Klischees, für die der Osten im Westen bekannt sei, neben der Arbeitslosigkeit und den Neonazis die Abwanderung der Frauen sei. Die Frau, die nicht voll blöd sei und etwas auf sich halte, die kehre der Kleinstadt gleich nach der Schule den Rücken und wandere nach Berlin oder nach Westdeutschland ab.

Rampa und Raoul wirkten überrascht.

Nö.

Das wüssten sie ganz anders.

Rampa erklärte: »Wir haben geile Weiber. Also …«

Raoul: »Hast du denn noch keine schicken Weiber bei uns gesehen? Es gibt eine Menge. Wir haben eigentlich immer schöne Freundinnen gehabt.«

Rampa: »Ich würde sogar sagen, dass Oberhavel – im Gegensatz zu anderen Städten in der Umgebung, wo nur die Einäugigen rumrennen – berühmt für seine Weiber ist.«

Raoul erklärte, dass er, Eric und Rampa derzeit keine Freundinnen hätten. Aber Crooner, der habe eine: Isabelle, Bella genannt, eine Süße. Die mache eine Lehre in Berlin. Und ihrem Freund Crooner mache sie, wenn der ein paar Abende am Stück nicht nach Hause käme, die Hölle heiß. Wie alle Freundinnen. Es sei manchmal schwierig, die Probenabende zu planen, weil Bella ihren Freund abends nicht von der Leine lasse.

Raoul: »Es sind in unserem Bekanntenkreis eine Menge Weiber dabei. Auch schicke. Auch ein paar todschicke. Ist aber fast alles nichts zum Anfassen.«

Rampa: »Die Unantastbare gibt es in Oberhavel nicht.«

Raoul: »Es gibt zwei, drei Topfrauen.«

Rampa: »Und jede Menge Schlampen.«

Raoul: »Man kennt sich. Sagen wir mal so: Es ist hier bei uns, wo jeder jeden kennt, manchmal nicht einfach, die Freundin zu wechseln.«

Ich schob den Hut nach hinten.

Der Reporter wollte nachfragen, genau sein, neugierig sein, bissig sein. Reporter eben.

Es ging gegen ein Uhr. Wir hatten ordentlich getrunken. Es gab nicht mehr allzu viel zu fragen. Ich fragte nach: »Wie heißt die Topmaus von Oberhavel? Wo, Raoul, hast du hier zuletzt eine tolle Frau gesehen?«

Raoul fand's dann auch wirklich eine ziemlich dämliche Frage. Er sprach lieber mit Rampa als dem Reporter.

»Die Lidl-Verkäuferin ist ziemlich heiß. Schwarzes Brillengestell. Schwarze Haare. Einen Teil vom Haar immer hinters Ohr gepackt. Sie muss jung sein, 17 oder 18 Jahre alt. Sie kommt nicht von hier, sonst hätte ich sie schon mal woanders gesehen als beim Lidl. Ich habe mich nicht getraut, sie nach ihrer Telefonnummer zu fragen. Weeßte? Macht sich ein bisschen doof, wenn du eine Süße anquatschst und zwanzig Leute hinter dir an der Kasse stehen.«

Raoul wiederholte: »Ich kann sie nicht ansprechen.«

Warum konnte er sie nicht ansprechen?

»Ich muss damit rechnen, dass sie Nee sagt, und dann würde ich sie beleidigen. Was mich dann wieder selber ankotzt.«


Es wurde irgendwie brenzlig. Die Skinheads waren aus ihrem Separee herausgetreten und umlagerten unseren Tisch. Da stimmte etwas nicht. Den Reporter wunderte das, wie man sich so unmittelbar neben einen Tisch, an dem Leute saßen, hinstellen und da stehen bleiben konnte.

Und nun kam Manni von seiner Ecke angetrödelt. Er lief die zehn Schritte von der Ecke, von der er uns die ganze

Zeit im Blick gehabt hatte, im Schlingergang. Manni trat gleich hin zu Rampa, beugte sich von hinten über Rampas Rücken, so dass sein Kopf wenige Zentimeter neben Rampas Kopf zu hängen kam, und fing an, in nervig kleinem Abstand, mit einem Alkoholatem, der bis zu uns herüberstank, und in nahezu unverständlicher Alkoholikeraussprache die immer selben drei Sätze in Rampas Ohr hineinzuleiern:

»Warum hast du mir vorhin nicht Tach gesagt? Warum machst du mich so komisch an? Was hast du heute für eine große Klappe?« Dann seierte Manni: »Wir haben uns doch eigentlich immer gut verstanden.«

Es war ein absolut quälender Auftritt.

Rampa blieb ruhig. Er hörte zu. Ich sah ihn das Whiskyglas, das vor ihm auf dem Tisch stand, fester greifen.

Im Folgenden konnte man Rampa einen zähen Wortkampf, eine Art unsichtbaren Ringkampf, gewissermaßen den praktischen Teil eines Deeskalationskurses, aufführen sehen.


Rampas Kunst bestand darin, die Aggression entschieden, also ebenso aggressiv abzuwehren, wie sie gegen ihn vorgebracht wurde, und seinem Gegner gleichzeitig zu signalisieren, dass er, unter Umständen, zur Versöhnung bereit war. Rampa wollte sich jetzt unheimlich gerne nicht hauen, das verstand der Reporter, und das war natürlich die Schwäche von Rampas Position. Dem Kampf aus dem Weg gehen konnte er nur, indem er Manni zu verstehen gab, dass er sich hauen würde, auch wenn er anderes lieber tat.

Rampa sprach: »Ich habe dich begrüßt, du Vollidiot.«

Dann ruhiger, Rampas Hand blieb auf dem Whiskyglas

liegen: »Jetzt mach dich doch mal locker, Manni. Was ist denn los? Was willst du denn von mir?«

Und ebenso plötzlich, wie er gekommen war, drehte Manni sich weg und trollte sich wieder in seine Ecke.

Raoul schüttelte den Kopf.

Rampa: »Das war's noch nicht. Pass uff. Der kommt gleich wieder.«

Und dem Reporter erklärte Rampa: »Der ist Ringer. Den darfst du nicht zu nah rankommen lassen. Immer schön sitzen bleiben. Trinken. Beruhigen. Und wenn er noch mal kommt, dann zieh ich ihm das Glas durchs Gesicht.«

Der Reporter wollte noch einmal wissen, wer dieser Manni war.

»Das ist ein Scheißer, ein Nüscht, ein Weeßicknicht. Der ist in der verdammten Lichterkette das allerletzte Licht.«

Raoul trank. Der Reporter trank. Und Rampa erklärte, dass er sich mit seinem Bruder, der ein Hüne, ein Gigant, eine brutaler Muskelmann und außerdem ein treuer, guter und gerader Mensch und Rampas liebster und bester Freund auf Erden sei, früher praktisch jeden Tag geschlagen habe: »Mein Bruder und ich, wir waren die schlimmsten Schläger von ganz Oberhavel. Wir haben wirklich alles verhauen. Oder Raoul?«

Raoul nickte.

Rampa: »Zwei Brüder machen eine Menge klar. Jetzt ist es so: Bist du ruhig und anständig geworden – Haus, Hof, Kinder, sone Scheiße –, dann hast du trotzdem immer noch deinen alten Namen. Und die Leute wollen sich immer noch mit dir anlegen. Irgendwann macht das keinen Spaß mehr.«

Es trat nun der Typ, der mit Manni an der Ecke gestanden hatte, an den Tisch und forderte Rampa auf, nach draußen zu kommen: Manni warte draußen.

Rampa sah Raoul an. Er wirkte angekotzt, erschöpft, fast verzweifelt. Kurz überlegte ich, ob er gleich losflennen würde. Ich hielt das für möglich.

Rampa zu Raoul: »Ich kann doch nicht jedem verdammten Alkoholiker andauernd die Fresse polieren. Nee ehrlich, das schaffe ich nicht.«

Raoul grinste Rampa an: »Geh raus, du Armleuchter. Dann hast du's hinter dir. Bis gleich.«

Aber Rampa rüttelte Raoul am Arm: »Weeßte watt? Ich gehe jetzt raus zu dem besoffenen Kunden und sag dem: Hier ist meine Nummer. Wenn du nüchtern bist, ruf an, dann zieh ich dir eine rüber.«

Dann sahen wir Rampa nach draußen gehen.

Als Rampa zurückkam, standen drei Frauen bei uns am Tisch. Sie sahen überhaupt nicht gut aus. Sie hatten rote Gesichter, Bäuche, fettige Haare. Sie wirkten, als ob sie sich an drei, vier Nächten pro Woche bei Franky's Place die Nächte um die Ohren schlugen. Alle drei Frauen hatten ein unschätzbares Alter, sie waren zwischen sechzehn und dreißig Jahre alt. Alle drei tranken Whisky Cola.

Rampa setzte sich.

Eine der Frauen sagte zu ihm: »Wie siehst denn du aus? Glaubst du, dass dich irgendjemand küssen möchte? So, wie du aussiehst?«

Rampa griff sein Glas.

Er trank.

Die Frau sagte: »Mann, ey. Bist du hässlich.«

Rampa sah die Frau durch seine Brillengläser an. Er fragte die Frau: »Hast du in den letzten Jahren mal in den Spiegel geguckt?«

Raoul sah seinen Kumpel Rampa an.

Raoul und Rampa stießen an.

Er schrie. Es war ein richtiger Wutanfall: »Ich schlage mir jeden Morgen selber ins Gesicht, verstehst du. Verstehst du mich, du dumme Sau. Und dann frage ich mich: Wer war das?«

Die Frau sagte nichts.

Sie trank und blieb mit ihren Freundinnen direkt neben unserem Tisch stehen: als ob nichts geschehen wäre. Es war, genau genommen, ja auch fast nichts geschehen.

Wir hatten noch bisschen was zu besprechen: dieses noch, jenes noch. Rampa musste in ein paar Stunden raus. Raoul hatte morgen Nachmittag seine Lkw-Theorieprüfung. Franky wollte 20 Euro und 40 Cent für die Runde haben. Rampa legte einen Schein hin und erklärte: »Hier hast du 20 Euro. Und keinen Cent mehr.« Und Franky nahm das Geld und ging.

Der blaue Nachthimmel von Oberhavel. Die Eiche. Die Rundbank. Das offene Fenster über dem Salon am Markt: die grauweißen Vorhänge im Wind. Es war so wunderbar still und warm und leer. Nachts wirkte es fast noch wärmer als tagsüber. Der schöne Monat Mai.

Ich wusste nichts.

Ich hatte heute ganz neu gelernt zu sprechen.

Ich war deprimiert und vollkommen glücklich.

Mir war schlecht.

Noch ein Ding mehr – ein Bier, ein Gag, ein Spruch, eine gute Story –, und ich wäre hingefallen.

Wir standen am Marktplatz. Rampa griff sich den Hut von meinem Kopf – »Der Hut ist gut« – und setzte ihn sich auf. Raoul fragte, wie das eigentlich gedacht sei: Wie lange ich noch bleibe wolle, hier bei ihnen im schönen Oberhavel.

Ich sagte: »Wieso? Ich dachte, das geht hier jetzt gerade erst richtig los.«

Rampa rief: »Lass uns die Tage mal ein Bierchen trinken gehen.«

Ich schloss das Holztor in der Kopekenstraße auf: der Hintereingang. Haus Heimat. Zuhause.

## 16 Verwirrung/Das dicke Kind

Ich brauchte drei Tage Ruhe. Aber dieses Mal wollte ich die Ruhetage nicht draußen, sondern in der Kleinstadt, mitten in Hardrockhausen, nehmen.
Es war jede Menge los. Und es geschah unentwegt praktisch überhaupt nichts.

Blocky nahm mich zu allerhand Ausflügen mit, er führte mir die Kleinstadt aus den Blickwinkeln vor, die nur der Einheimische kennen konnte, und zu jedem Anblick wusste er eine kompetente und unterhaltsam vorgetragene Erklärung und Geschichte zu erzählen. Es war die Sicht, die jeden Reporter interessieren musste, weil sie Stimmung jenseits der nackten Fakten lieferte, weil sie Land und Leute aus erster Hand erklärte. Mich interessierte das alles wenig.

Einmal fuhren Blocky und ich zum örtlichen Schützenverein. Dort trafen wir Männer, die Schnauzer, Glattlederhosen und T-Shirts mit Camouflage-Muster trugen und mit Pappbechern in der Hand vor einer hölzernen Einbauküchenwand standen. Auf dem Tisch vor der Küchenwand stand die Kaffeekanne und lagen die Schusswaffen. Blocky hatte bei den Männern noch einen gut, weil er ihnen einmal einen Erste-Hilfe-Kurs erteilt und dafür keine Bezahlung verlangt hatte. Mein Blocky erklärte, während er eine Waffe vom Tisch nahm, sie weglegte und eine andere der Waffen, die auf dem Tisch lagen, ergriff: »Vielleicht haben wir für den Stadtmenschen, die Vogelweide, den kleinen Intellektuellen, ja mal eine 357 Magnum. Oder eine AK-47, das russische Sturmgewehr, mit dem die Piraten vor Somalia kämpfen.« Dann gingen wir in die hölzernen Schächte, in denen die Männer auf Tischen lagen und auf Zielscheiben schossen. Der freundliche Mann, der uns die Waffen vorführte, schrie mich, den Reporter, an: »Nicht reißen! Nicht ziehen! Nicht drücken!« Schon beim Probehalten der Waffen stellte ich mich ganz außerordentlich ungeschickt an. Die Welt der Schusswaffen: Ich fand es null sexy, nur widerlich.

Dann waren wir – Blocky und der Reporter – endlich so weit, dass Blocky, das Urgestein, mich in die Blockhütte in seinem Garten zum Grillen einlud.

Es war ein friedlicher und einwandfrei schöner Abend. Nette Runde: ein Tierarzt, dessen Frau, Teenager-Sohn und Teenager-Tochter, ein dicker Mann mit Hosenträger (T-Shirt-Spruch: »Ich bin hier der Chef, hier kann jeder meine Meinung sagen«), ein dünnerer Mann, der Mann, der mir im Schützenverein das Schießen vorgeführt hatte, eine Frau mit einer lila gefärbten Haarsträhne, die ihren Schäferhund unter dem Tisch kraulte. Ein Mann aus Recklinghausen war auch da, Blocky hatte ihn vor 19 Jahren im Tunesien-Urlaub kennengelernt.

Hamburger. Spareribs. Radeberger Pils. Tropical Garden, ein Sekt mit Pfirsichgeschmack. Polnischer Likör, russischer Wodka. Auf dem Tisch stand außerdem der Abguss eines weißen Busens mit rosafarbenen Nippeln: Sparschwein. Das Schwein trug die Aufschrift »Feten-Kasse«. Der Geruch von Gras und warmer Frühsommerluft. Blockys Musikrekorder aus DDR-Zeiten spielte Foreigner.

Blocky sagte sein Lieblingswort »unglaubbar«.

Der Kumpel aus Recklinghausen zeigte auf Blocky: Das, so der Kumpel, sei gelebte Einheit.

Auf Nachfrage erklärte der Hausherr noch einmal seinen Grill: Gasgrill mit Lavasteinen. Die Vollprofi-Variante. Mit Edelstahlrost. Die Lavasteine, so Blocky, konnten nicht weiß werden, weil Lavasteine, anders als Kohlen, nicht brannten und deshalb nie weiß würden.

Klar, dass Blocky, der Partycrack, so einen Grillabend nicht vorbeiziehen lassen konnte, ohne sich eine richtige Zeremonie auszudenken.

Es dämmerte, als die Runde sich in einem Halbkreis um die Deutschlandfahne herum aufstellte: ganz hinten, am Ende der Grünfläche, am Maschendrahtzaun. Der Mann vom Schützenverein hatte eine Schwarzpulverkanone auf Rädern mitgebracht. Die Deutschlandfahne, so Blocky, hatte er bei Netto im Angebot geschossen: poliertes Aluminium. 15,90 statt 22,90. Einer machte Witze, weil Blocky das Fundament des Mastes mit zu viel Beton aufgefüllt hatte.

Blocky holte die schwarz-rot-goldene Fahne ein und zog eine neue schwarz-rot-goldene Fahne am Mast hoch. Der Hausherr sprach das feierliche Geleit: »Auf meinen Garten. Unser schönes Vaterland. Und darauf, dass immer Bier im Kühlschrank ist.« Gelächter. Freude. Applaus. Der Sohn des Tierarztes trat hervor und blies *Muss i denn zum Städtele hinaus* auf der Trompete. Der Mann vom Schützenverein steckte die Zündschnur der Kanone in Brand, es bumste. Noch mal Applaus. Die Runde schritt zurück zum Grill. Während wir die Fahne gehisst hatten, waren auf dem Grill, kein Witz, die Spareribs verbrannt.

Um 21 Uhr gingen in Blockys Haus die Rollläden herunter: vollautomatische Einrichtung.

Dann kamen die Mücken.


Der Reporter wollte nun vom Hausherrn wissen, was das zu bedeuten hatte, dass eine schwarz-rot-goldene Fahne durch eine neue schwarz-rot-goldene Fahne ersetzt worden war. Blocky: »Ich erkläre dir das ganz genau. Die neue Fahne ist gold. Die alte Fahne, die es bei Netto zum Mast dazu gab, war mehr gelb als gold. Und auf der neuen Fahne ist der Bundesadler drauf. Ich unterstütze

Deutschland im Allgemeinen und die Bundesrepublik Deutschland im Besonderen – so, jetzt weißt du es ganz genau.«

Es übernahm – weil es seit mindestens zehn Minuten kein sich anbietendes Gesprächsthema mehr gegeben hatte – Blocky einmal mehr die Initiative.

Es war in seiner Erzählung von einem Mann älteren Semesters die Rede, der, so Blocky, damals, im Jahr 1939, vom Reichsarbeitsdienst gleich in die Wehrmacht übernommen worden war.

Ah.

Warum erzählte Blocky das?

Ein bisschen wohl auch deshalb, weil Reichsarbeitsdienst und Wehrmacht beides Worte waren, die eindeutig in jene düsteren Jahre zwischen 1933 und 45 gehörten, also brenzlig waren, also, besonders wenn man eine Grillzange in der Hand hielt, Spaß machten, angesprochen zu werden.

Und richtig: Ich hatte Blocky nach jener Schändung des jüdischen Friedhofs gefragt. Über jene Nacht hatte Blocky gesagt: »Weiß gar nicht, was da genau passiert ist. Vielleicht ein paar besoffene Kinder. Es geht relativ schnell, sich irgendein dummes Hemd anzuziehen und eine Parole zu schreien.« Von dieser richtigen, nicht dummen Bemerkung kommend, hatte Blocky sich erst warm, dann in eine Art Rage geredet. Es war eine Mit-der-Grillzange-in-der-Hand-mal-meine-Meinung-sagen-Rage, also vielleicht alles nur halb so wild und nicht ganz so furchtbar gemeint, wie es klang. Blocky:

»Dass in Sachsenhausen auch dreitausend katholische Priester umgebracht wurden, weil sie von der Kanzel gegen Hitler gepredigt haben, daran erinnert heute kein Denkmal. Und dass im KZ auch Kinderschänder saßen, nicht nur Juden und politisch Verfolgte, das sagt heute auch niemand mehr.«

Ich, Reporter aus Berlin, musste nun etwas sagen. Das war ja auch gar nicht schwer. Ich hielt Blocky vor, dass man den Genozid, also den staatlich gelenkten Massenmord an den Juden nicht mit den Verbrechen von Sexualstraftätern im Dritten Reich vergleichen konnte.

Ich sagte: »Das ist doch Quatsch.«

Und er, Mann am Grill, sagte sofort: »Hast ja recht, hast ja recht, meine intellektuelle Heiligkeit.« Und er fügte hinzu: »Niemand will hier die Verbrechen der Nazis relativieren.«

Dann machte Blocky schnell noch einen Witz, denn Witze waren immer gut: »Shalom heißt Friede, oder? Und was heißt el Shalom? Elfriede.«

Ja, fanden wir lustig.

Recht haben war, das verstand der Reporter – vor allem wenn man so eindeutig und moralisch im Recht war –, auch eine schwer wegzusteckende, irgendwie eine scheußliche Sache: Es fühlte sich, besonders für den, der im Recht war, wie eine Mickrigkeit, wie eine Niederlage an.

Später, in einem anderen Zusammenhang, in dem es inhaltlich nicht gerechtfertigt war, schnauzte Blocky den Reporter dann noch einmal heftig vor versammelter Runde an: »Warum willst du das denn alles wissen? Hast du eine Vollmacke oder was?«

Natürlich war ich Blocky dankbar. Er hatte, eben weil er etwas von Menschen und von Kommunikation – der Kommunikation unter Menschen, die um einen Gasgrill herum standen – verstand, das Gleichgewicht zwischen uns wieder hergestellt: sein Rumschnauzen gegen meine Maßregelung. Damit war ich einverstanden. So, fand ich, konnte man miteinander umgehen.

Man saß dann noch eine Weile so da. Und trank noch einen.

Blocky schlug vor, ich solle mal einen Eimer voll Kirschen bei ihm pflücken kommen und den Eimer mit nach Berlin nehmen: Kirschen habe er genug. Ich fand das einen netten Einfall. Dann schlug Blocky vor, ich solle ihn zum Konzert der Band Hasenscheiße nach Bergsdorf begleiten. Die Jungs von Hasenscheiße seien lustig, von ihnen stamme das Stimmungslied *Ick bin der Bernd und steh am Grill*, das sei der Griller-Song schlechthin, die Ode aller Griller. Die Frau mit der lila Haarlocke nahm die Hand aus ihrem Schäferhund und sagte: »Ich hole jetzt meinen Kampfhund.« Wenig später tauchte sie mit einem zweiten, ebenso lieben und müden Schäferhund auf. Blocky, am runden Tisch unter dem Dach seiner Blockhütte sitzend, riss einen echten Blocky-Witz: »Hier herrscht die Diktatur des Blockytariats.« Und, gleich noch einen Witz hinterher: Was ist der Unterschied zwischen einem runden Tisch und einer alten Jungfrau? »An einen runden Tisch gehen mehr ran.«

Zum Abschied schlug Blocky vor, dass man sich am Samstagabend ja mal am Sportplatz treffen könne: »Schön draußen auf der Terrasse sitzen. Auf den Rasen gucken. Neuer Wirt. Kleine Karte. Freundschaftspreise. Schnitzelbrot 4,50 Euro. Der halbe Liter Bit für einen Zweier. Da kannst du nichts sagen.«

Da konntest du wirklich nichts sagen.

Blocky hatte mir, dem Reporter, Fremden, Ortsunkundigen, einen astreinen Abend bereiten wollen, das war das Nette – und darin lag die Anstrengung, die wir beide gespürt hatten.

Danke, Blocky. Das war ein guter Abend gewesen. Wir reden weiter miteinander. Das mit uns beiden funktioniert. Prost.

Ruhe war schwierig.

Erholung war ganz schwierig.

Und natürlich war es schwierig, in der Kleinstadt zur Ruhe zu kommen, schwieriger jedenfalls, als mit vier grandiosen Punks in der Kneipe zu stehen und so lange große Biere in sich hineinzuschütten, bis es knallte.

Ich saß drei, vier Stunden lang oben auf meinem Zimmer im Haus Heimat und tat nichts. Ich setzte mich an den Tisch, legte den Olympus-Stift neben den Computer, und dann tippte ich, Kopfhörer in den Ohren, das Gequatsche in den Computer, mein Gequatsche und das Gequatsche der Jungs. Es dauerte Stunden. Die Datei, die rasch auf viele Seiten wuchs, nannte ich *O-Ton Oberhavel*.

Ich saß auf dem Bett und guckte auf das Fenster, das in der Hausfassade gegenüber zwischen den Plastikplatten lag. Durch die Socken konnte ich den Polyesterteppichboden spüren. Es fühlte sich nach tausend Jahren Polyester an. Das war vielleicht ein Scheißteppich. Und das war vielleicht ein Scheißfenster, das da in der Hauswand gegenüber lag: kein Fenster, ein viereckiges Loch. Es tat sich nichts dahinter. Es hingen diese hundsgemeinen Sichtschutzvorhänge davor. Das Loch, vor dem die weißen Sichtschutzvorhänge hingen, starrte mich an wie ein totes, fertiges, gemeines, ganz und gar hinterrücktes und abgemeldetes Stück Deutschland. Dann legte ich die Füße aufs Bett und versuchte es mit Lesen. Vielleicht war das Buch zu schwer; das Bett zu weich; das Zimmer zu hässlich. Nie zuvor in meinem Leben war Berlin, waren Rom, Paris, New York, die Orte, in denen die Welt groß, modern und international war, so unendlich fern gewesen. Deutschland, das war ja wirklich die hinterletzte, die fertigste, die hassenswerteste Scheiße.

Ich ging die Situationen der letzten Tage im Kopf durch, in denen es brenzlig oder verrückt gewesen war, und komisch – anders als in den Momenten, in denen die Handlung sich auf für mich unübersichtliche Art beschleunigt hatte und davongezogen war, hatte ich jetzt, im Rückblick, Angst.
Angst.
Angst.
Die immer dumme Angst.
Es war keine große, tolle, aufregende Angst, die sich sehen lassen konnte und einen herausforderte und zu irgendwie wilder und riskanter Gegenwehr antrieb; eher eine mickrige, miese, ängstliche Bedrückung, die nichts als aufhielt und einen klein beigeben ließ.

Mindestens drei Tage lang war ich überhaupt kein toller Reporter.
Mir war ganz arm zumute. Zum Jammern.
Es sollte mir längst langweilig sein, aber nicht mal langweilig wurde mir, so sinnlos nervös war ich.
Gerne hätte ich eine Hand gehalten.
Gerne hätte ich eine Frau gehabt, die morgens, gleich

nach dem Aufwachen, mit mir geschlafen und mir ins Ohr geflüstert hätte, was für ein toller Kerl ich sei.

Das Zimmer fünf im Haus Heimat zu Oberhavel war ein gefährlicher Ort, weil mir dort oben, mit dem Blick auf das Loch in der Hauswand gegenüber, das Gefühl für meinen Auftrag verloren ging. Ich spürte: Der Rückzug von der Straße war ein riskanter, vielleicht der falsche Schritt gewesen. Er kam dem vollständigen Rückzug aus der Kleinstadt gleich. Wer in der Kleinstadt die Straße aufgab, der konnte gleich nach Berlin zurückgehen, der konnte hier abhauen.

Ich kam vom Kurs ab, ich driftete weg – ich spürte, wie das differenzierte Betrachten meiner Situation in der Kleinstadt mir nichts als Argumente lieferte, mich von hier fortzubewegen. Dann fielen mir die Kumpels in Berlin ein. Wäre heute ein Anruf aus Berlin gekommen, ich hätte nicht erklären können, warum es diese Stadt war, in der ich mich aufhielt, und nicht die Stadt, die ich noch nicht kannte und die zwanzig oder zweihundert Kilometer weiter Richtung Nordosten lag.

Einige quälend grundsätzliche Fragen meldeten sich in meiner versuchten Ruhezeit in Zimmer Nummer fünf – auch deshalb, weil die Zeit dort lang und der Reporter dort immer müder, schlaffer, dummer, unentschiedener wurde: Was willst du hier? Spinnst du? Wie viele Biere willst du noch mit einer Runde Kleinstadt-Punks trinken, die, anstatt ihrer gelernten Arbeit, dem Steineschleppen auf dem Bau, nachzugehen, sich ihr Geld lieber von Onkel Hartz dem Vierten abholten?

Meine Boxbemühungen waren ein Witz. Ich wurde von den anderen, die Rico, René, Paul, Benno und Fred hießen, getrennt: Sie bekamen ein Training, ich bekam ein Behindertentraining. Je offener verachtungsvoll sich der Trainer mir gegenüber aufführte, desto nachsichtiger und umgänglicher verhielten sich die Jungs. Es waren eh freundliche Jungs (gefährlich waren die, die nicht zum Boxtraining kamen; wer zum Training kam, hatte einen ersten Beweis seiner Integrationsfähigkeit erbracht). Sie hatten ihre Achtung und ihre Angst vor mir und damit auch jede Aggression gegen mich verloren. Zum Ende des Trainings, die Jungs hatten sich zum Wiegen aufgestellt, nahm der Trainer mich zur Seite und sprach, leise genug, damit die anderen ihn nicht hörten: »Bei dir ist es doch nun wirklich egal, ob du jetzt oder in drei Monaten das Boxen lernst. Kurier doch erst mal dein Knie aus.«

Dann hielt ich mich an dem fest, was ich einst in Redaktionen gelernt hatte: Ich führte Interviews. Der Reporter traf die ersten Bürger von Oberhavel, den Bürgermeister, den für Tourismus und wirtschaftliche Entwicklung zuständigen Stadtverordneten. Alles umgängliche, sich normal und nachvollziehbar aufführende Menschen.
Maria im Haus Heimat war plötzlich ganz braun im Gesicht: echt schokoladenbraun. Hals und Dekolleté blieben weiß, was einen unvorteilhaften Kontrast ergab. Es war kein neuer Teint aus dem Bräunungsstudio, eher eine neue Creme. Sie musste eine abwaschbare Creme benutzen, also eine Creme, die auf der Haut drauf lag und, anders als sonst Bräunungscremes funktionierten, keine chemische Reaktion auslöste. Am nächsten Tag waren Kopf und Hals wieder blendend weiß.

Wilfried mochte ich immer lieber. Ich konnte es wirklich nicht anders sagen. Er hatte ein Gespür, wie lange eine Quatscherei zwischen Gast und Wirt dauernd durfte, ohne dass daraus eine Mühseligkeit, ein echtes Gespräch mit ernsten Fragen und Antworten wurde: eben nicht sehr lang. Sein eigenes Geschäft beschrieb Wilfried Finster, als wäre es nun wirklich nicht der Rede wert.

Seine Gäste? Fahrradtouristen. Der Radweg Berlin–Kopenhagen, so Finster, war die Grundlage dafür, dass er sein Haus überhaupt noch halten könne. Komischerweise fuhren vor allem Schweizer über den Radweg, Schweizer, so erklärte das Wilfried Finster, mochten das flache brandenburgische Land. Er könne froh sein, dass er zusätzlich so viele Familienfeiern, Sechzigste, Siebzigste und Neunzigste, silberne und goldene Hochzeiten habe, die brächten ihm den Umsatz.

Einmal saß Wilfried im allerhintersten und finstersten Winkel des Lokals auf einer Eckbank, gleich neben der Tür, die zu den Toiletten führte: am Personaltisch. Der Wirt hatte einen Teller mit Kartoffeln und brauner Bratensoße vor sich stehen:

»Ich muss doch die Kartoffeln testen.«

Der Reporter verstand nicht.

Was musste er testen?

Wilfried: »Die Kartoffeln! Ich muss doch die Qualität der Kartoffeln kontrollieren!«

Ach, so.

Wilfried machte weiter den Trick, dass er im ersten Durchgang so leise sprach, dass man ihn kaum verstand. Wenn er seine Worte dann wiederholen musste, konnte er brüllen oder den genervten Tonfall aufsetzen, den man ihm wiederum nachsehen musste (den ersten, in normaler Lautstärke gesprochenen Versuch war man ja zu dumm, zu taub gewesen zu verstehen). Wilfried mochte Sprüche. Seine Sprüche schienen aus Urzeiten zu stammen, nicht aus den Fünfzigerjahren, sondern, keine Ahnung, aus der Zeit von 1820, als man sich noch Märchen erzählt hatte, weil es damals noch keine Fernseher gegeben hatte.

Alles klar, Meister Willie?
»Klar wie dicke Tinte.«
Klar wie watt?
Wilfried brüllte: »Klar wie dicke Tinte!«
(Du lieber Himmel. Wie dicke Tinte? Das klang ja furchtbar.)

Die Alte im Lotto-Toto-Laden, in dem ich Morgen für Morgen die Zeitung kaufte, beschwerte sich wieder über ihren Rücken: »Au. Au.« Jaja, der Rücken.
Ich erfuhr in einer der wortkargen und mühseligen Unterhaltungen, die ich mit ihr führte, dass die Alte mal Schafe gehütet hatte, ganz früher mal, zu Ostzeiten, bis das mit dem Rücken zu schlimm geworden sei und sie deshalb, gewissermaßen als letzten Ausweg, den Lotto-Toto-Laden eröffnet habe.

Mein Frühstück aß ich in der Gaststätte Schröder, wo mich abwechselnd Frau Schröder senior, Hansi oder Heiko bedienten: Zwei Rühreier mit Speck und Zwiebeln, dazu ein Hackepeter-, ein Käse- und ein Marmeladen-Brötchen, zwei Becher Kaffee und ein Glas Mineralwasser machten, mit Bleistift auf einem Wernesgrüner-Block notiert und in Sekundenschnelle zusammengerechnet, 8,20 Euro.

Hansi: Die Würde des mit Bleistift hinter dem Ohr arbeitenden Mannes. Ich hatte diese Leute, die im Schröder arbeiteten, geradezu wahnsinnig gern.

Mit den eisenharten Proll-Fightern, die auf der Spandauer Straße mit Lieferwagen zu schaffen hatten, ihre Hunde ausführten oder einfach nur rauchend die Bürgersteige besetzt hielten, blieb es weiter schwer. Und doch: Mein Ehrgeiz, es gerade mit den härtesten, blindesten, gemeinsten und hochgetuntesten Proll-Raketen, die mir auf der Straße entgegenkamen, aufzunehmen und in den zwei Sekunden, die für solche Manöver blieben, eine Art Waffenstillstand der Blicke und Gesten zu erreichen, setzte sich langsam durch.

Ich gewöhnte mir einen Gesichtsausdruck an, den ich extra für die allerbösesten Brutalinski-Proll-Fighter aufsetzte. Keine Ahnung, was das genau für ein Blick war. Er hatte eine melancholische Note. Er ging in die Richtung Lass-gut-sein-wir-haben-doch-beide-schon-genug-Probleme. Ich kam damit durch.

Aber woran lag das genau, dass ich nie eins auf die Fresse, nicht einmal Schläge angedroht bekam? Hatte ich meinen Gang, meine Blicke – eine Gewaltsamkeit der Erscheinung, die aus dem Bereich des Nackens und der Schultern kam – dem Gang, den Blicken, der Gewaltsamkeit der Killer-Prolls von Oberhavel, Hardrockhausen in Brandenburg, angepasst? Das wäre ja wunderbar, wenn dies überhaupt möglich war (ich hielt das für unwahrscheinlich). Dann fiel mir ein, dass es gut möglich war, dass ich wegen meiner Bekanntschaft mit den harten Jungs von 5 Teeth Less eine Art öffentlichen Schutz genoss?

Raoul schickte eine SMS: »Das nächste Mal gehen wir mal richtig einen saufen. Das war ja neulich nüscht.«

An der Probstbrücke herumlungernd, machte der Reporter zum ersten Mal Touristen aus – und sah sie gleich mit den Augen des Einheimischen, mit den Augen von Raoul, Eric und Rampa: ein Pärchen auf Fahrrädern, im besten Frührentneralter, mit Langstrecken-Fahrradfahrer-Funktionskleidung, sie mit roten, er mit blauen Satteltaschen. Sie sahen sich, auf ihren Fahrradsatteln sitzend, unsere schöne Kleinstadt an. Hass. Ein Anflug übelster Fremdenfeindlichkeit beim Reporter:
Was wollt ihr hier in unserer schönen Kleinstadt, ihr Arschlöcher?
Geht dahin zurück, wo ihr hergekommen seid.

Am Getränkemarkt gegenüber von Schröder sah ich, tagein, tagaus, den Penner mit dem Cordhütchen auf dem Metallgeländer sitzen, mal den Säufer-Kollegen neben sich, mal ohne Säufer-Kollegen, Stoffbeutel zu den Füßen, Bierflasche in der Hand. Ich fragte Hansi, wer der Mann mit Cordhut sei, der da auf der anderen Straßenseite seine Tage versoff, und Hansi erklärte: »Ach, Pavlov. Der war mal Lkw-Fahrer. Ist noch keine fünfzig. Hoffnungsloser Fall.«
Die Autos mit den »Pitbull Germany«-Heckscheiben.
Die wütenden Frauen mit ihren Kinderwagen.
Der Sportteil der *Märkischen Allgemeinen.*

Kegel-Kalle.

Kümmerling-Schmidti.

Heute-ein-König.

»Weil du so ein zärtlicher Mann bist/Will ich dich nicht verlieren/Weil du so ein zärtlicher Mann bist/Lebe ich so gerne mit dir.«

Das war Hanne Haller auf 99,9: Musik für Brandenburg.

Zwei Hackepeter-Brötchen 1,60 Euro.

In der Ferne konnte ich wieder den verrückten Soldaten mit der Schlagermusik von Heintje seine Runden drehen hören: »Mama. Du sollst nicht um deinen Jungen weinen ...«

Es klang so geil.

Es klang so absolut durchgeknallt: ein Gruß aus einer ganz fernen Zeit.

Ich versuchte, den Alltag Alltag sein zu lassen und mir nichts weiter dabei zu denken.


Alltagsbetrachtungen aus dem Notizbuch des Reporters:

Ein Vietnamese reinigte eine Regenrinne mit einem an einem Stab befestigten Besen.

Ein etwa Vierzigjähriger mit komplett zerstörtem Gesicht (Alkohol), aber irgendwie trotzdem fröhlich, kam mir mit einer Gehhilfe auf Rollen entgegen. Auf seinem Sweatshirt stand »No Fear« (keine Erfindung).

Ein Junge, rauchend, geschätzte zwölf Jahre alt, nahm einen Jungen, rauchend, geschätzte zwölf Jahre alt, auf der Querstange seines Fahrrads mit. Es war ein friedlicher, dörflicher Anblick. Irgendwie eine schwarz-weiße Ansicht. DDR. Fünfzigerjahre.

Drei Mädchen auf Fahrrädern. Eine krähte: »Dem Alten

seine Schwester, die ist so voll widerlich, pervers, kaputt, die Olle, die fiese, die alte, die beschissene Sau ...«
Hoppla.

Die Hausfrauen mit Körben an den Lenkstangen ihrer Fahrräder. Eisenharte Gesichter: Es waren Jahrzehnte der harten Arbeit gewesen, der Entbehrung, des Stumpfsinns und der trostlosen Was-man-nicht-haben-kann-das-soll-man-auch-nicht-haben-wollen-Demut. Als Erstes, das sah der Reporter, fielen bei den Frauen immer die Gesichter zusammen. Mit billigsten Stoffen, Frisuren, Handtaschen versuchten diese Frauen, Jahrgang 1970 und älter, einen gewissen Standard des Gepflegtseins aufrechtzuerhalten. Das gelang. Und das sah dann immer gleich besonders traurig aus. Weil die Stoffe, die diese Hausfrauen sich leisten konnten, so elend billig waren, musste immer alles weiß, blitzblank gereinigt und auf Falte gebügelt sein.

Auf dem Marktplatz hielt ein gelber Laster. Das war Karls mobile Betten-Dampf-Reinigung. Werbespruch: »Wer jetzt klug rechnet, lässt öfter reinigen.« Am Tag drauf parkte an selber Stelle das rote Bürgermobil von Torsten Krause, Mitglied des Landtags für die Linke in Templin. Krause war so ein dufter Studententyp mit Britpop-Wuschelkopf-Frisur und dem unverbrauchten, frechen Gesicht, das in der Politik so dringend gebraucht wurde, geschätzte 28 Jahre alt. Sein Slogan lautete: »Original sozial, die Linke.« In der Nähe von Krauses Auto lehnte das Plakat mit einem wunderschönen Politik-Gedicht: »Freiheit und Gleichheit für alle braucht Solidarität. Kämpfen wir für wirkliche Gleichberechtigung. Für jede Frau und jeden Mann – gleich welcher Herkunft.« *Bild*-Leser hatten in diesen Tagen entschieden, dass Silvana Koch-Mehrin von der FDP das sympathischste Wahlplakat hatte. Großer Melancholie-Anfall: Ja, kämpfen wir doch alle einfach. Kämpfen musste ja so schön sein. Gemeinsam kämpfen mit Wuschel-Krause.

An der Fassade der Alten Eiche wurde das Premiere-Sportsbar-Schild abgeschraubt und an seiner Stelle das Schild mit dem neuen Firmennamen Sky, weiße Schrift auf schwarzem Grund, angebracht: So hatte sich in der Kleinstadt die maßgebliche Medien-Innovation des Jahres vollzogen. Bei den Herren vom Backstein trank ich einen Cappuccino und aß einen nach Großstadt schmeckenden Käsekuchen, und ich bekam, während ich den Käsekuchen im Mund hatte, gleich wieder so einen herrlichen und kreisrunden Hass auf die niedliche, kleine Pusselwelt, die sich die beiden Herren mit ihrem Backstein hier eingerichtet hatten (aber das war ja unfair und ganz falsch und überflüssig, und so ließ ich's mit dem Hass wieder bleiben). In den Räumen der Vinothek stellte eine Genia Frohberg aus Berlin Bilder und Collagen zum Thema »Sack und Seide« aus.

Am Telefon fragte ich Rampa, ob ich den Kumpel, der sich ein okayes Leben mit Schwarzarbeit mache, mal auf seiner Baustelle besuchen kommen könnte. Es war ihm nicht recht. Der sei dort Vorarbeiter, so Rampa, das hieß, dass er dort andere anzuleiten habe: derzeit etwa sieben Mann. Da käme es nicht so gut, wenn er, Kumpel auf der Baustelle, fremden Leuten Guten Tag sagte.

Von Eric kam die Nachricht, dass er – als Einziger der Jungs – als Komparse bei den Dreharbeiten von *Black*

*Death* angenommen war. Die Produktionsfirma hatte sich per E-Mail bei ihm gemeldet: Bitte Kopie vom Personalausweis und Sozialversicherungsnummer zukommen lassen. Eric stolz: »Der Fuffi ist nebensächlich. Hauptsache, ich mache mal bei einem Film mit.« Ich gratulierte.

Raoul rief an und erzählte, dass er am Nachmittag nach unserem Besäufnis durch die Lkw-Theorieprüfung gefallen sei. Elf Fehlerpunkte waren einer zu viel gewesen: »So eine Scheiße.« Ja, Scheiße. Beim nächsten Anlauf, dem dritten und letzten, käme er aber garantiert durch. Sonst müsse er 250 Euro zahlen und stünde da wie Max in der Sonne. Wie Max in der Sonne! Viel Glück, Raoul.

Ich ging zum Fluss runter, weil an Flussufern, das wusste doch jeder, immer mehr möglich war als an anderen Stellen auf der Welt, an denen der Fluss nicht zu sehen war.
Die Havel.
Wer alle Tassen im Schrank hatte, der musste doch abends noch mal zum Fluss hinunter, der musste zur Havel gehen.
The Schwäne.
Boote aus Minden, aus Braunschweig, aus Münster hatten an der Schleuse festgemacht.
Still und schwer und dunkel stand der Fluss da, nein, er floss langsam dahin.
Es havelte.
Hier, mit dem Blick auf den Fluss, hoffte ich, dass ich noch einmal nichts gesehen und niemanden kennengelernt hatte. Die Geschichten sollten alle noch einmal ganz von vorne beginnen.
Der Fluss fragte mich noch einmal, ob ich nicht mit ihm

aus der Stadt hinaustreiben wollte, in aller Stille, Friedlichkeit. Aber ich durfte nicht mit.

Das sagte ich dem Fluss, damit er mir gewogen blieb. Noch war es nicht so weit. Ich, Reporter, musste noch ein bisschen bleiben.

Wieder oben in der Stadt sah ich Pavlov seine leere Bierflasche über dem Bürgersteig ausschütteln. Dann verstaute er sie, Flasche für Flasche, in der Stofftasche. Es war eine gleichermaßen sinnlose wie mit größter Sorgfältigkeit ausgeführte Betätigung, vielleicht sah sie deshalb schön aus. Einige Tropfen fielen auf die Straße. Ich sprach Pavlov nicht an. Wenigstens die Penner hatten das Recht, vom Reporter nicht interviewt zu werden.

Im Spielcasino: Die Frau hinter der Theke bemerkte sofort, dass ich nicht zum Spielen gekommen war. Sie sagte nichts. Starrte. Als auch ich einen Guten Abend verweigerte, fragte sie: »Watt is?«

Ich: »Nüscht weiter.«

Frau: »Na, denn is jut. Wir schließen nämlich bald.«

Mir kam die Unfreundlichkeit der Kasino-Frau vollkommen sinnlos vor, und aus einer Laune heraus bellte ich zurück – der sinnlosen Unfreundlichkeit musste mit einer sinnlosen Unfreundlichkeit begegnet werden: »Verstehst du. Du kannst deinen Laden von mir aus auch gleich ganz dichtmachen.«

Sie guckte. Wusste einen Moment lang auch nicht. Schwieg dann besser.

Es war kurz nach zehn.

Auf einem Drehstuhl vor einem Spielautomaten sah ich Crooner sitzen. Er sah ziemlich lässig aus: Aschenbecher auf dem Knie, Zigarette in einer Hand, die rechte Hand tappte auf den Tasten herum. Ein Traumschwiegersohn im Spielsalon. Wir quatschten ein bisschen. Er sprach noch einmal seine Verwunderung und seine Freude darüber aus, dass ich einige Zeit bei ihnen in der Kleinstadt verbrachte, und dann brachte er die alte Nummer, dass er mich dazu beglückwünschte, dass ich ausgerechnet bei ihnen gelandet war: »Du hast wirklich Glück gehabt. Wenn du in einer Kleinstadt weiter im Norden gelandet wärst, dann hättest du nur Scheiße erlebt.« Ich freute mich ebenfalls und schüttelte ihm die Hand. Eine Stunde später traf von Crooner eine SMS bei mir ein: »Bald mal uf eene schöne Molle! LG. Crooner.«

Und da sah ich plötzlich Pavlov, den Penner, mit seinem lilarotgraubraunen Gesicht zwischen den uralten Vorhängen im Fenster über dem Salon am Markt hervorgucken. Irre. Das Fenster, das ich schon zwei Mal betrachtet hatte, obwohl kein Mensch daraus hervorgeguckt hatte, war sein Fenster, war das Fenster des Penners Pavlov.
Er trug das Hütchen, das er auch an seinem Arbeitsplatz, der Fahrradstange vor dem Getränkemarkt, auf dem Kopf trug. Pavlov hatte ein Zuhause, das war schön. Er sah mich, er blickte gerade auf mich hinunter. Ich nickte. Ich tippte mir mit einem Finger an die rechte Augenbraue. Es sollte ein sachlicher Gruß sein, den er deshalb, eben weil der Gruß eine betont sachliche Note hatte, beantworten konnte. Ich hatte mir ein Nicken, sonst eine kleine Reaktion erwartet: Das wäre der Anflug von einem Kontakt, der Auftakt zu einer Beziehung zu Pavlov

gewesen. Es fand nichts statt. Der Penner guckte und grüßte nicht.

Ich versuchte, noch weniger zu sehen und noch weniger zu denken. Mein Ideal, die Kür des modernen Reporters, war die, dass ich einfach nur da war, ganz ohne zu denken, ganz ohne einen Schluss zu ziehen.

Was kam beim Denken schon groß heraus? Doch nur der immer selbe, uralte Mist, der alles immer nur aufs Neue vollkommen falsch verstand. Da besser: das Verstehenwollen von Anfang an bleiben lassen. Mit Dämmeraugen, den trüben, halb geschlossenen, wollte ich hinblicken, und nur das wiedergeben, was sich an kleinen Bewegungen vollzog. Das im Kleinen genau beschreiben, was im großen Ganzen keinen Sinn ergab: finale Übung, mein Reporterglück.

Dann, am Nachmittag des dritten Tages der von mir auf drei angesetzten Ruhetage – meine Ratlosigkeit, was an einem Ort wie diesem eigentlich zu tun war, was zu schaffen und was zu lassen, war akut die denkbar größte gewesen – erblickte ich es: das dicke Kind.

Ich hatte mich auf einer der miesen, weil zum Sitzen ungeeigneten, weil merkwürdig gewellten Metallbänke niedergelassen, die am Marktplatz aufgestellt waren: rosa Rathaus im Rücken. Hinter mir lag außerdem der zentrale Marktplatz-Imbiss. Es stank, weil Imbisse alle stinken, nach Fett. Die Bänke waren in vier Gruppen à drei seitlich versetzte Bänke in die Pflastersteine eingelassen. Dazwischen, in Imbissnähe, eine noch mickrige, mit Metall eingefasste Eiche.

Der Marktplatz wirkte von hier, im Sitzen betrachtet,

groß. Die Geschäfte, die auf der anderen Straßenseite lagen, Schlecker, Apotheke, Alte Eiche, Asia-Bistro, Schlüssel-Gustrow und Schuhhaus Mielke, ergaben mit dem Rathaus und dem Kiosk einen viereckigen Raum. Die Ströme und Bewegungen des Einkaufens lagen, von meiner Metallbank aus beobachtet, gleich nebenan und doch wie hinter einer Glasscheibe.

Ich saß, guckte und musste innerlich ein bisschen kichern, weil die Vorstellung so nahelag, sich jetzt, am helllichten Tage, ein Bierchen zu kaufen und den Tag, Schluck für Schluck, mit dem Bierchen in der Hand kippen zu lassen.

Am Kiosk stand schon wieder so ein Superspezialist herum: keine 1,70 Meter groß, dick (Bauch) und dabei gleichzeitig dünn (Beine), Tarnkappe, Tarnweste, Billigjeans, 9,90-Euro-Turnschuhe, seit Jahren nicht gewaschene Fettsträhnen unter der Kappe, weggesacktes Gesicht. Er hielt, obwohl offensichtlich Alkoholiker, noch nicht mal eine Bierflasche in der Hand. Er stand da, mit verschränkten Armen, und guckte auf den Platz hinaus. Hängende Mundwinkel. Sonst null Regung. Guckte da: maximal stumpf, dumm, frustriert, grantig, sauer, hohl, behämmert und komplett erloschen in der Birne unter seiner Kappe hervor. Nach zehn Minuten stand er immer noch so da und guckte. Ich dachte: Alte Kacke, gehen mir die Penner, gehen mir die Alkoholiker, Hirntoten, Eingefallenen, Zusammengefallenen und sonst wie Hinüberen und Weggetretenen in diesem Ort auf den Sack.

Auf einer der Bänke nebenan sah ich das dicke Kind sich schleppend langsam bewegen. Es war erst nicht einfach, etwas zu erkennen, weil das dicke Kind so dick war. Ich sah nur Hose und Jacke.

Dann fiel mir ein, dass ich das Kind schon einmal, vor ein paar Tagen, gesehen hatte. Da war es Vormittag gewesen, es hatte seitlings auf einer der Bänke am Marktplatz gelegen, in einer reglosen, merkwürdig erschöpften Art, die es bei Kindern so nicht gibt (es hatte ausgesehen wie ein Erwachsener, der nachts nicht geschlafen hatte und nun, am Tag, noch ein bisschen nachdämmern musste).

Jetzt stand das Kind da und hielt sich mit beiden Händen an der Bank fest. Es war zwischen sechs und zwölf Jahre alt, genau war sein Alter nicht zu bestimmen. Es war einen Meter hoch und geschätzte vierzig Kilo schwer. Der Kopf des Kindes wirkte schrecklich klein im Vergleich zum großen, fettgefressenen Körper. Der Oberkörper steckte in einer Jacke aus Fleece-Stoff, darunter kamen Armeehose und Billig-Turnschuhe. Auf dem Kopf des Kindes saß eine absurd aussehende, weil viele Nummern zu große Trucker-Kappe aus Camouflage-Stoff, darunter, im Gesicht des Kindes, das Gestell einer Weitsichtigenbrille in den Kinderfarben Rot, Gelb und Blau. Das Kind war offensichtlich alleine da, also vollkommen auf sich gestellt.

Ich sah das Kind sich von der Bank wegbewegen und zwischen Eiche und Imbiss hin- und herhüpfen. Seine Bewegungen hatten etwas Abgehacktes, Ungelenkes, Hilfloses, etwas gruselig Zurückgebliebenes. Während seines Spiels, des Auf-und-Ab-Taumelns zwischen Baum und Imbiss, machte das Kind Laute – es war kein Deutsch und kein aus Brandenburg oder sonst der Gegend stammender Dialekt. Es war ein Zurückgebliebenen-Brabra. Die Sprache des Kindes ähnelte dem Gurren einer Taube.

Ich schämte mich und gruselte mich und konnte nicht anders, als mich von dem Kind an eine Taube erinnert zu fühlen.

Nun setzte sich das Kind auf den Hosenboden, es war das Hinsetzen eines Säuglings, der des Gehens noch nicht mächtig ist, er suchte Halt und fand ihn, indem er sich mit einer Hand an die Metallverkleidung der Eiche lehnte. So saß das Kind da, wandte den Kopf mal hierhin und dorthin und sah sich durch die Gläser seiner Kinderbrille den Marktplatz an. Es war ein zum Himmel schreiend absurder Anblick. Alles klar, dachte ich und starrte weiter das Kind an, jetzt war man als Mensch und Bürger gefragt, nützte ja alles nichts, also ein wacher und verantwortungsvoller Bürger sein, Polizei rufen, Jugendamt einschalten.

Dann verstand ich, dass das dicke Kind natürlich zu dem Asozialen am Kiosk gehörte. Sie trugen ja beide das gleiche Trucker-Kappen-Modell. Ich erkannte ihre Verbindung auch daran, dass der Assi das Kind nicht direkt ansah, sondern auf eine merkwürdig starre Art über es hinwegblickte. Es war dem Kiosk-Assi nicht recht, dass das dicke Kind zu ihm gehörte, das sah man, wobei er die Aufsicht für das Kind ja nicht ausdrücklich ablehnte, sondern nur auf eine denkbar minimale, für ihn machbare Art reduziert hatte.

Nun sah ich das dicke Kind mit anderen Augen. Es war aufgestanden, lehnte am Baum und kratzte sich, einen Turnschuh über den anderen gestellt, am Hinterkopf, wodurch die Camouflage-Kappe nach vorne gerutscht war. Es sah das Kind natürlich nicht mehr wie ein Säugling aus, eher wie ein Frühpubertierender, der gleich mit Zigaretten zu spielen anfangen würde.

Richtig, ich, Reporter, war fasziniert von diesem Kind, und auf eine Art schien es mit meiner Aufmerksamkeit zu spielen: Das dicke Kind suchte, sich selbst in ein günstiges Licht zu rücken. Es flirtete. Hinter den Brillengläsern glaubte ich eine Mischung aus Scham und Neugier zu erkennen, wobei die Scham zum Teenager und die Neugier zum Kind gehörten.

Ich machte mir Gedanken darüber, wie der Assi und sein Kind, wenn sie nicht gemeinsam am Imbiss auf dem Marktplatz von Oberhavel, Hardrockhausen, Wache hielten, wohl gemeinsam unter einem Dach lebten. Es waren keine schönen Gedanken, aber ich machte sie mir. Ich sah den Assi am Küchentisch sitzen und, die offenen Plastikpackungen aus dem Kühlschrank vor sich, Leberwurstbrote schmieren. Das Kind saß vor dem Fernseher, ließ sich die Happen reichen und aß mit offenem Mund. Ich sah beide, Assi und Kind, nun wieder gemeinsam vor dem Fernseher sitzen und an denselben Stellen lachen. Er, Assi, trank Bier, es, Kind, aß Chips. Ich sah, wie das Kind mit seiner Brille einschlief. Wenn er abends vor die Tür ging, dann kullerte das Kind auf dem Küchenboden auf und ab und machte seine Laute.

Als ich das nächste Mal hinsah, hatte sich das Kind neben dem Assi vor dem Imbiss aufgebaut. Wie der Große hielt der Kleine die Arme verschränkt und guckte dabei genau wie sein Vorbild, so richtig schön dumm, leer, böse, grantig und widerlich aus der Wäsche. Man konnte denselben Typen Asozialen also in zweifacher Ausfertigung, einmal klein, einmal ein bisschen größer, nebeneinander am Imbiss stehen und auf den Marktplatz hinausschauen sehen. Das hatte sich das Kind perfekt abgeschaut: wie man als Kleiner, der noch zu klein zum Alkoholtrinken war, trotzdem schon wie ein richtiger Alkoholiker aussehen konnte. Es war ein trostloser und natürlich auch ein absolut lustiger Anblick: Hardrock-Schweinigel-Assi-Abschaum-Hartz-Höllen-Hausen.

Vor dem Haus Heimat hatte sich eine Gesellschaft fein-gemachter Gäste eingefunden. Rührender Anblick: Es standen dort keine Kleinstadt-Menschen, sondern die Bevölkerung vom Lande – der Bauer, seine Frau und der Sohn, für den sich noch keine Frau gefunden hatte. Män-ner mit gebügelten Jeansjacken, Frauen mit Schleifen um den Hals. Rosa war, bei Männern und Frauen, eine beliebte Farbe. Die Männer standen hinter ihren Frauen und hielten Fresskörbe als Mitbringsel in den Händen: viel Zellophanpapier. Die schönen warmen Abendlüfte des noch frühen Sommers. Von drinnen kam Musik: »Ich trage heute mein neues Kleid / Und habe Lust auf Zärtlich-keit / Ich kann heute nicht alleine sein / Brauche heute mehr als Träumereien …« (Helene Fischer, *Fantasie hat Flügel*). Maria brachte Gläser. Sah herrlich angekotzt aus dabei.
Ich fragte Vater Wilfried, was hier los sei.
Goldene Hochzeit.
Schau an.
Wie lange musste man für eine goldene Hochzeit noch mal verheiratet sein, fünfzig oder hundert Jahre?
Das fand jetzt Vater Wilfried einen ziemlich guten Witz.

Ich rief, die Gesellschaft von der anderen Straßenseite aus betrachtend, bei meinem Kumpel in Berlin an.
Er ging gleich dran und fing auch gleich an zu sprechen: Wo ich eigentlich steckte die ganze Zeit, ob ich auch

durchblickte da im Wilden Osten oder ob man mir schon auf die Schnauze gehauen habe. Es war ein unendlich befreiendes und schönes Gefühl, den Kumpel auf der Spandauer Straße in Oberhavel am Ohr zu haben.

Dann gab er mir, weil das stets so zwischen uns gewesen war, die Partys durch, die ich in den letzten Wochen verpasst hatte, und rasch auch noch die kommenden Großveranstaltungen auf dem Berliner Parkett:

Zehn Jahre Greenwich Bar.

Die Midnight Session der Mercedes Benz Gallery.

Bruno Salzer und Escada baten zur Pink Party.

Die Zeitschrift *Achtung* lud zu einem Abend zu Ehren von Diors Kris Van Assche (DJs Hell und Fetisch).

Der Nachtclub Cookies feierte eine Woche lang am Stück.

The Corner lud zum Sale.

L'Estétic Cosmetics lud anlässlich der Premiere von Firma Men's Skin Care zum Champagnerempfang ins Quartier 206.

Julia Stoschek bat ins Tower Apartment im Ritz Carlton.

Monika Sprüth empfing anlässlich der Eröffnung von Thomas Demands *Nationalgalerie* zum Abendessen im Café Einstein in der Kurfürstenstraße.

Andreas Slominski eröffnete bei Neu, Serge Jensen in den Kunst-Werken, Johannes Abers im Schinkel Pavillon, Daniel Richter bei Contemporary Fine Arts und Marc Bronner mit *Neuen Arbeiten* in der Galerie Crone.

Gegen 23 Uhr. Überall die Lichter aus. Überall Stille bis auf die Kleinwagen, deren Fahrer das Gaspedal durchdrückten, mal näher dran, mal weiter weg.

Es gab hier in der Kleinstadt absolut nichts zu erleben, und trotzdem, das spürte man, war überall hinter den Mauern, den Zäunen, Eisentoren und den heruntergelassen Rollläden der Teufel los: Grillpartys, Wohnzimmerpartys, Oldie-Partys, Oben-Ohne-Partys, Unten-Ohne-Partys, Über-Dreißig-Partys, Wodkapartys, sonstige Partys.

Ich drehte, wie so oft in diesen Wochen, meine Nachtrunden, die vollkommen sinnlos waren und die es total brachten.

In der Kopekenstraße – doch meiner Lieblingsstraße in der Kleinstadt, weil dies die Straße meines Hintereingangs war und weil hier mehr noch als in den anderen Straßen die miesesten, ärmsten und niedrigsten Häuser standen –, hier konnte ich etwa fünf Häuser hinter meinem Holztor, in der Kopekenstraße 5, einer besonders miesen, ärmlichen und geduckten Bude, hinter Rollläden, die halb heruntergelassen waren, eine Rentnerrunde um einen länglichen Esstisch eine Polonaise tanzen sehen.

Die Rentner standen um den Tisch, es wollte nicht so recht weitergehen, obwohl gerade die Technoversion von Roy Blacks *Schön ist es auf der Welt zu sein* gespielt wurde.

Ich dachte: Da hat man sein Leben lang, wahrscheinlich auch noch körperlich hart, gearbeitet, und zu guter Letzt in diesem Leben soll man zur Technoversion von Roy Blacks *Schön ist es auf der Welt zu sein* Spaß haben. Das war gemein.

Zwei Rentner standen abseits und klatschten. Es war keine Freude auf dieser Party. Klatschen und tanzen, das sah man hinter den halb heruntergezogenen Rollläden, war Arbeit, so wie alles in dem Leben dieser Rentnermenschen, auch das Saufen, Feiern, Fröhlichsein, stets schwere Arbeit gewesen war.

Der Reporter, der vom Dunklen der Kopekenstraße in das Licht der Rentnerparty spannte – den Olympus-Stick am Mund –, konnte von drinnen nur schwer zu entdecken sein. Oder, Hilfe: Vielleicht sah man mich doch.

Als ich nach zehn Minuten wieder vor dem Haus mit der Nummer 5 stand, waren die Rollläden jedenfalls vollständig heruntergelassen. Aus der blickdicht verschlossenen Partybude hörte ich den entsetzlich schönen und scheußlichen Refrain von Coras Partyhit *Amsterdam* – dem Ost-Hit schlechthin, dem Schlager, den ich auf Partys in der Kleinstadt, gleich, ob sie in Autos, auf Volksfesten oder in der Diskothek Traxx stattfanden, immer wieder und am häufigsten hören sollte. *Amsterdam*, das war hier in Oberhavel so wie in jeder Kleinstadt des Ostens der Ruf der Tanzfläche, die Leute mussten sich dazu bewegen. Bis zum Ende meiner Zeit in der Kleinstadt hatte mir niemand erklären können, warum die Ost-Menschen ausgerechnet diesen Song so liebten wie keinen zweiten. Der Text hörte sich in etwa wie folgt an:

Komm, wir fahren nach Amsterdam,
Ich weiß, dass uns nichts passieren kann.
Du und ich, wir ham's doch im Griff,
Dabei saßen wir längst auf dem sinkenden Schiff.

Bleib doch, habe ich noch gesagt.
Wie, hast du mich dann gefragt?
Liebe hat total versagt
In Amsterdam.

Traum von Amsterdam,
Der die Hoffnung nahm.
Allein in einer fremden Stadt,
Allein in Amsterdam.

Dann jaulte eine Gitarre, und ich stellte mir vor, wie sich die Rentner an den Händen fassten und Foxtrott tanzten.

Der Reporter dachte noch einmal: Die Musik, die mich emotional am stärksten herausforderte, waren deutsche Schlager. Schlager waren ja wüster, aufwühlender und schockierender als der härteste Techno, der schwärzeste Heavy Metal, der am lautesten tosende Richard Wagner. Eben weil der Schlager immer beides war, die süßeste und die scheußlichste, die heilste und die kaputteste, verlogenste, verrottetste Musik überhaupt.

Harte Suppe.

Ich war stark bewegt.

Dann kam der vierte Morgen. Ich hatte einiges gesehen, aber das Theater am Marktplatz, die Tristesse, Verwahrlosung, Endzeitigkeit, die um das dicke Kind gewesen waren, hatten alle sonstigen Anblicke und Ereignisse geschlagen. Ich fühlte mich alt, müde, weit davon entfernt, weiter mutig nach vorne gehen zu können.

Der Reporter, der da draußen in der Fremde gegen die Dummheit, Schlechtheit und Unzivilisiertheit der hässlichen Menschen anrecherchierte:

Ging es eigentlich auch etwas weniger trostlos, traurig, weltschmerzig-katastrophig?

Dumme Sache.

Leider offenbar nicht.

Natürlich, auch als Reporter wurde man immer dümmer (die Aufnahmefähigkeit des Reporters musste abnehmen, einfach deshalb, weil seine Leidensfähigkeit begrenzt war). Gleichzeitig war ich mir sicher, dass meine Erlebnisse – ab jetzt – immer freakiger, irrer, wirrer, immer abgefahrener werden würden. Ich dachte an die Waldstraße, die Gegend nördlich der Kleinstadt, von der Raoul erzählt hatte und in der das hohe Gras, die Birken, Farne, Halme, Baracken, Garagen und zerfallene Backsteingebäude standen, die Reste der einst mächtigen Ziegelindustrie, auf die Oberhavel seinen wirtschaftlichen Aufstieg begründet hatte. Draußen in der Waldstraße wohnten – wie hatte das bei Raoul geheißen? – die Asozialen, das Kroppzeug, Gesocks, Geschmeiß, die Ex-Knackis, Alkoholiker, die Vollidioten.

Dieses Mal wollte ich die linke Abfahrt von der Straße nehmen. Wenn ich an die Reden dachte, die ich mit dem Champagnerglas in der Hand in der Berliner Runde geschwungen hatte, dann musste ich genau da jetzt hinein, ab zu den Asozialen, dann war genau das meine Abfahrt.

Ich hatte den Hut auf dem Kopf – ich war der Superreporter, mittendrin im Stoff und nicht zu stoppen, und irgendwas war mit mir geschehen, ich wusste nicht, was es war, die Zukunft zog, die Abenteuer, die ich in den kommenden Tagen und Wochen bestehen wollte, saugten aus der Ferne, und ich wollte weitermachen, immer nur weiter, weiter.

## 17 Waldstraße (Spaziergang II)

Ich fuhr mit der Bahn nach Berlin und von dort aus mit dem Auto gleich wieder zurück in die Kleinstadt – es musste der Reporter aus der Ferne Schwung holen, um in die Vororte von Oberhavel vorzudringen. Der Reporter wollte – so konnte man es vielleicht sagen – erst noch einmal ganz Deutschland sehen, bevor es in die Vororte ging.

A 10. Berliner Ring.

Man rutschte von den Mietskasernen an der Stadtautobahn gleich in die graue Steppenlandschaft, das unbestellte Land vor Berlin, hinein: Es fand, anders als bei anderen Städten, zwischen Stadt und Umland kein fließender Übergang statt.

Rauf auf die Autobahn und gleich wieder runter.

Das Schild mit dem phänomenal dummen Werbeslogan: »Sei einzigartig, sei vielfältig, sei Berlin.«

Gleich hinter der Autobahn konnte man eine Thüringer Rostbratwurst kaufen.

Feldküche.

Kutscherstube.

Hamham Schnellrestaurant.

Imbiss »Zur alten Tankstelle«.

Frische Kirschen, frische Erdbeeren, Pfifferlinge.

Da fuhr ein Heuwagen, der von einem Ackergaul gezogen wurde. Mann mit Arbeitsanzug und Gerte hielt die Zügel in den Händen.

Deutschland-Fahnen, Harley-Davidson-Fahnen.

Mein Lieblingsschild: »Sauna 200 Meter«.


Gleich drei Mal musste man in Straßendörfern rechts und dann, nach vielleicht hundert Metern, gleich wieder links fahren, um dabei praktisch geradeaus zu fahren.

Die brandenburgischen Alleen, in denen die müden, betrunkenen oder einfach unachtsamen Autofahrer sich zu Tode fuhren.

Drei Kilometer vor der Kleinstadt tauchte das Schild »Obi 3 km« auf, dann, etwa fünfhundert Meter vor der Ortseinfahrt, die Obi-Fahnen-Reihe rechts am Straßenrand. Beim Passieren des Ortsschilds waren Reste der hier ansässigen Industrie zu sehen: Backsteinschlote. Das Unternehmen ZIMK (Innovative Metall- und Kunststoff-technik).

Und da kam mir, am Ortseingang, auch schon Tiger entgegengefahren – der Tiger, der in jener Suffnacht im Schröder seinen unvergessenen ersten Auftritt gehabt hatte. Er saß auf einem Klapprad. Mein Freund Tiger freute sich, mich hinter dem Lenkrad erkannt zu haben, seine roten Haare und die Fliegerjacke flatterten im Wind, er nahm, weil er sich so freute und ganz doll winken wollte, gleich beide Hände vom Fahrradlenker und bekam ihn gerade noch wieder zu fassen – er schwankte, kurvte da in absurden Schlangenlinien am Straßenrand entlang, wäre beinahe in den Graben gefahren.
Mann, Oberhavel. Ich freute mich auch.

Haus Heimat.
»Mal wieder im Lande?«
Ja, Meister Wilfried, alter Freund, alte Pappnase, mal wieder im Lande.

Oben, im schmalen Flur zu meinem Zimmer, wurde ich von Frau Finster gestellt. Frau Finster hieß, so hatte ich das aufgeschnappt, Bertha mit Vornamen. Sie stand auf einem Hocker, klein, den Kopf unten, den Rücken unter die niedrige Flurdecke gebeugt, einen Haufen Bettlaken auf den Armen. Sie war soeben durch die Luke vom Dach herabgestiegen, wo die Bettlaken zum Trocknen gehangen hatten.
»Na?«
Sie musterte mich mit den von Weitsichtigenbrillenglä-

sern vergrößerten Augen: misstrauische, neugierige, angriffslustige Äuglein.

Frau Finster war auf Krawall gebürstet.

Verkehrte Welt. Eigentlich hätte sie zögern müssen, weil ich sie in einer unvorteilhaften Lage überrascht hatte. Stattdessen gab sie mir ein komisches Gefühl, weil ich, mein gutes Recht als zahlender Gast, am helllichten Tag auf dem Weg in mein Zimmer war.

Frau Finster schnaufte.

»Haben Sie sich gestern zu viel hin und her gewälzt? Oder warum ist das Wetter heute schlecht?«

Was?

Der Reporter verstand mal wieder nicht.

Wälzen? Wetter schlecht?

Frau Finster machte mit einiger Anstrengung den Schritt vom Hocker runter auf den Flurboden. Stand da mit dem Wäscheberg auf den Armen.

»Das sagt man so, alte Volksweisheit. Es wird doch nicht gleich regnen?«

Regnen?

Tatsächlich. Der Himmel hinter der Dachluke zog zu.

Nette Frau, diese Frau Finster. Dachte der Reporter. Der Mensch musste sie, wie sie da stand, mit der Wäsche auf den Armen, auch schon wieder gernhaben.

Ich fragte Frau Finster, ob sonst alles gut sei.

»Gut?«

Bertha Finster lachte und drückte dabei den Stapel Bettlaken an ihre Brust. »Was ist denn gut? Was soll denn gut sein?«

Da merkte ich, wie wir so dastanden, dass Frau Finster nach Parfum roch. Es war ein süßlicher, einfacher, aber kein schlechter Duft: Richtung Sommerwiese.

Ich fragte, ob es nicht etwas – irgendetwas – in ihrem Leben gäbe, das schön sei.

Sie dachte nach. Sie dachte wirklich nach. Ihr Kopf lag schief. Den Wäschehaufen drückte sie so fest gegen ihre Brust, als steckte in ihm, Wäschehaufen, eine Wahrheit drin, die nicht raus durfte.

Sie zögerte, fing ein paar Sätze an, die sie nicht zu Ende sprach. Dann hatte sie ihre Geschichte gefunden. Frau Finster erzählte, dass sie mit ihrem Mann ab und an zum Einkaufen nach Spandau fahre. Da fände sie immer etwas Schönes, Tischdekorationsband zum Beispiel, den Meter zu einem Euro. Da könne man nicht meckern. So was gebe es hier nicht.

Aha.

Sie habe, so die nun gesprächige Frau Finster, einen Dekorationsfimmel, man könne das unten im Restaurant besichtigen, sie habe ja sonst keinen Fimmel, der Dekorationsfimmel allerdings sei ein ganz gehöriger.

Na dann –

Und, Frau Finster, wie wird das Wetter morgen?

Sie lachte. Das fand sie lustig. Sie drängelte sich mit ihrem Ellbogen und der Wäsche in dem engen Flur an mir vorbei: »Kommt ganz darauf an, was Sie heute Nacht in Ihrem Bett alles anstellen.«


Wieder unten, bekam ich von Meister Wilfried sein privates Fahrrad, das nach Supermarkt und nach 49,90 Euro aussah, zum einwandfreien Mietpreis von zwei Euro pro Tag geliehen.

Der Reporter stand in der Haustür von Wilfried Finster, mit Hut, Schirm und dem Fahrradschlüssel in der Hand.

Meister Finster sagte: »Mit Schirm, Charme und Melone.«

Das fand er lustig. Ich fand das auch lustig. Wir verstanden uns, ja, mehr noch: Wir waren ab sofort – wenn es um die Launen seiner Frau ging, das Wetter und die wirtschaftliche Zukunft seines Hauses, alles Dinge, für die die Aussichten finster aussahen – Verbündete.

Bevor es in die Waldstraße ging, wollte ich Raoul anrufen – ganz wichtig war das, keine Ahnung, warum: Bevor es ins Gestrüpp, in die Welt der Gräser, Halme, Farne, der Hütten, Baracken und verfallenen Fabriken ging, wollte ich die Stimme von Kraft und Klarheit – the voice of toughness und clearness – hören. Ich wollte den hören, der auf alles eine Antwort hatte.

Zwölf Uhr mittags. Anruf Raoul. Ich stand unten vor der Gaststätte Schröder und stellte mir vor, wie es oben, in der Wohnung, die über der Gaststätte lag, klingelte.

Mit dem Zustandekommen der Verbindung und dem ersten Tuten schepperte, mit ansteigender Lautstärke, die Billigpop-Nummer *Barbie Girl* der dänischen Pop-Gruppe Aqua los: »I'm a Barbie Girl / In a Barbie World / Imagination / Celebration«.

Es war ein toller Popsong.

Und es war, natürlich, ein absolut quälender Song.

Der eisenharte, mit allen Wassern gewaschene Raoul, der sich am Handy von einem rosafarbenen Barbie-Girl vertreten ließ – das war nicht schlecht, und das war, natürlich, die totale Ironie.

»Ja, bitte?«

»Ist da der Herr Raoul Schleusner, wohnhaft in Oberhavel, Spandauer Straße? Hier spricht der Reporter aus Berlin, derzeit ebenfalls Oberhavel, Haus Heimat, Spandauer Straße.«

»Tachchen!«

Er freute sich, mich zu hören.

Raoul kündigte an, dass es heute Abend wieder in den Proberaum nach Kurtschlag ginge, ich könnte mitfahren:

»Schön auf der Couch sitzen, dusselig labern, Molle dazu.« Crooner fahre, Treffpunkt sei um acht vor Schröder. Wenn ich heute aber nicht mitwolle, könne ich auch morgen oder übermorgen Abend mitfahren, Bandprobe sei jetzt fast jeden Abend. Am kommenden Samstagabend, so Raoul, habe die Band beim Sommerfest in Kurtschlag einen Auftritt – Motto: 260 Jahre Kurtschlag – mit Festzelt, Bierwagen und Discjockey, der Stimmungsansagen mache, das würde richtig scheiße, also richtig herrlich, das dürfe ich mir nicht entgehen lassen.

Ich fand das gut.

»Gut«, sagte auch Raoul.

Ich erzählte Raoul, dass ich mit dem Fahrrad einen Ausflug in die Waldstraße antreten wolle: da herumstreifen, die Reste der Ziegelindustrie besichtigen, gucken, was für ein Volk da in den heruntergebrochenen Hütten wohnte.

Mein Reiseziel für heute: das Land der toten Industrie, die Tonstichlandschaft.

Er sagte nichts.

Raoul sagte: »Denke mal, dass es gleich regnet.«

Dann fragte Raoul: »Was willst du denn da bei den Assis?«

Als ich am Asia-Bistro, an dem ich rechts gelaufen war, diesmal links fuhr, lag in dem Weiß, das sich um mich herum gelegt hatte, ein grandios gleißendes Zwielicht; großer, weißer Himmel. Die Sonne, die hinter den Wolken stand, drückte und drängelte und wollte durch, aber dazu mussten erst einmal die Wassermassen, die sich in den Wolken sammelten, herunterbrechen.

Die Stadt hörte hier auf.

Eine Kleingartenkolonie. Deutschlandfahne. Rosenbüsche. Mops hinter Maschendrahtzaun.

Dann kamen keine Häuser mehr. Nur Gras, Büsche; Birken, silbrig glänzende Birkenblätter.

Die Straße war breit und an den Rändern nicht befestigt: Betonplatten und mit Schotter aufgefüllte Schlaglöcher.

Ein Bahnübergang.

Es war eine Industriestraße, also eine Fahrbahn, die nicht für Fußgänger, Fahrradfahrer, Autos, sondern für Lastwagen gebaut worden war. Lastwagen waren diese Strecke, so kaputt wie sie war, viele Jahrzehnte lang mit hoher Geschwindigkeit heruntergebrettert.

Der Rahmen von Meister Finsters Billigfahrrad ächzte.

Der Weg war auch deshalb anstrengend, weil man sich als Radfahrer in den Schlaglöchern grandios auf die Fresse legen konnte.

So fuhr ich etwa zehn Minuten lang.

Starke Kehrtwende-Gelüste.

Kein Mensch ließ sich blicken.

Niemand, der mir entgegenkam.

Niemand, der hier nicht sehr konkret etwas suchte oder zu tun hatte, wäre hier weitergefahren.

Auf der rechten Straßenseite tauchten nun hinter den Blättern große Wasserflächen auf.
Ich stieg ab.

Ein Wendeplatz für Lkws. Die Straße, auf der ich gestoppt hatte, wies sich durch Straßenschilder als Ziegeleiweg, der Platz als sogenanntes Werk III aus. Den Inhalt einer vom Tourismusamt Oberhavel aufgestellten Informationstafel diktierte ich in meinen Olympus-Stift: »Die Tonstichlandschaft mit ihren über fünfzig Seen ist die Folge der ehemaligen Ziegelindustrie. In der Blütezeit um 1910 wurden hier in 63 Öfen cirka 630 Millionen Ziegel pro Jahr aus eiszeitlichen Bändertonen produziert.«
Ein Schild verbot das Baden. Eine Tafel bezeichnete die Gegend als Anglerparadies. Eine dritte, vom Tourismusamt aufgestellte Tafel pries Tier- und Pflanzenwelt, die sich in der sogenannten Industrie-Folgelandschaft entwickelt hatte: das Helmknabenkraut, die Rotbauchunke, der Fischotter.
Der Blick auf das Wasser. Nie zuvor hatte ich eine so große Wasserfläche gesehen, die überhaupt nicht wie ein See, wirklich nur wie eine mit Wasser geflutete Grube aussah.
Das große Weiß um mich herum: das nahende Gewitter. Der Luftdruck und die Feuchtigkeit trieben mich weiter die Betonplatten hinunter, tiefer ins Land der toten Industrie, tiefer in die Tonstichlandschaft hinein.

Da stand ein zweistöckiges Haus. Es stand am Scheitel einer Linkskurve. So, wie es jetzt da stand, noch gut zweihundert Meter entfernt, ragte es merkwürdig steil und nackt und kahl in das Himmelsweiß hinein.

Ich bremste sofort ab, blieb stehen.

Das Haus wirkte erfunden, wie fehl am Platz. Es stand da, wie von einem Kran in die Kurve hineingestellt. Es war das falsche Haus am falschen Ort – eine Mietskaserne, der die anderen Kasernen, mit denen sie einst eine Einheit gebildet haben mochte, abhandengekommen waren. Es war das Haus in einer Arbeitersiedlung des 19. Jahrhunderts, das, in Ermangelung anderer Häuser, die die Zeit nicht überstanden hatten, nun allein die ganze Siedlung darstellte. Eben weil ein Haus an dieser Kurve sinnvollerweise nicht zu stehen hatte, war das Haus eine Erfindung – und ein Gespensterkasten.

Näher, nur wenige Meter davorstehend, ging vom Unglück, das um den Kasten war, nichts verloren. Im Gegenteil. Das Haus war in einem schlechten, aber nicht dem denkbar schlechtesten Zustand. Die Büsche reichten bis an die Hauswand; über das Grün am Haus war in diesem Sommer schon einmal ein Rasenmäher gefahren. Beiger Kratzputz; Flecken auf der Fassade; da, wo der Putz abgeplatzt war, lagen die Ziegelsteine frei. Und doch, wenn es je ein Haus gegeben hatte, das krank war, krank von Schimmel, Elend und Verwahrlosung, dann war es dieses Haus.

Ich stand noch immer davor und sah den Kasten an. Er war bewohnt. Die Vorhänge waren teils vor Kurzem aufgehängt worden, teils hingen sie seit Jahrzehnten.

So nah davorstehend konnte ich noch sagen, dass ich noch nie ein so alkoholisiertes Haus gesehen hatte (wenn es so etwas wie ein alkoholisiertes Haus denn gab). Man sah, man roch die Massen billigen Alkohols, die in diesem Haus in rund zehn Jahrzehnten gesoffen worden waren.

Das Haus war auch deshalb so hinüber, weil es so eine Suffbude war.

Ich legte das Fahrrad an den Straßenrand, suchte einen Zugang zur Rückseite des Hauses.

Garagen, mit schwarzen Planen bedeckte Geröllhaufen, Rohre, Fässer, gerollte Dachpappe, Apfelbäume, ein Jägerzaun. Vor einer Reihe Verschläge, Holzschuppen und Ställe standen Mülltonnen, war Brennholz gestapelt, lehnte eine Handkarre. Auf der hinteren Fassade des Hauses war über dem Putz ein Netz von Elektrokabeln angebracht und insgesamt – ich zählte – acht Fernsehschüsseln.

Da stand ich plötzlich, hoppla, vor einem Gartentisch, um den Stühle, Holzpflöcke, sonstige Sitzgelegenheiten standen. Auf der Bank, die vor einer Schuppenmauer lehnte, saß ein Mann – kurze Hosen, Vollbart – und sah mich an. Neben dem Mann stand ein Mädchen, vielleicht acht Jahre alt, ganz in Rosa gekleidet, rosa T-Shirt, rosa Stoffhose, auf dem weißblonden Kopf waren ein paar Strähnen zu einem lustig hochstehenden Haarpinsel zusammengebunden. Rosa war, das dachte ich noch mal, als ich das Mädchen ansah, eine maximal gemeine, lebensfeindliche und menschenfeindliche Farbe. Der Mann hatte eine Flasche Bier der Marke Stierbier vor sich stehen, daneben lag ein Päckchen Tabak. Einige Meter von der Bank entfernt war eine Ziege an eine Kette gepflockt.

Ich dachte an den Romantitel *Der Alte, die Rosafarbene und die Ziege.*

Der Mann griff nach der Flasche. Beide, Mann und Mädchen, sahen mich an.

Ich sagte: »Tachchen.«

256

Der Mann: »Ja. Guten Tag.«

Das Mädchen wollte etwas sagen, aber der Mann verbat ihm mit einer Handbewegung den Mund: »Du sollst still sein.«

Er trank. Er sah mich an.

Dann kamen wir irgendwie ins Reden. Der Reporter erfuhr, dass das Haus den Namen Zehnfamilienhaus trug. Es hieß so, weil es schon immer so geheißen hatte. Klar, früher hatten in dem Haus Zieglerfamilien gewohnt, so wie überall hier in der Gegend.

Er, der am Tisch hinter dem Haus saß, hieß Ernie. Seit zehn Jahren wohne er in dem Haus. Die anderen im Haus seien alles so welche wie er: alles Junggesellen, alles okaye Typen. Früher, so Ernie, habe er im Sägewerk gearbeitet, heute habe er als Hobby die Ziegen.

Das Mädchen saß in der Hocke, mit etwas beschäftigt, was vor ihm auf dem Boden lag, es stand auf, kam zu mir hingelaufen und zeigte in Richtung der Apfelbäume: »Früher stand da ein Haus. Das ist aber abgebrannt.«

Ich sagte: »Abgebrannt? Ehrlich? Ist ja ein Ding.«

Und das Mädchen trollte sich wieder, ging wieder mit den Dingen spielen, die da am Boden waren.

Ernie machte Winkbewegungen in Richtung des Mädchens. Nein, das sei nicht seine Kleine, nach der Kleinen gucke er nur, wenn die Mutter auf Arbeit sei.

Der Reporter wollte wissen, was sich im Schuppen hinter der Bank befinde, auf der Ernie saß.

Ernie wendete mühsam den Kopf: Wo? Da? Da drin?

Da drin war mal eine Wäschekammer gewesen. Sei heute eine Müllhalde. Würde außerdem als Räucherkammer genutzt.

Ich stand immer noch da. Ich wollte wissen, was genau das war, das Ernie in seinem Schuppen räucherte.

Er sah mich an mit seinen müden, kleinen Trinkeraugen. Er sprach langsam, mit schwerer Zunge, zählte die drei Worte eines nach dem anderen auf, wie ein wunderschönes Gedicht, dessen Tiefsinn ich nicht verstand: »Schinken. Speck. Aal.«

Wenn ich noch mehr Fragen hätte, so Ernie, dann sollte ich auf die Besitzerin des Hauses warten. Die arbeite als Altenpflegerin in Templin. In etwa zwei Stunden müsse sie hier sein.

Schon ein paar Hundert Meter weiter stieß ich auf eine Gruppe von Häusern. Wieder der alte Kratzputz. Hier noch einmal sehr schön zu betrachten: das Graubraunbeigeliche der alten DDR. Die Häuser standen eng beieinander, verbaut, verwinkelt, von Metallmauern umgeben, wie eine Festung. Auf der Wiese vor der Festung parkte ein silberfarbener Mercedes Kombi.

Über einem Wintergarten, dessen Fenster mit Brettern vernagelt waren, lehnte ein Schild mit der Aufschrift: »Ziegler Klause, Inhaber Kurt Friedrich.«

Das also war der Saloon, in dem die Ziegelarbeiter nach Schichtende ihre Biere und Schnäpse gekippt hatten. Es sah wilder aus als der Wilde Westen – zumindest in Filmen – je ausgesehen hatte: noch härter, dunkler, karger, menschenfeindlicher, gemeiner. Der Wilde Osten eben.

Eine Speisekarte empfahl eine Tasse Gulaschsuppe für 1,60 Euro, ein deutsches Beefsteak für 3,60 Euro, die Tasse Kaffee für 60 Cent. Es musste Jahre her sein, dass hier einer Essen bestellt hatte. Das Pilsener, das sie in der Ziegler Klause getrunken hatten, hieß Bärenquelle.

Auf der Straßenseite gegenüber fuhr der Bus vom Werk III über das Werk IV bis zur Endstation am Werk V.

Ich geriet in eine anders asoziale und aggressive, mir bis dahin nicht bekannt gewesene Reporterlaune. Ich wollte mit einem der Ziegler-Haudegen von früher reden, am besten mit dem Wirt der Ziegler, Kurt Friedrich, persönlich. Ich stand vor der Festung und suchte nach einem Eingang.

Hinter dem Kombi blickte ich durch eine Metalltür, die einen Spalt weit auf stand, in einen Hof hinein. Da stand ein alter BMW. Am Kofferraum des Wagens war ein Mann zugange, Werkzeug am Boden, er fummelte an Drähten oberhalb des Nummernschilds herum. Hinter dem Auto, im Schutz der Hauswand, saß ein alter Mann auf einer Bank mit Blumenpolstern vor einem Campingtisch. Roter Kopf. Großes Hornbrillengestell. Auf Nachfrage zeigte der Mann am Auto auf den Alten: »Die Kneipe hat mein Vater gemacht. Da sitzt er. Vorsicht. Der kriegt kaum noch Luft.«

Der Alte sah so aus, als ob er einverstanden damit sei, dass sein Sohn einem Fremden mitteilte, dass er kaum noch Luft bekam. Er hielt drei Finger in die Luft. Als der Reporter fragte, was die Finger zu bedeuten hatten, sagte er: »Drei Fragen, drei Antworten. Keine mehr. Los. Frag.«

Dann redete er erst mal selber los. Vierhundert Mann hatten hier zum Feierabend das Lokal gestürmt, so der Alte. Ab 1969 habe er die Klause geführt. Was hatte er vorher gearbeitet? »Werk IV. Da bin ich Lok gefahren, erst Dampflok, dann die neuen Dieselloks.« Wie war er zu der Klause gekommen? »Ich war hier Gast gewesen, wie alle anderen auch. Der Wirt sagte: Ich höre auf. Ich: Wenn du aufhörst, dann nehme ich das Ding. Das bisschen Schnitzel- und Boulettenbraten, das kriegen wir auch noch hin.«

Die drei Fragen waren gestellt. Ich fragte den letzten Wirt der Ziegler-Klause, was 1969 für eine Zeit gewesen war. Der Alte schnauzte mich an: »Blödmann! Das ist vierzig Jahre her.«

Ich musste lachen, weil die Antwort des Wirts natürlich eine grandios widersinnige war – bloß der Alte fand das nicht lustig. Ich moderierte nun, anstatt zu fragen, wie das in einer Talkshow gemacht wurde, unter Vorgabe einer inneren Anteilnahme eine Stimmung an. Ich sagte: »Und dann kommen vierhundert Mann aus dem Betrieb und stürmen das Lokal ...« Der Alte unterbrach: »Die stürmen nicht. Aber jedenfalls war Betrieb. Es gab Bier und Schnaps.« Was war das für ein Schnaps? »Was sind das für Fragen, Junge. Klarer! Cognac! Weinbrand-Verschnitt! Wir waren ganz sicher keine Weinstube.« Er flüsterte plötzlich: »Was trinkt der Arbeiter? Dickes und Dünnes.« Dickes und Dünnes? Was sollte denn das, bitte, bedeuten? Er brüllte, mittlerweile mit sagenhafter Freude an der eigenen Brüllerei: »Wenn das Bier drei Tage alt war, dann war es dick. Zu DDR-Zeiten.«

Geil. Ich verstand nur Bahnhof. Aber es machte mir natürlich Freude, mit dem Alten zu sprechen. Ich zeigte auf seinen Sohn, der sich am Wagen zu schaffen machte: Ihr Junge hier, der hat damals keine Lust gehabt, das Lokal zu übernehmen?

Herr Friedrich von der Ziegler-Klause schnauzte volle Kraft voraus, es war ein wunderbares Schauspiel: »Blödmann! Kann doch keiner mehr leben von einem Lokal. Es ist doch alles tot. Guck doch rum, wo du noch Gardinen vor den Fenstern siehst. Wer wohnt denn noch hier? Noch ein paar Asoziale, ein Kleinbauer und seine Familie. Das war's.«

Ich nahm den Hut ab, setzte ihn wieder auf. Im Innenfutter hatte sich ein dunkler Schweißring gebildet.

Der Reporter bedankte sich für das Gespräch. Was sein Sohn da hinten am Kofferraum des BMW zu tun habe, das wollte der Reporter abschließend wissen.

Brüllender Alter: »Eine Rückfahr-Kamera, die wird da hinten eingebaut. Mensch! Damit ich vorne sehe, wenn ich hinten jemandem draufbumse.«

Ich: »Ist ja gut!«

Der Alte: »Ja, ist gut. Mal sehen, ob das gut ist.«

Dem Alten zum Abschied: all meine Achtung.

Ich stieg aufs Fahrrad.


Und nun ging es ganz dahin.

Es hatte immer noch nicht geregnet: silberfarbener Himmel, fieberartiges Flimmern. Eine zum Zerreißen gespannte Luft.

Ich trat in die Pedale.

Zog über die Betonplatten.

Rechts das Glitzern der Tonstiche.

Links die Backsteinschlote der ehemaligen Industrie.

Ganz in der Ferne drehten sich die Windräder.

Die Straße wurde ein Sandweg.

Dann Kies.

Dann wieder Beton.

Die Gräser rechts und links der Straße waren oben so komisch rot.

Warum?

So waren halt Gräser.

Polnische Gefühle.

Ostpolnische Gefühle.

Ostslowakische Gefühle.

Tundra-Gefühle.

War das hier noch Deutschland oder schon der Kosovo?

Nachdenken über Speedy. Er wohnte, so stellte ich mir das vor, hier irgendwo in den Büschen. Aber wollte ich ihn sprechen, ihn kennenlernen, dann musste ich etwas anders machen als bei den anderen Oberhavelern, die ich bisher an der Theke, mit dem Bier in der Hand, kennengelernt hatte.

Ich stellte mir vor, wie der Reporter Speedy für eine Führung durch sein Zuhause beziehungsweise für ein Gespräch von ein paar Stunden ein Informationshonorar von 50 Euro anbot. Das Angebot würde ich betont respektvoll und sachlich unterbreiten, damit es für ihn, Speedy, annehmbar war, nach dem Motto: »Pass auf. Wir haben beide zu tun. Wenn ich deine Zeit beanspruche, dann muss ich dafür zahlen, ist doch vollkommen klar.«

Er würde es annehmen. Und trotzdem, das Angebot war natürlich eine neue Qualität des Recherchierens. Es hatte einen üblen Beigeschmack. Es machte, wenn man so wollte, aus mir einen Freier, aus Speedy einen Strichjungen. Das Bezahlen von Informationen war auch deshalb verboten, weil es Reporter und Informant in eine offensichtliche Abhängigkeit zueinander brachte, wodurch die Illusion der objektiven, der unabhängigen Berichterstattung aufgehoben war. Ich ahnte, dass in Speedy keine neue Geschichte steckte (die brauchte niemand, an die glaubte eh kein Mensch); wohl aber ein neuer Tonfall, eine andere Härte und Unmittelbarkeit im Erzählen. Dafür würde ich bezahlen.

Ich bog links von der Straße ab: in einen Sandweg hinein. Mal sehen, was da kam.

Ich kam in eine Art Kolonie. Zweistöckige Häuser aus rotem Klinker, Schuppen, Hütten, Garagen, sonstige Verschläge. Einige Häuser sahen wie Hundehütten oder Vogelhäuser aus, aber es wohnten Menschen darin. Viel Wellblech, Holztüren, Wäscheleinen, Gemüsebeete, Blumenkübel, Markisen. Jedes Haus hatte seinen von einem Metallzaun eingefassten Vorgarten und seinen Windschutz; Briefkasten und Fernsehschüssel an den Hauswänden.

Hinter den Hütten lag die Havel.

Das Schild:»Hiermit untersagen wir die Ablagerung von Bauschutt, Sperrmüll, Gras- und Holzschnitt hinter und neben den Garagen und den Schuppen. Der Eigentümer.«

Eine Frau mit Arbeitskittel und, ich glaubte echt, mit Kopftuch, guckte aus einem Fenster im ersten Stock, keine zwei Meter über dem Boden, und rief ihre Kinder ins Haus.

Der Warnschild-Klassiker mit dem Schäferhund und der Aufschrift »Ich brauche 5 Sekunden bis zur Tür. Und du?«

An einem Gartenzaun war das Schild »Mövenpick Crisp Erdbeer-Sahne« angebracht, daneben ein mit der Hand beschriftetes Stück Pappe: Eier 1,50.

Eine dürre Katze strich durchs Gras.

Auf den Wiesen zwischen den Schuppen parkten Autos.

An einem Zaun waren – ich stieg ab und ging näher hin, um genauer zu sehen – CDs mit Bindfäden angebracht.

Ein Mann in Badehosen, Stoffhütchen auf dem Kopf, Bierflasche in der Hand, kam herangeeilt:

»Wegen der Wildschweine. Die Frischlinge machen sonst alles platt.«

Fröhliches Männlein.

Freundliches Männlein.

Er kannte den CD-Trick gegen die Wildschweine.

»Wohnen Sie hier?«

»Im Sommer. Im Winter nicht, da geht man ja kaputt hier im Modder.«

Grüßen. Grinsen. Weiter zum nächsten Vorgarten.

Es war eine kleinbürgerliche Idylle. Es gab viele lauschige Ecken. Hollywoodschaukeln, Campingmöbel, geblümte Wachstischdecken, Lkw-Reifen als Blumenbeete.

Es sah, abgesehen von den Fernsehschüsseln und den Autos, wie eine Welt von ganz früher aus. Ich war berührt. Die Art, wie Menschen sich hier eingerichtet und ein Zuhause gebastelt hatten – auf engstem Raum, mit einfachsten Mitteln, jenseits aller Komfortstandards, die für den Stadtmenschen galten – wirkte beängstigend und schön. Ich hatte nicht gewusst, dass Menschen in Deutschland so lebten: in Gartenlauben, die auf Sandböden standen. In Amerika nannte man die Bewohner dieser primitiven Idyllen White Trash.

Ich jagte über die Betonplatten, zurück nach Oberhavel.

Der Himmel war schwarz, die Temperatur in den letzten Minuten um einige Grade gefallen. Schon flogen Tropfen, kündigten Windböen den Regenguss an.

Vor dem Bahnübergang kam mir Speedy entgegen. Er wollte an mir vorbeischießen. Ich brachte ihn, mit einem hektischen Wink- und Rufmanöver, zum Anhalten. Er brauchte ein bisschen. Sein Fahrrad hatte keine Bremsen.

Er sah mich an: mit angespanntem Gesicht, schmal gestellten Augen. Er rieb sich die nackten Arme. Er nickte. Nickte noch einmal. Hörte gar nicht mehr auf zu nicken.

Speedy sagte: »Jut.«

Er trug das Brasilien-T-Shirt.

Er sprach, natürlich, ein astreines Brandenburgisch.

Ich fragte: »Was machst du denn immer so?«

Er sagte: »Wie?«

Ich wiederholte: »Na, was machst du denn den lieben, langen Tag?«

Speedy sagte: »Nüscht weiter. Ich fahre gerade ein paar Flyer für Franky's aus.«

Es war ganz einfach gewesen, ihn anzuquatschen. Er hatte sofort endlos Zeit. Nur morgen war es schlecht, weil da ein Kumpel Geburtstag hatte. Ein Handy, so Speedy, habe er nicht. Aber bald, da habe er wieder eins.

Speedy, strahlend: »Ich glaube, ich bin der einzige 21-Jährige in Oberhavel, der kein Handy hat.«

Ich fand das nachvollziehbar und niedlich zugleich, dass ihm das so gute Laune machte, dass er kein Handy hatte.

Wir trafen eine merkwürdige Verabredung: den Dienstag nächster Woche um fünf Uhr nachmittags im Eiscafé. Irgendwie stellte sich das als der nächste Termin heraus, an dem er Zeit hatte.

Speedy: Junge, der nichts weiter machte.

Speedy: natürlich auch ein ausgebuchter Mann.

Dann hätte man weiterfahren können. In einem Anflug von Hektik aber fragte ich Speedy, ob er mir nicht jetzt gleich sein Zuhause zeigen wollte.

Er zuckte mit den Schultern: »Können wir auch machen.«

Er sagte natürlich: »Könn' wa ooch mach'n.«

Wir fuhren los, die Betonplatten in die Richtung hinunter, aus der ich gerade gekommen war.

Der Reporter versuchte, während unsere Räder nebeneinander über den Beton rollten, den Olympus-Stift in die Richtung von Speedy zu halten, nur für den Fall, dass er irgendetwas erzählte.

Dann brach das Unwetter herunter: Blitze, Donner, ganze Badewannenladungen von Wasser, die vom Himmel runterklatschten.

Wir bremsten, standen auf der Straße, sofort klatschnass. Er zeigte in seine Richtung, ich in meine Richtung. Wir versicherten uns noch einmal, dass wir es gut miteinander meinten. Dann fuhren wir los, jeder in seine Richtung.

Ich kam so nass, wie man nur sein konnte, und glücklich im Haus Heimat an. Es war schön, Reporter zu sein.


Die Bandprobe ließ ich sausen. Beim Boxtraining legte Trainer Maik Rammstein auf: Schattenboxen mit Ein-Kilogramm-Hanteln. Am Wochenende, so erfuhr ich, würde der Club einen Ausflug zum Sparring nach Halle machen. Der Trainer gab jedem seiner Schützlinge bekannt, ob er dabei war oder nicht. Ich war natürlich nicht dabei.

Das Knie, das ich mir vor gut sechs Wochen in der Oderstadt Schwedt verdreht hatte. Ich schwitzte wie ein Schwein. Ich dachte noch mal, wie unfassbar asozial anstrengend, wie brutal schlauchend der Boxsport war. Ich spürte, wie ich schwitzend ein Kilo oder zwei abnahm. Ich war nicht gut. Aber wenigstens war ich einigermaßen locker.

## 18 Präsidentenwohnung

Spandauer Straße gegen zehn Uhr früh – es war ein Mittwoch, Ende Mai. Dem Reporter war die Hauptstraße der Kleinstadt an diesem Morgen wieder besonders fies normal, aufgeräumt, herausgeputzt und hinterhältig schön erschienen. Komisch, aber je länger ich im Haus Heimat auf der Spandauer Straße wohnte, desto deutlicher sah ich, dass die Hauptstraße mit ihren bunten Geschäften ein Witz war. Ich hätte mich totlachen können – wäre es nicht ein trauriger Anblick gewesen. Die Kommerzwelt, die in der Großstadt so viele Jahre Stoff wunderbarer Mythen und Märchen gewesen war, hier war sie nichts anderes als ein armer, alter und abgehalfterter, der Gegenwart hoffnungslos hinterherhinkender, ein ausgedachter Scheiß.

Also schnell rein ins Schröder. Frühstück bei Schröder. Das immer gute Frühstück in diesem immer richtigen Lokal.

Tiger war auch da. Schwarze Fliegerjacke, wie immer. Da stand er, mit der Bierflasche durchs Lokal winkend, und erzählte irgendeinen großartigen, hanebüchenen Kram. Die Vor-Zwölf-Gemütlichkeit im Schröder. Dudel-Dudel. Pling-Pling. Gröl-Gröl.

Die Kümmerlinge, das verstand ich heute erst, wurden vor dem In-den-Hals-Schütten mit dem Fläschchenboden auf die Theke gehauen. Warum? War so. Besser einfach: merken.

Die leeren Kümmerling-Fläschchen warf Hansi in den für leere Kümmerling-Fläschchen vorgesehenen Eimer.

Ein Sport unter Schröder-Frühstücks-Rentnern war es, sich zu erzählen, wie die Kneipe früher, also vor dreißig Jahren, ausgesehen hatte: Hier stand die Theke. Da war der Eingang. Die Wand vorne hat es früher nicht gegeben, dafür ist man dann immer dort und da entlanggegangen.

»Da hat der Kachelofen gestanden.«

»Watt quatschst du'n da ...«

»Na, weil der scheiß Kachelofen da jestanden hat.«

»Quatsch, Schmidti.«

»Watt denn? Keen Kachelofen?«

»Da stand kein Kachelofen, Schmidti, nie.«

»Sicher?«

»Mensch. Schmidti.«

»Hauptsache, du weißt, wo der scheiß Kachelofen jestanden hat, du Quatschkopp, du Jurke, du!«

Freude an der gemeinsamen Erinnerung.

Hansi bediente – wie schön war das denn? – in Puschen: schwarze Filzschuhe mit flacher Ledersohle. Da schlurften die Hansi-Puschen über die Schröder-Fußböden.

Für die Dinge, die er jeden Morgen auf die Tische stellte, hatte Hansi sich eine spezielle Niedlichkeits-Sprache zugelegt: Besteck hieß Werkzeug, Salz und Pfeffer hießen Bestreuung.

Hansi zum Reporter: »So. Ein Wässerchen, Pöttchen Kaffee. Und einmal Werkzeug für die Eierei.«

Drei Omas mit dünnem Krausehaar, gerade durch den Windfang ins Lokal getreten, begrüßte Hansi mit »Na, Mädels?«

Die Omas setzten sich. Da beugte sich Hansi zu einem der Om'chen nach unten, ergriff ihre Hand und kümmerte sich um sie – mit dem wirklich herzbrecherischen Charme der Schröder-Familie: »Na, Häschen? Warum hast du denn so eine kalte Hand? Du bist doch erst siebzig. Da muss die Hand noch warm sein.«

Ein grinsender Hansi, drei selige Omas.


Ich wollte Raoul sehen – ihn zur schönen Mittagszeit gegen zwölf bei ihm in seiner Wohnung, die im ersten Stock über der Gaststätte Schröder lag, besuchen. Vielleicht auf ein Stündchen. So einen Besuch, dachte der Reporter, den durfte man nicht großartig ankündigen. Da rief man, unten stehend, einfach oben an.

»Tachchen.«

»Raoul, was ist? Kann ich raufkommen?«

»Jetzt?«

»Genau, jetzt. Ich stehe unten. Gleich hier unten vor Schröder.«

Er klang überrascht.

»Komm hoch. Trinken wir ein Käffchen zusammen.«

»Was machst du gerade?«

»Nüscht weiter. Bin gerade aufgestanden …«

Ich hörte Raoul durch seine Wohnung laufen. Er wollte noch etwas sagen. Er zögerte.

»Ich bastle gerade die Duplo-Blume.«

Er bastelte?

Watt?

Eine Blume?

Raoul: »Die Duplo-Blume. Kennst du gar nicht? Die Faltanleitung habe ich mir gerade aus dem Internet geladen. Ist geil geworden.«

In Raouls Wohnung gelangte man über den Hof der Gaststätte, vorbei an Geranienkübeln, Fahrrädern.

Er saß auf einer gelben Veloursleder-Couch-Landschaft; vor sich ein aufgeklappter Laptop. Raoul trug T-Shirt, Jeans, Socken, die Kappe, die er immer auf dem Kopf hatte. Beide Hände lagen auf der Tastatur seines Computers, er sah auf den Bildschirm, hob, als ich eintrat, eine Hand, ohne dabei den Bildschirm aus den Augen zu lassen.

»Tachchen. Allet schick?«

Ich war gleich noch einmal erschrocken über den komplett zutätowierten linken Arm. Auf dem Couchtisch lagen das Päckchen mit den Menthol-Zigaretten von West Ice und die gerade gebastelte Duplo-Blume: klein, bunt, zerrupft, hübsch anzusehen. Auf dem Plasmabildschirm hinter dem Couchtisch lief Pro7.

Zwei Zimmer, das eine mit Einbauküche, Flur, Bad. Raouls Wohnung sah wie die irgendwie dufte, nicht unkomfortable Bude eines jungen Bausparers in der Werbung aus. Man konnte sich auch an eines dieser akkuraten und neumodischen Hotelzimmer in Landgasthöfen erinnert fühlen: Laminatböden, Raufaser, schräge Wände, neue Fenster. Viel Beige, viel Holz. Alles frisch renoviert, blitzblank sauber, ordentlich und aufgeräumt. Noch im Eingang zog der Besucher, ganz automatisch, die Schuhe aus.

Gleich neben der Wohnungstür stand der Baseballschläger. Im Wohnzimmer: Fernseher und Playstation. Pflanzentöpfe neben Musikanlage und E-Gitarren auf dem Teppich. Über dem Sofa ein Erotikposter. Im Gebälk über der Küchenzeile waren ganze Bataillone von Alkohol aufgebaut, die Hausbar: Saurer Apfel, Saure Kirsche, Amaretto, Wodka Rachmaninoff, Wodka Puschkin, Grüneberger Goldbrand, Ballantines, Schwarze Johannisbeere, Cantori, Batida de Coco, Kentucky Highway, Nordhäuser Korn, Goldkrone.

Raoul saß noch immer da und starrte in den Computer. Und der Reporter verstand, während er auf dem Teppich herumstand und die Namen der Schnapssorten von Raouls Hausbar in den Olympus-Stift diktierte, dass dieser Raoul die Präsidenten-Suite von Oberhavel bewohnte: Licht von drei Seiten. Durch die Fenster hatte man das ganze Zentrum von Oberhavel im Blick, links die Spandauer Straße mit dem Sonnenstudio Karibik, in der Mitte den Marktplatz, rechts den Kirchplatz. Hätte Barack Obama in Oberhavel übernachten müssen, jawohl, er hätte es wohl am besten in Raouls Wohnung über der Gaststätte Schröder getan.

Raoul servierte den guten Cappuccino, der aus der Tüte kam. Für die erste Blume, so erklärte Raoul, habe er gestern eine Stunde gebraucht, die habe man nur wegwerfen können, die zweite sei dann heute in zehn Minuten fertig gewesen. Wir saßen nun beide und guckten.

Der Fernseher?

Der Bildschirm messe in der Diagonale 82 Zentimeter. Das sei leider nichts Besonderes. Die Kumpels hätten 107 oder 127 Zentimeter. Er habe es ausgemessen: Ein 94er würde bei ihm in die Ecke hineinpassen.

Die Playstation?

Das sei eine 2er. Leider auch schon veraltet. Die Kumpels hätten natürlich längst die Playstation 3, die mit Riesen-Spielkonsole, Internet, WLAN, Speicherplatz von achtzig Gigabyte, Blu-Ray-Laufwerk, HDMI-Eingängen.

Raoul war, während er die Überlegenheit der Playstation 3 in technischen Fachbegriffen ausdrückte, unentwegt bei der Internetseite Jappy.de eingeloggt. Jappy, so Raoul, sei ein soziales Netzwerk, vergleichbar mit MySpace, StudiVZ und Facebook. Ulkigerweise habe es sich ergeben, dass bei Jappy im Gegensatz zu den anderen, natürlich viel größeren Netzwerken, besonders viele Mitglieder aus dem Umland von Berlin und aus Brandenburg miteinander vernetzt seien.

Jappy, so Raoul, sei in Oberhavel wichtiger als das Handy. Das Handy kostete Geld, das Internet praktisch kein Geld. Auch deshalb seien alle auf dieser Seite. Praktisch alle Bekannten, die Kumpels – enge Kumpels, weniger gute Kumpels – seien Mitglieder bei Jappy, insgesamt, so Raoul, halte er über Jappy zu hundert Leuten in Oberhavel und Umgebung Kontakt, denn exakt auf hundert war die Anzahl der Freunde, die ein Mitglied bei Jappy haben durfte, begrenzt. Und über diese Internetseite liefen wirklich alle Kontakte, Partys, Geburtstage, Konzerte, spontane Besäufnisse würden hier angekündigt, alle Verabredungen dort getroffen.

Und so liefe das soziale Leben bei ihm und seinen Bekannten ab: Man komme von der Arbeit nach Hause, sofern man denn eine Arbeit hatte, und schaue bei Jappy.de rein – gucke, was gerade so im Angebot sei, ob man sich irgendwo noch hinstellen und ein Bierchen trinken gehen könne an einem der drei, vier eingetragenen Treffpunkte in der Stadt. Hatte man keine Arbeit, so Raoul, ja, dann bliebe man praktisch rund um die Uhr bei Jappy eingeloggt und habe so ständig auf dem Bildschirm, was und wer im Städtchen gerade in Bewegung sei.

Der Reporter hing, maximal interessiert und auf Empfang geschaltet, neben Raouls Kopf über dem Schirm von dem Computer und versuchte zu verstehen.
Jappy.
Netzwerk.
Partys, spontane Besäufnisse.
Die drei, vier eingetragenen Treffpunkte in der Stadt.
Das klang ja alles maximal aufregend.
Der Mann, der sich im sozialen Netzwerk der Kleinstadt so auskannte wie wohl kein Zweiter in Oberhavel, deutete auf die Kaffeetasse, die der Reporter gerade zum Mund führen wollte: »Das ist mein Kaffee. Deiner steht da.« Raoul deutete auf die Tasse, die auf dem Tisch stand. »Kannst aber auch meinen Kaffee trinken, ist mir egal.«

Welches waren die eingetragenen Treffpunkte?
Die Treffpunkte in Oberhavel, so Raoul, das seien natürlich die Gaststätte Schröder und Franky's Place, in beiden Lokalen hätte ich ja schon Bier getrunken, sowie in den warmen Monaten, also von März, April bis zum Oktober, die Aral-Tankstelle und der große Parkplatz vor Kaiser's.

Bei Kaiser's, so Raoul, da seien die Jungs mit den Autos. Da draußen, auf dem großen Parkplatz, hätten sie den Raum, den Platz, sich hinzustellen und ihre Kurven zu drehen, man könne da richtig Gas geben. Auf eine Art sei der Platz vor Kaiser's das größte Lokal. Stünde einer da, dann könne man sich mit seinem Auto dazustellen. In Oberhavel, so Raoul, seien sie autoverrückt, das alles bestimmende Thema seien hier natürlich die Autos.

Die Jungs vor Kaiser's, so Raoul, seien jünger als er, aber sie machten wenigstens etwas, starteten Aktionen, ließen sich nicht hängen, so nach dem Motto: Lass mal volltanken, Gas geben, rausfahren auf den Berliner Ring. Oder ein paar Bier schnappen und saufen wie die Blöden. Die Jungs bei Kaiser's, so Raoul, das seien auch die Jungs, die die Band unterstützten, also zu den Konzerten anreisten, ganz gleich, ob die in Polen oder im Proberaum in Kurtschlag stattfanden: zuverlässige Kräfte, gute Jungs. Man wüsste nie, wann bei Kaiser's ein guter Abend sei. Man müsste sich da einfach mit einem Sechser Bier hinstellen. Dann erfahre man es.

Die inoffizielle Rennstrecke von Oberhavel, das seien übrigens die vierhundert Meter von der Aral-Tankstelle rauf zum Stadtpark: die Castrop-Rauxel-Allee hinauf. Das sei immer herrlich, wenn man die Jungs mit ihren gepimpten Karren die Rennstrecke rauf- und runterknallen höre.

Die stärksten Autos in seinem Bekanntenkreis, so Raoul, die fuhren seine Kumpels Earn und Jesko, beides jungsche Typen, um die zwanzig Jahre alt. Das Auto der Kumpels sei der Focus RS, um die 280 PS, einer mit Überrollkäfig, der andere ohne. RS, so erklärte Raoul, stehe für Ready Sport.

Jesko und Earn hätten wirklich nur ihre Autos im Kopf.

Sie hätten zwar Freundinnen, das seien auch hübsche und nette Freundinnen, aber diese Mädchen wüssten, dass sie selbstverständlich nach den Autos kamen.

In Oberhavel, so Raoul, sei der Sport aller Menschen zwischen 18 und 25 Jahren, das Stadtrunden-Fahren. Man setzte sich in einen Wagen, bei dem die Tanknadel kurz über null hing, lud für einen Fünfer Sprit nach, und dann ging es die immer selben Runden. Die klassische Stadtrunden-Strecke durch Oberhavel führte über die Spandauer Straße runter zur Havel und zurück, über die Schleuse, Liebenwalder Straße, am Friedhof vorbei, auf die Aral-Tankstelle, die Castrop-Rauxel-Allee hinauf, über die Clara-Zetkin-Straße und das Berliner Tor zurück in die Stadt.
Es gebe unter Stadtrundenfahrern, so Raoul, die Bier-Trinker-Runde (BTR) oder die Nutten-Kontroll-Fahrt (NKF).

Der klassische Dialog zwischen zwei Oberhavelern, von denen der eine am Lenkrad saß und der andere draußen am offenen Fenster lehnte, lautete wie folgt:
»Was machst' denn grad?«
»Nüscht.«
»Später was vor?«
»Nüscht.«
»Wollen wir Stadtrunden fahren?«
»Geht klar.«
Dann fuhr man stundenlang, drei, vier, fünf Stunden und länger, und hörte eine CD nach der anderen.
Eric, so Raoul, sei ein klassischer Stadtrunden-Fahrer. Er drehe – mittags, nachmittags, am Abend – seine Runden

mit einem alten Astra, 70 PS, Auspuff kaputt, Motor kaputt, Musik auf Anschlag: So wisse immer jeder, dass Eric in der Anfahrt sei.

War er, Raoul, auch mal ein Stadtrunden-Fahrer gewesen?
»Natürlich. Ich fahre immer noch gerne. Und wie die Sau. Meinen Wagen, einen Astra GSI, 170 PS, hat mir eine Frau nachts an den Baum gesetzt. Totalschaden. Ist eine arme Fritteuse, also Friseuse gewesen, da konnte ich nicht nach Geld fragen.«
Ich sagte Raoul, dass ich begeistert sei von dieser Sorte Geschichten. Auch sei ich ein großer Autofan – das aber erst seit allerneuester Zeit, also praktisch seit vier Wochen, weshalb ich, leider, null Komma null Ahnung von Autos habe.
Raoul schien das nicht zu überraschen. Er nickte. Das Gegenteil, so sah ich – der Reporter ein Autofachmann –, das hätte ihn überrascht.

Die Aral-Tankstelle: Da ginge es, neben Kaiser's, natürlich auch um Autos. Jeden Tag, ab vier Uhr nachmittags, stünden seine Jungs da draußen, manchmal bis zum Morgengrauen. Die Tankstelle habe 24-Stunden-Service, ab 23 Uhr kaufte man das Bier am Nachtschalter. Aral, das sei jetzt, bei dem schönen Wetter, eh der Ort.
Raoul war in Gedanken jetzt ganz auf der Aral-Tankstelle, es war ihm, auf eine Art, wirklich wichtig, mir vor Augen zu führen, wie es dort zuging. Gleichzeitig rauchender und Kaffee trinkender Erzähler Raoul.
Jedem sei langweilig, sagte Raoul, aber keiner gebe es zu – und wenn man es genau nehme, so Raoul, dann sei

es auch gar nicht langweilig, schon gar nicht jetzt, im Sommer. Jetzt, wo die Badesaison bald losging, gebe es einen ständigen fliegenden Wechsel zwischen Kaiser's, Aral und den Stichen, den Badeseen also, die nördlich von Oberhavel lägen. Da sei Oberhavel – das wisse ja auch jeder – so oder so der geilste Badeort nördlich von Berlin.

Ich musste lachen, weil Raoul sich wieder so für seine Heimatstadt einsetzte. Ihm aber war es wichtig klarzustellen, dass er eben nicht übertrieb, eben keinen Quatsch erzählte: »Da kommt was auf uns zu, wirst sehen. Da geschieht noch einiges, diesen Sommer.«

Ich fragte Raoul, ob er mich mal mitnähme: mit zu Kaiser's, mit zu Aral.

Er tat komplett verwundert. Natürlich nehme er mich mit. Wir könnten auch gleich heute Abend noch zu Aral rüber laufen, kein Problem. Er sei da eh fast jeden Abend.

Im Übrigen, so Raoul, solle ich mir als Wahl-Oberhaveler bitte das Folgende merken: Es heiße nicht »zu Aral«, sondern »nach Aral«, so wie es nicht »zu Kaiser's«, sondern »nach Kaiser's« und demzufolge nicht »zu Schröder«, sondern »nach Schröder« heiße. Der auf gut Oberhavelerisch korrekt gesprochene Satz heiße also: »Komm, wir fahren nach Aral.« Oder: »Lass mal nach Kaiser's gucken fahren.« Oder: »Komm, wir gehen noch auf 'ne schöne Molle nach Schröder.« Das seien Falschheiten, so Raoul, die im vollen Bewusstsein und nicht ohne Stolz eingesetzt würden.

Auch das könne ich mir gleich merken: Wenn ich mal – besonders nachts – irgendwo hinwolle, dann bräuchte ich mich nicht großartig aufs Fahrrad zu schwingen. Man stelle sich an die Straße. Nach fünf, maximal zehn Minuten halte einer an und frage, wo man hinwolle: »Fahr mich mal nach Kaiser's.«

Er stand auf, machte uns noch zwei von den Cappuccini aus der Tüte. Wir waren, auf Raouls Sofa sitzend, von Jappy.de zu Kaiser's, Aral und den Badeseen von Oberhavel gekommen, nun guckten wir wieder beide in den Computer. Raoul wollte, mit dem Blick auf den Bildschirm, von den Möglichkeiten des Internets schwärmen.
Internet?
Erst vor einem halben Jahr habe er den Zugang bekommen, aber dann sei es bei ihm innerhalb weniger Wochen von null auf hundert gegangen: Er sei ja nicht nur bei Jappy Mitglied, sondern auch bei MySpace und StudiVZ, und er habe, um gut drauf zu kommen, je vier, fünf und mehr Identitäten. Allein bei Jappy, so erklärte Raoul, sei er ein Schwuler, eine Hausfrau mit dicken Titten, eine süße Maus mit kleinen Titten, eine Lesbe, ein Raver, ein Hip-Hopper. Raoul zufrieden: »Ich bin alles.« Bei MySpace, so sah der Reporter später im Internet, war Raoul unter den Profilnamen The Lost One, Randgruppenwitzemacher und Rusty Nippel angemeldet.

Raoul führte dem Reporter die Seiten vor, die er für seine Band 5 Teeth Less auf den Netzwerk-Seiten unterhielt. Er, Raoul, kenne sich selbstverständlich blendend aus im weltweiten Netz, wisse alles, finde alles, könne noch für den kaputtesten Wunsch, die abgefahrenste Laune, das krankeste Bedürfnis in Minutenschnelle die passende Adresse aufstellen. Wenn irgendeiner in der Kleinstadt ein spezielles Programm oder einen Film haben wolle, man käme zu ihm in die Wohnung. Seine 500-GB-Platte sei zur Hälfte voll mit Filmen. Dasselbe gelte natürlich für Serien: *Family Guy* und *My Name Is Earl*, so hießen die Serien, die natürlich allesamt politisch extrem unkorrekt seien, also gegen Frauen, Schwule, Schwarze, Moslems, Juden, Gastarbeiter, Vegetarier und jede nur erdenkliche Minderheit. Er, so Raoul, sei selbstredend geradezu krankhaft süchtig nach amerikanischen Serien, oft schaue er zehn, zwölf Folgen am Stück, der ganze Computer sei voll mit dem Shit. Die Seite, die er als Kenner, der maximale Qualität verlange, empfehlen könne, heiße übrigens nzb.to.

Und Raoul erklärte weiter, dass die Kleinstadt, gerade in den dunklen Monaten, also von Oktober bis April, noch so langweilig sein könnte – ihm gleichgültig: Bei ihm oben in der Wohnung sei immer die Hölle los.

Er, Raoul, werde von einem geradezu bestialischen Hunger nach Neuigkeiten geplagt, nach geilen, neuen Stoffen und krasser, neuer Unterhaltung. Und wie er so dasaß auf seiner Couch – Kaffee, Zigarette, Kappe, heftig gestikulierend – glaubte man ihm gerne: »Ich kenne Leute, die schalten bei Nachrichten um. Das verstehe ich nicht.«

Das, so Raoul, sei ja das Gute am Arbeitslosenleben: Er habe Zeit für den ganzen Kulturscheiß, die Songs, Filme, Serien, Spiele. Und die Zeit, sich den ganzen Scheiß auch wirklich anzuschauen, da kenne er nichts, die Zeit nehme er sich auch. Während jetzt, zur Sommerzeit, die Lichter um ihn herum gegen elf Uhr abends ausgingen, gehe es bei ihm, hier oben in der Dachwohnung, erst richtig los: Dann sitze er noch stundenlang vor seinen Maschinen, am besten lief alles gleichzeitig, Fernseher, Anlage, Spielkonsole, Computer, und während die Maschinen brummten und surrten, pennte er, Raoul, auch meistens gleich auf der Couch ein. Ganz selten, dass er vor vier Uhr früh die Augen zumache.

Ich betrachtete den Punk mit der Kappe, der so mitreißend vom Nachts-allein-zu-Hause-bleiben schwärmen konnte: Dieser Raoul litt an einer Welt-Teilnehmungs-Lust, die, so schön und schmerzhaft, wie sie ausgelebt wurde, natürlich auch eine Welt-Teilnehmungs-Sucht war. Ob es nachts, wenn der Fernseher glühte, vor allem in der Zeit zwischen eins und drei, nicht auch manchmal ein bisschen einsam werde hier oben, in der Medien-Kommandozentrale über der Kneipe Schröder, so wollte der Reporter wissen.

»Klar«, sagte Raoul. Und der nächste Satz kam vollkommen ansatzlos – wunderbares Oberhaveler Sprechtheater: »Manchmal hätte man schon gerne was zu ficken.« Und als wäre es ein Thema, über das der Mensch seit jeher ohne Scham und sonst irgendwelche Probleme hätte reden können, schob Raoul seine Kappe nach hinten und sprach ernst, frei und ohne die Zustimmung seines Zuhörers haben zu wollen: »Is' klar. Aber weeßte ...«, er zeigte in den Bildschirm, »dafür gibt es ja auch das Internet. Da finde ich auf einer Seite garantiert mehr hammermäßig geile Weiber, als ich in einer Woche ficken kann.«

Ich hielt den Olympus-Stick in der Hand. Raoul blickte weiter in den Computer. Und auf eine gut machbare, weil offene, ungestresste, komischerweise nicht eklige und unaufdringliche Art fuhr Raoul fort, die Praxis seiner Sexualität aufzuerzählen.

Er schwärmte von Youporn, dem Klassiker unter den

Internet-Pornoseiten. Onanieren hieß bei ihm Wedeln, Schütteln, Flitzen, das waren, so empfand es der Reporter, allesamt gute, weil bildliche, trotzdem nicht eklige Begriffe. Na klar, so Raoul, seine Sexualität lande fast komplett im Internet, so handhaben es praktisch alle Jungs hier in der Kleinstadt, das sei doch auch normal, er, Raoul, wollte gerne wissen, ob das irgendwo anders sei.

Ich hielt dagegen, dass es theoretisch ja auch möglich sei, nicht zu wichsen, sondern ganz in echt mit einer Frau zu schlafen.

Und Raoul entgegnete, wieder nachvollziehbarer- und richtigerweise, dass die beiden Dinge, eine Freundin und die Pornografie im Internet, ja so oder so unabhängig voneinander stattfänden. Man könne doch beides haben: die Freundinnen und die Frauen im Internet. Und, ganz ehrlich, eine Freundin halte ihn nicht davon ab, sich auf die Filmchen auf Youporn einen zu wedeln. So wie die Frauen im Internet ja selbstverständlich auch kein Ersatz für die Frau seien, die sich beim Einschlafen neben einen lege.

Hoppla. Und: Uff. Ich war schon wieder beeindruckt. Das hatte ich noch nicht erlebt, dass man – unter Männern – so einfach, und ohne durch Übertreibung, Gags und Angeberei, auf Nummer sicher zu gehen, seinen Sexualitäts-Shit auf den Tisch legen konnte. Raoul war es nicht um eine Moral, sondern wirklich nur darum gegangen, den Alltag seiner Fickereien zu schildern. Bravo.

Ich sah noch einmal, während ich ihm so zusah, dass Raoul jede Art von direkter Angeberei, in Sprache, Körpersprache, Gestik, abging. Er ließ das ganz. Er drückte nicht. Er gab sich nicht hart. Er hatte das wirklich, wie es so schön hieß, nicht nötig.

Dieser Raoul bezog seine Autorität dadurch, dass er um die Wirkung seiner Kräfte wusste und dass er mit dieser Wirkung haushielt. Es hatte dieses stille und kluge Selbstvertrauen natürlich eine spektakuläre Kraft.

Ich fragte nun – rührende Reporterfrage –, ob er, Raoul, das Freundinnenhaben vermisse.

Er gab erneut die abgeklärte Antwort: »Sagen wir so: Du kannst ja, egal, wie rum du es hast, eigentlich nur verlieren. Wenn du keine Alte hast, dann kommst du nicht so leicht zum Stich. Hast du eine, dann fehlt dir auch was: Einfach los und in die Kneipe, morgens um sieben sturzbetrunken nach Hause kommen, sich vorm Laptop einen runterholen und pennen gehen, das ist dann nicht. Allein schon, wenn ich mir zehn Folgen *Family Guy* hintereinander angucke – da sagt doch jede Alte: Sag mal, du hast doch eine Macke.«

Raoul sprach: »Ich bin kein Beziehungsmensch. Wenn das Telefon klingelt, dann ist da immer besser keine Frau dran, besser ein Mann, der mit mir einen saufen gehen will.«

Ein Klingelton meldete das Eintreffen einer Nachricht auf Jappy. Der Teilnehmer Fred, einer der eingetragenen Kaiser's-Aral-Kumpel, hatte eine Frage: »Molle bei Blaue Lagune um acht?«

Die Blaue Lagune, so hieß unter den Kumpels die Aral-Tankstelle.

Raoul tippte zurück: »Später. Hab zu tun.«


Noch mal zwei, drei Stunden später: im Proberaum.

Es war ein ganz unspektakulärer Aufenthalt. Die Stunden

vergingen langsam. Die Band übte eine Coverversion von *Beverly Hills*, einem Hit der amerikanischen Punkrockband Weezer. Rampa sang die zweite Stimme.

Die Begrüßung mit den Jungs hatte, wie unter Kumpels üblich, herzlich stattgefunden.

Eric, grinsend: »Tachchen.«

Crooner, grinsend: »Tacho.«

Als Rampa mich vor der Schule mit ein paar Flaschen Mineralwasser aus dem Auto hatte steigen sehen, hatte er zur Begrüßung gesagt: »Na, du Spießer? Willst du abspülen oder was?« Ich hatte lachen müssen und das, natürlich, auch als herzliche Begrüßung verstanden.

Es wurde wieder ziemlich viel gesoffen (Wodka, Berliner Kindl, dazu gab es die guten Chips mit Bacon-Geschmack, die Tüte zu 40 Cent). Es musste dem Reporter jetzt, mit maximalem Einsatz, maximaler Emphase (keine Ahnung, wie wir darauf gekommen waren), begreiflich gemacht werden, wie widerlich, wie unten, wie asozial, wie absolut verachtenswert die Biersorte Siegfried Bier war. Siegfried Bier: das Bier für Asoziale, die populärste Biersorte im Osten. Siegfried Export: blauer Kasten, weißes Etikett, das Bier im Niedrigpreissegment. Eine Flasche Siegfried kostete 39 Cent, der Kasten sei für 6,20 Euro zu haben. Eric erklärte: »Merke dir, Siegfried Bier.« Raoul wiederholte, das Siegfried sei wirklich das Fieseste, Verpissteste, Verkotzteste, Allerletzte: »Ein Bier für Vollzeitarbeitslose, verstehst du, für asoziale Asoziale, für arbeitslose Arbeitslose, das trinken nur die, die von Beruf arbeitslos sind.« Ich glaubte Raoul, dass er nie, wirklich nie in seinem Leben eine Flasche Siegfried Export anrühren würde. Und Rampa erzählte, nicht ohne

Freude und mit einem Fläschchen Berliner Kindl in der Hand, dass Siegfried natürlich das Hit-Bier am Pennertreff von Oberhavel, beim Getränkehändler gegenüber der Gaststätte Schröder sei: »Wo mehr als zwei Asoziale zusammenkommen, da wird das Siegfried frisch aus der Kiste genossen.«

Es musste von Erics und Rampas Lieblingsband Rancid geschwärmt werden (eine Mischung aus Punkrock und Ska, sonst schwer zu beschreiben), dann von Erics deutscher Lieblingsband Four Lyn aus Hamburg.

Raoul machte Sachsen-Witze: »Die Sachsen sind die Opfer schlechthin.« Dann versuchte Raoul, aus einem Plastikbecher zu trinken, während er beide Hände auf dem Rücken verschränkt hielt. Eric brachte die hübsche und harmlose Partyfrage auf, wie viele Säulen das Brandenburger Tor habe. Ratlosigkeit allerseits: Fünf Säulen, sechs oder zehn? Oder, Moment mal, zwölf Säulen? Die Lösung war auf dem Etikett der Biermarke Berliner Kindl abgebildet: sechs Säulen.

Eric erzählte davon, was er bei den Dreharbeiten von *Black Death* erlebt habe: Es sei, natürlich, obergeil gewesen. Er hatte eine Langhaarperücke, Lederstiefel, eine Lederweste und eine Axt tragen dürfen, sein Gesicht war mit Erde eingeschmiert worden, und dann hatte er, zusammen mit vier anderen Oberhavelern, einen aufhängen dürfen. Der Typ habe sich richtig gewehrt. Danach habe er als Leiche, die von Sean Bean weggemetzelt wurde, volle zehn Stunden herumgesessen und auf seinen Einsatz gewartet. Man habe dann leider doch nicht ihn, sondern einen anderen genommen, weil seine Tätowierungen, trotz Kostüm und Schminke, zu sehen gewesen waren (aus Rache und auch als Andenken an den Drehtag habe Eric ein T-Shirt von Sean Bean mitgehen lassen, das trage er jetzt, wenn er zu Hause in der Jogginghose herumhing).

Rampa bekam einen tierischen Wutanfall: Er hatte den Plan gehabt, in einer leer stehenden Fabrikhalle im Werk IV eine Paintball-Halle zu eröffnen und damit schnell einen Haufen Geld zu verdienen. Nun musste er vom Reporter erfahren, dass die Regierung – ausgelöst durch den Amoklauf von Winnenden, der sich im März ereignet hatte – erwog, die Sportart Paintball zu verbieten.

Rampa: »Watt soll die Scheiße? Paintball ist Grundausbildung Bundeswehr. Was machen die denn sonst? Bei der Bundeswehr habe ich Paintball gegen meine Ausbilder gespielt. Und gewonnen.«

Es enspann sich eine generelle Verachtungsrede auf die Medien, die, so Rampa, bei fast allen brisanten Themen der Gegenwart – Nazis, Kampfhunden, Videospielen, Paintball – im Dunkeln tappten und immer nur mit Verboten reagierten. Rampa: »Bald ist es so weit, dass man auf der Playstation 3 nur noch Tetris spielen darf.«

Im Folgenden machte Rampa den Versuch, möglichst viele Sofakissen auf Erics Kopf zu balancieren. Beim Proben der Weezer-Nummer kam es in der Band zu heftigen Beschuldigungen, Beleidigungen, Anfeindungen. Vor allem Rampa und Crooner warfen sich gegenseitig eisenharte Schimpfwörter an den Kopf.

Neben mir auf dem Sofa hatte während der ganzen Probe ein langjähriger Kumpel der Band gesessen und sein Ding gemacht, ohne sich groß einzumischen: Schraube, der Tätowierer.

Er hatte sich sein eigenes Sixpack Bier mitgebracht.

Er trug ein T-Shirt mit der Aufschrift »Rien ne va plus«.

Er war dünn und groß und sah zäh und drahtig aus.

Er hatte den typischen Oberhaveler Fighter-Haarschnitt, trug einen Ring in der rechten Augenbraue und Ringe in beiden Ohren und war natürlich zutätowiert (da, wo einst ein Wikinger gewesen war, so Schraube, saß heute ein dämonisches Gesicht mit einer Schrotflinte darüber.)

Schraube, Mitte dreißig, natürlich auch Hartz-IV-Empfänger – früher hatte er mit Rampa, den er seit Schulzeiten kannte, auf dem Bau gearbeitet.

Er sprach wenig.

Er sah echt lustig aus.

Wir hatten gleich einen Draht zueinander, wir nickten uns zu, und wir grinsten, weil Schraube einen grinsigen kleinen Mund mit kleinen Lachfalten hatte, und auch deshalb, weil man sich zu der lauten Bandmusik schlecht unterhalten konnte.

Ich fragte Schraube, ob er mir eine Tätowierung auf den linken Unterarm machen könne, ich hätte da gerne ein wenig Text stehen, ziemlich egal, welchen Text: Hauptsache nichts Sinnvolles, künstlerisch Wertvolles, Großartiges. Es sollte insgesamt wie eine Kinderei, eine Jugendsünde, wie ein im Suff gemachter Fehler aussehen.

Schraube verstand sofort. Klar. Mache er.

Nächste Woche sei er mit Rampa in seinem Tätowierstudio, das er bei sich zu Hause neben seinem Wohnzimmer eingerichtet habe, für eine Sitzung verabredet. Da wolle er Rampa die Worte »Waste your time« in fünf Zentimeter hoher Schreibschrift auf ein noch freies Stück seines rechten Unterarms tätowieren. Da könnte ich, so

Schraube, gerne dazustoßen. Ich müsse mir bis dahin bitte nur genau überlegen, wie der Text lauten solle, den ich auf dem Unterarm haben wolle. Denn Tätowierungen, das wüsste ich ja hoffentlich, seien für immer.

Schraube sprach, grinsend, feixend, den Klassiker aller Tätowierer: »Du musst mit dem Tattoo leben. Nicht ich.«

Gruß beim Schild von Deutschboden.

Im Haus Heimat versuchte ich Maria aufzureißen, einfach deshalb, weil ich irgendwie dachte, dass ich ihr das schuldig sei, und weil ich bisher jedes Mal, wenn ich sie gesehen hatte, mehr oder weniger auffällig versucht hatte, sie aufzureißen. Es klappte null. Ich war von der Wand aus Dekolleté, Schminke und dem Grün ihrer Kontaktlinsen-Augen, während sie hinter der Theke die Biergläser in warmes Spülwasser tunkte und unter dem Zapfhahn wieder volllaufen ließ, fasziniert.

Ich merkte, dass ich den vollkommen regungslosen Gesichtsausdruck, den sie beim Gläserspülen hatte, scharf fand. Sie, Maria, das dachte ich noch einmal, war natürlich ein richtiger Trumpf für den alten Finster.

Ich fragte Maria, während ich ein Bier an Wilfried Finsters Theke trank: »Ich würde dir gerne ein paar Fragen stellen – nichts Besonderes. Wie es sich hier lebt in Oberhavel, diese Dinge. Wann hast du mal frei?«

Maria sagte, sie habe überhaupt nie frei.

Dann sagte sie: Montags, dienstags. Sie könne nur reden, wenn sie dabei Gläser poliere.

Sie wollte jetzt noch einmal genau wissen, über was wir reden würden. Ich sagte, mir würde schon etwas einfallen, sie sagte, wieder mit dem herrlich ausdruckslosen, schlaffen Gesicht: »Aber nichts Perverses.«

Noch hatte sich der Alltag nicht eingestellt, aber er war nah dran. Der Alltag klopfte an: Der Reporter stieg das Treppenhaus zu seinem Zimmer 5 hinauf, das an diesem Abend nach Kohl roch oder etwas anderem vor einer halben Ewigkeit Gekochtem, als er eine Ahnung davon bekam, was das war: Alltag in Oberhavel.

## 19 Jungs und Mädchen

Dann war es, praktisch von einem Tag auf den anderen, Sommer.

Es waren die Jahre, in denen der Frühling mit seinem langsamen Aufwärmen der Natur ausfiel und nach den nassen, kalten gleich die heißen Tage kamen. Das Wetter stimmte nicht – die Blätter in den Bäumen hatten noch nichts von der Schwere und Müdigkeit des Hochsommers, aber die Luft war schon auf sensationelle 28 Grad hochgefahren.

Man dachte: Ah, Badewetter.

Mitte Juni?

Ist ja geil. Ist ja geisteskrank.

Und über den Straßen der Kleinstadt stand, brüllend laut und hell, die Sommersonne und forderte dazu auf, nach vorne zu gehen.

Die Killer-Prolls watschelten in Unterhemden die Bürger-steige hinab und zeigten ihre Brüste und Schultern.

Die jungen Mütter zerrten ihre Kinder noch aggressiver als sonst durch die Gegend, als erinnerte sie das schöne Wetter daran, dass ein Teil ihres Lebens – der Teil, in dem sie, junge Frauen, mit jungen Männern an Badeseen ge-spielt hatten – für immer vorbei war.

Die Alten, Müden, Kranken und sonst wie Gebeugten standen in Grüppchen auf den Bürgersteigen beieinander und beschwerten sich gleich am ersten Tag des schönen Wetters über das schöne Wetter:

»Janz schön heiß, wa?«

»Lieber Jott, ja.«

»Ditt soll ja so bleiben, bis Ende August soll ditt so blei-ben.«

»Ehrlich?«

»Haben sie heute im Radio jesacht.«

»Ditt kann ja wohl nich wahr sein.«


Die Anzahl der Fahrradtouristen, die auf der Hauptstraße gesehen werden konnten, mit Helmen, Fahrradtaschen und Allwetterjacken, sprang merklich in die Höhe.

Der Reporter rannte auf und ab.

Der Reporter hatte fast schon panisch gute Laune.


Anruf Raoul: »Geilet Wetter, wa? Pass uff. Wir treffen uns sonntags 15 Uhr immer zur Lagebesprechung im Eiscafé. Also: Da sind wir gleich alle. Da kannst du auf einen Schlag die ganze Rasselbande kennenlernen.«

Auf der Terrasse vor der Billigboutique Fun Factory, auf der Straßenseite gegenüber dem Eiscafé gelegen, sah ich sie sitzen: eine Gang von zwanzig jungen Menschen. Kappen, T-Shirts, Sonnenbrillen, Turnschuhe. Plastikstühle. Vier Tische waren zu einer großen Runde zusammengeschoben. Zwischen den Jungs sah ich Raoul und Eric sitzen und – schockierender Anblick – auch drei junge Frauen.

Der Reporter wurde nicht vorgestellt. Wie auch?

Ich setzte mich irgendwo dazwischen, machte den alten Trick, dass ich so tat, als sei irgendetwas Wichtiges in meinem Handy neu einzustellen. So, auf dem Handy herumdrückend, tat ich Blick für Blick in die Runde.

Der Reporter sah gleich, soweit man das sehen konnte: nette Leute, nicht die schwere, eher die leichte Sorte Jungs. Es war, vielleicht zum ersten Mal in der Kleinstadt, ein Anblick mir vertrauter Normalität.

Junge, teils noch kindliche Gesichter. Weiche Barthaare, unreine Haut. Die Jungs waren 20 und 21 Jahre alt oder geringfügig älter. Man sah Tätowierungen, aber es war längst nicht jeder Unterarm, jeder Unterschenkel tätowiert. In keinem der Gesichter hatte der Alkohol oder sonst eine Kaputtheit Spuren hinterlassen, und es schien fraglich, ob der Alkohol die Zukunft jedes dieser noch jungen Leben würde bestimmen, ob der Alkohol sich jedes dieser Leben würde holen können: Einige Jungs wirkten, im Gegenteil, so, als hätten sie sich bewusst für ein Leben mit wenig Alkohol oder gegen den Alkohol entschieden.

Zwei Jungs, das sah ich jetzt, sahen sogar ausgesprochen gut aus. Es waren, natürlich, die beiden Jungs, die Freundinnen neben sich sitzen hatten. Ein Typ mit massiv auftrainierten Armen hatte einen Arm um den Hals des Mädchens neben sich gelegt und dafür, als Zeichen ihrer

Verbundenheit, eine Hand von ihr auf sein Knie gelegt bekommen, auf die er wiederum, ein Zeichen seines Besitzanspruches, seine Hand gelegt hatte. Sie war klein, blond, mäusegesichtig, wirklich süß. Ein Junge und ein Mädchen mussten, obwohl sie sich nicht umarmt oder sonst wie aneinander festhielten, allein schon deshalb ein Paar sein, weil beide eine ganze Klasse besser aussahen als der Rest der Runde. Es gab, so fies das sein mochte, in der Liga ihres Aussehens für diesen Jungen und dieses Mädchen keinen anderen Partner. Auch deshalb mussten sie ein Paar bilden. Er hatte weiche, fließende Muskeln und ein schmales, glattes Gesicht; sie lange braune Haare und, so konnte man sagen, gut hoch sitzende Wangenknochen. Dass sie so entschieden besser aussah als die meisten durch Oberhavel laufenden Mädchen, das mochte, so dachte der Reporter, auch daran liegen, dass die von ihr verwandten Pflege-, Kosmetik- und Haarfärbe-Produkte um eine Klasse besser waren als die sonst in der Kleinstadt benutzten Produkte.

Das dritte Mädchen in der Runde saß neben Raoul. Er konnte sich gerade nicht um sie kümmern. Sie war, vielleicht auch deshalb, weil er sich gerade nicht kümmern konnte, mit dem Abzählen der Zigaretten, die noch in ihrer Zigarettenschachtel waren, beschäftigt.
Sie war keine Schönheit, aber in der Runde machte sie viel her. Alles an ihr war Haar, Schminke, Drama, Auftritt. Ihr Haar stand als großer eisgrau gefärbter Kranz um ihren Kopf; das Gesicht war weiß geschminkt; schwarze Augen; rosafarbener Mund. Ihr Kleid war ein weißes Tüllding, das von einem zehn Zentimeter breiten Stretchgürtel zusammengehalten wurde; Strumpfhosen; Leder-

stiefel mit Metallapplikationen. Auf ihren Stiefeln stand der Schriftzug »Killah«. Der Reporter dachte: New Jersey Mitte der Achtzigerjahre, Boy George, La Traviata, New Romantic, der Country von Dolly Parton, *Deutschland sucht den Superstar* oder eine Mischung von all dem. Und doch lag im auf den ersten Blick Übertriebenen ihres Auftritts ein gekonntes Gleichgewicht, das Austarieren der vielen Stile und Modezitate musste Stunden gedauert haben. Es war ein grandios verkehrter Auftritt für einen Eiscafé-Besuch am Sonntag um 15 Uhr. Die in der Großstadt längst erledigten, weil leer und beliebig gewordenen Begriffe Style, Trend und Fashion – hier wurden sie noch einmal vorgeführt und gefeiert mit einem geradezu existenziellen Ernst, wie das vielleicht nur noch in der Abgeschiedenheit der Kleinstadt möglich war.

Da sah ich unter den Jungs den mir vom Boxen bekannten Fred, das war der, der sich mit dem Seilspringen schwergetan hatte. Wir begrüßten uns jetzt beide besser auf die unauffällige Art.

Als die Bedienung kam, bestellten nur zwei Jungs einen Kaffee. Die anderen sagten: »Lass ma'.« Oder: »Nö.« Oder: »Einmal nüscht, bitte.« Die Bedienungs-Frau nahm das gelassen.

Die Sonne brannte und bretzelte.

Es wurde das getan, was an Sonntagnachmittags-Runden im Eiscafé üblicherweise getan wurde: noch eine geraucht; auf den Stühlen hin- und hergekippelt; gegähnt; die vergangene Samstagnacht besprochen; ganz viel gesprochen und dabei möglichst wenig gesagt. Die Gesprächsthemen wurden maximal dreißig Sekunden lang behandelt. Es verging also nicht eine Minute, in der kein neuer Vorschlag für das nächste zu besprechende Thema gemacht wurde.

Eric erzählte, dass er gerade erst aufgewacht sei: »Scheiße müde, echt.« Er schob die Sonnenbrille hoch, rieb sich die Augen, ließ die Sonnenbrille wieder runter. Eric sagte zu dem Typen, der neben ihm saß: »Halt's Maul.« Dann lächelten beide, Eric und der Typ, der neben ihm saß und sein Maul halten sollte, und Eric steckte sich das Frühstückszigarettchen an.

Einer sagte: »Ditt Crash-Eis schmeckt hier nicht, ditt schmeckt hier nur nach Wasser.«

Der neben ihm: »Weeßte noch das Crash-Eis an der Ostsee? Ditt war jut.«

Einer, er trug ein gelbes Polohemd mit der Aufschrift »Edeka/Wir lieben Lebensmittel«, war gestern über Nacht in Berlin gewesen.

Wo genau da in Berlin gewesen?

»Bei einem Kumpel. Neukölln. Kannst du aber echt nicht hinfahren. Nur Asoziale. Nur Kanaken.«

Einer erzählte die irre Geschichte von der gestrigen Samstagnacht: Da sei einer, den man kannte, dessen Name aber gerade nicht erinnert werden konnte, auf der B 167 kurz vor Finow von zwei Autos von der Straße gedrängt und, wie es hieß, mit zwei Bäsis, also Baseballschlägern, aus dem Auto herausgeboxt worden.

Watt?

Echt?

Ja.

Echt.

Krass.

Kaputt.

Assis.

Feddich.

Krasse Kacke.

Fred erklärte, und er nahm bei dieser Argumentation jetzt enormen Schwung auf, dass man nur mit dem Fuß auf dem Gaspedal hätte draufbleiben und heftig hin und her fahren müssen, dann könne einen niemand, nicht einmal die asozialste Sau, mit dem Baseballschläger aus dem fahrenden Auto herausboxen. Der Fehler liege also bei dem Überfallenen.

Raoul zitierte Gags aus der Serie *Family Guy*. Alle lachten.

Einer sang die Melodie von einem Computerspiel, die anderen stimmten ein.

Der Klitschko-Kampf gestern galt als die volle Pleite.

Sie, Freundin, suchte bei ihm, ihrem Freund, etwas in den Haaren. Er, Typ mit den dicken Armen, drückte ihr, Mäusegesichtiger, so lange einen Daumennagel in die Hand, bis ein blauer Fleck entstand. Sie quiekte.

Einer versuchte, auf die Schuhe seines Nebenmanns zu treten, ohne dabei vom Stuhl aufzustehen, der andere auszubüxen, ohne aufzustehen. Es wurde ein Stuhl-Tanz.

Es kamen zwei Jungs dazu, die ihre Geländemaschinen am Mäuerchen vor dem Eiscafé parkten. Sie zogen ihre Helme ab, machten die Runde und gaben jedem die Hand. Einer der Jungs trug eine orangefarbene Racinguniform mit der Aufschrift »KTM Racing Jopa.«

Die Rede war von einem Ron, der sich einen Focus RS gekauft hatte für 36 000 Euro. Übel genommen wurde Ron, so konnte der Reporter der Runde entnehmen, dass Ron nicht den weißen, sondern den giftgrünen Focus gekauft hatte, nur damit es nicht so aussah, als ob er sich den grünen, der teurer war als der weiße, nicht leisten konnte. Dabei hätte Ron den weißen, so wie es in der Caféhaus-Runde hieß, lieber gehabt.

Ein Polizeiauto glitt über die Hauptstraße: zwei Wachtmeister, hinter offenen Autoscheiben sitzend, keine drei Meter von den Caféstühlen entfernt. Die Jungs taten den Polizisten nicht den Gefallen, sich nach ihrem Wagen umzudrehen – sie machten, grinsend, Schießgeräusche nach: »Bamm. Babababamm.«
Gelächter, Freude allerseits. Polizeiwagen ab.
Ich merkte, dass die Freundin von dem mit den dicken Armen kurz davor war, mir eine Frage zu stellen, aber sie tat es nicht, sie fragte jetzt besser doch nichts. Ich bekam auch mit, dass die Runde von der ersten Minute an, in der ich mich dazugesetzt hatte, sich über den Reporter lustig gemacht hatte: über die Art, wie ich da saß, wie ich Kaffee bestellte, über meinen Hut. Ich fand das normal. Ich fand das, mehr noch, angemessen und gerecht.

Einer, der mir schräg gegenüber saß, hatte ein Ed-Hardy-T-Shirt an. Dann sah ich, beim zweiten Hinsehen, dass es natürlich doch kein Ed-Hardy-T-Shirt war.
Der Reporter fragte, schwachsinnig mutig, praktisch wider besseres Wissen: »Gutes T-Shirt. Ist das Ed Hardy?«
Und der Junge schoss, so entschieden wie freundlich und unter dem Gelächter der Runde zurück: »Ed Hardy? Nee. Ed Hardy trage ich immer nur montags, wenn Transentag ist.«
Der Reporter wurde, wie schon in der Kneipe Schröder,

dazu beglückwünscht, als Erstes Raoul und die Jungs von 5 Teeth Less getroffen zu haben: »Na, da hast du ja gleich den Richtigen kennengelernt.« Und ich sagte: »Na, ich weiß nicht. Ein Zufall war das nicht.« Und Raoul sah mich an und lachte: Als überlegte er, wie das kein Zufall gewesen sein konnte, dass ich ausgerechnet in ihn hinein-gelaufen war.

Raoul sagte zwei Sätze, die ich nicht anders konnte, als vor versammelter Runde in mein Notizbuch zu notieren (was mir einige irritierte Blicke und Fragen einbrachte), denn ich hielt diese Sätze – Entschuldigung – für große, für wirklich unbezwingbar große Literatur.
Raoul sagte, als er an seiner West Ice zog und es im Mo-ment dieses An-seiner-West-Ice-Ziehens einen Moment der Stille von dreißig Sekunden gegeben hatte – er sprach mitten in die Stille der Sonntagnachmittagsrunde hinein: »Rauchen fetzt. Weil da kieken die Weiber.«
Zustimmende Geräusche allerseits.

So saßen wir noch zwei Stunden.
Es war immer sehr unterhaltsam.
Und es wurde dann – natürlich – auch sehr langweilig.
Als es richtig langweilig, also wirklich finster dumm und öde zu werden drohte, hieß es in der Runde:
»Aral.«
Das Wort sprang, abwechselnd als Frage und als Antwort und Bekräftigung ausgesprochen und ausgerufen, einmal um die Runde, von Tisch zu Tisch, von Stuhl zu Stuhl:
»Aral? Aral! Aral … Aral.«
Raoul sagte: »Los geht's. Wir fahren nach Aral.«

## 20 Aral

Und alles erhob sich, Stühle wurden über den Stein gezogen, die Gang verteilte sich auf Autos und Motorräder,
und es ging, wie man mir das später erklärte, in zwei Ford
Focus RS, einem Ford Puma, in Erics Opel Astra und mit
einer KTM- und einer Yamaha-DT-Geländemaschine, mit
Vollgas und in wunderbaren Formationsfahrten an diesem Sonntagnachmittag im Juni zur Aral-Tankstelle.

Der Reporter saß mit Eric im Astra.

Eric: »Das sind alles gute Jungs, liebe Jungs. Alle auto-verrückt. Die leben wirklich für ihre Karren. Die saufen auch alle nicht so viel wie wir, kein Komatrinken, keine Vorstrafen. Die arbeiten oder sind in Ausbildung. Aber wenn es hart auf hart kommt, dann sind sie hart, dann kannst du dich auf sie verlassen.«

Eric, am Lenkrad seines Astra sitzend, umriss, während wir zur Aral-Tankstelle herunterschossen, die Biografien der Jungs, mit denen wir im Eiscafé gesessen hatten und nun bei Aral herumstehen würden – neun Biografien, die vielleicht beispielhaft waren für eine deutsche Kleinstadt-Wirklichkeit:

Fred: der vom Boxen. Er arbeite als Maurer bei einem Baugeschäft, sei jeden Morgen um sechs bei der Arbeit, stehe in den warmen Monaten jeden Nachmittag um vier bei Aral. Er fuhr kein eigenes Auto beziehungsweise, wenn er mit dem Auto unterwegs war, dann mit dem Passat von Opa. Dieser Fred saufe gerne mal einen, er wurde, so Eric, von den anderen Jungs auch Sexy genannt. Sexy? Ja, warum nicht Sexy?

André: einer von zwei in Oberhavel mit einem Focus RS (250 PS). Der mit den dicken Armen und der kleinen Freundin (Mäusegesicht). Er arbeitete bei einer Solartechnik-Firma in Berlin im Schichtsystem. Wenn André Frühschicht hatte, dann musste er auf den Zug um 4:20 Uhr. Er machte drei Mal die Woche Krafttraining. Dieser André war, so Eric, für seine einundzwanzig Jahre ein auffällig aufgeräumter und erwachsener Charakter. Andrés Freundin hatte Fachabitur, sie suchte derzeit Arbeit als Bürokauffrau.

Sergej: der Hübsche, der andere mit einem Ford Focus

RS (255 PS). Er arbeitete als Kellner in einem nahe gelegenen Vier-Sterne-Hotel. Ebenfalls ein aufgeräumter, netter Kerl. Über seine gut aussehende Freundin wusste Eric wenig.

Kessel: Das war der, der doch kein Ed-Hardy-T-Shirt trug. Hatte als Fachkraft in einer Firma für Lagerlogistik gearbeitet; bis die Firma keine Arbeit mehr für ihn hatte, weil die Aufträge weggebrochen waren. Jetzt lebe Kessel von Hartz IV. Er sei, so Eric, auch ein extrem zuverlässiger und netter, für jeden Scheiß zu habender Kollege.

Laudi: hatte Fachabi. Studierte jetzt Bauingenieur in Blankenburg. Technik-Freak, Auto-Freak, ein helles Kerlchen. Kein eigenes Auto. Fuhr BMX-Rad. Lebte noch zu Hause, von Kindergeld und vom Unterhalt der Eltern.

Atze: der mit dem Ford Puma, der übers Wochenende den Kumpel in Neukölln besucht hatte. Er arbeitete bei Edeka in Berlin-Reinickendorf. Den Puma habe Atze gebraucht gekauft, 4000 Euro. Noch mal 2000 hineingesteckt. Eins-Siebener-Motor, neues Fahrwerk, neue OZ-Felgen, neue Innenausstattung, Sportsitze aus Leder, 127 PS.

Schubi: schon älter, etwa dreißig Jahre alt. Er war seit Jahren bei der Marine, im Einsatz bei den Piraten in Dschibuti, auf Patrouillenfahrt am Horn von Afrika, auf Geleitschutz für die US-Truppen in Gibraltar. Zuletzt war Schubi in Zypern stationiert: Waffenschmuggel-Kontrollfahrten. So einen Job, so Eric, das wisse er von Schubi, den könne man natürlich nicht ewig machen. Schubi mache deshalb derzeit über die Bundeswehr eine Ausbildung als Erzieher.

Schubert, nicht zu verwechseln mit Schubi: Er spielte bei Eintracht Schwerin in der sechsten Liga Fußball (150 Euro im Monat plus Siegprämien). In Oberhavel habe er Fenster-Einsetzen gelernt und sei nun in Schwerin als Facharbeiter angestellt. Schubert fuhr einen neuen Golf. Er kam oft einen ganzen Monat nicht nach Hause, aber wenn er hier bei seinen Jungs in Oberhavel sei, dann gebe er Gas.

Auch über Janine konnte Eric ein bisschen was erzählen: Janine, das sei die, die vorhin neben Raoul gesessen hätte, richtig, die mit dem aufwendigen Style. Diese Janine, so Eric, sei früher mal ziemlich dick gewesen, aber dann habe sie tierisch abgenommen und sehe jetzt ziemlich gut aus. Sie arbeite als Kosmetikerin und Friseuse in einem Dorf bei Oberhavel, das sei ein harter Job: kaum Geld, viel Arbeit. Diese Janine, das könne er sagen, sei eigentlich wie ein Junge, so gut sei man mit der befreundet. Janine: immer lustig, immer mit dabei, ein echter Freund.

Ich fragte Eric, warum alle diese Freunde so komplett anders waren als er, sein Bruder und die Jungs in der Band. Er sah mich an durch seine Sonnenbrillengläser. Er war überrascht. Auch amüsiert. Ihn interessierte die Frage.

Eric: »Sind die so anders?«

Ich bestätigte: »Die sind völlig anders. Ja.«

Eric lenkte den Astra auf die Aral-Tankstelle, wo er neben dem Puma und den zwei Focus RS am Mäuerchen, gleich vor dem Schild mit der Aufschrift »Feuergefahr: Rauchen, Feuer, offenes Licht polizeilich verboten«, zu stehen kam.

Eric erklärte: »Ich glaube, das liegt daran, dass diese Jungs jünger sind als wir.« Er, Eric, sei 25, André, Fred und die anderen seien 20 und 21 Jahre. Es seien nur drei, vier Jahre Unterschied, aber diese Jahre machten viel aus.

Er stieg aus, legte seine Sonnenbrille aufs Autodach, stand hinter der geöffneten Autotür. Beim »Super Wash«-Schild, wo noch einige Autos geparkt hatten, hingen noch einmal an die zwanzig Jungs herum, die zuvor nicht im Eiscafé gesessen hatten, sie tranken, rauchten, sahen zu uns herüber. Der Reporter bemerkte, dass über dem U und A des »Super Wash«-Schildes je zwei kleine Pünktchen geklebt waren. Da stand nicht »Super Wash«, sondern »Süper Wäsh«. Ein kleiner Anschlag: Humor der Jungs von der Aral-Tankstelle.

Eric wollte noch etwas sagen. Ich sah, dass die leichte Anstrengung im Kopf etwas war, was ihm Freude bereitete, das Nachdenken lag ihm, bloß bekam Eric die Dinge, die in seinem Kopf waren, manchmal nicht in Worte gefasst und ausgespuckt. Seine abgeblätterten Fingernägel. Ich dachte: Ihr dummen Klischees, ihr seid doch alle wahr. Einer, der sich in der Kleinstadt die Fingernägel schwarz lackierte, der grübelte eben auch gerne nach, der wollte mehr wissen, wollte ein bisschen nachdenklich sein.

Eric: »Die Jungs, verstehst du, haben die DDR nicht mehr miterlebt. Aber Rampa, Raoul und ich, wir kommen von früher. Wir haben das alte Deutschland noch mitgemacht.«

Ich notierte, dass die DDR des Eric, der im Jahr 1984, also fünf Jahre vor Mauerfall geboren worden war, ein Land war, dass noch einmal ausführlich besprochen werden wollte.


Es ging mit den Jungs, mit Raoul, Eric und einigen anderen, in das Haus der Tankstelle hinein: sich da ein bisschen an die Stehtische stellen und einen auferzählen.

Die zwei Stehtische, das verstand der Reporter, waren eigentlich Mülleimer mit einer Tischfläche darüber. Keiner kaufte etwas. Hinter der Kasse stand eine ganz süß aussehende Maus mit einem weinroten Pony in den blond gefärbten Haaren, sie hatte betont gleichgültig weggesehen, als die Gang den Verkaufsraum betreten hatte. »Mandy«, sagte Raoul und nickte mit dem Hinterkopf zu ihr, der Frau an der Kasse, hin. Mandy kannte die Jungs, so viel war klar. Zwei schnappten sich die *Bild*-Zeitung, blätterten darin herum und legten sie in das Zeitungsregal zurück. Auf den Tischflächen lagen Flyer aus: das große Touringtreffen, präsentiert von der KFZ-Werkstadt Auto M. Burdinski, am Flugplatz in Großdölln; die zweite Brandenburger Schnitzelmeisterschaft im All-You-Can-Eat-Restaurant Larifari in Liebenwalde.

Zum Touringtreffen fuhren sowieso alle hin: Quarter-Mile-Rennen, Drifting Shows, Erotic Car Wash, Pflichttermin. Am Viertel-Meilen-Rennen, bei dem es darum ging, möglichst gut, wie gesagt wurde, aus dem Quark zu kommen, mit dem in der Startbox stehenden Auto also einen möglichst furiosen Start hinzulegen und die Strecke von gut vierhundert Metern (exakt 402,36 Meter) in möglichst kurzer Zeit herunterzubrennen, würde jeder Fahrer eines Oberhaveler Autos mit 150 oder mehr PS, also praktisch jeder junge Mann aus Oberhavel, teilnehmen.

Die Schnitzelmeisterschaft, so erfuhr der Reporter, war das andere Riesending, der zweite gesetzte Termin im Sommerkalender der Kleinstadt. Zwanzig, dreißig Jungs nahmen an einer Festtafel im Restaurant Larifari Platz; dann ging es simpel darum, so viel paniertes Schnitzel wie nur irgend möglich in sich hineinzufressen. In der Startgebühr von 25 Euro war ein Liter Bier zum Nachspülen enthalten, dem Sieger winkten 200 Euro, dem zweiten Platz einhundert, dem dritten 50 Euro. Im letzten Jahr hatte Fred mit 1,3 Kilo den ersten Platz belegt, in diesem Jahr, so Raoul, würde sich die Tankstelle praktisch geschlossen anmelden, man wolle alle drei Plätze heim nach Oberhavel holen.

Die Gang ging nun, weil geraucht werden musste, geschlossen nach draußen und stellte sich vor das »Feuergefahr: Rauchen, Feuer, offenes Licht polizeilich verboten«-Schild.

Ob es hier, so gleich neben dem Schild, das vor offenem Feuer ja ausdrücklich warnte, nicht doch gefährlich sein könnte zu rauchen, wollte der Reporter wissen.

»Nicht doch«, erklärte Raoul, »wir stehen ja hier nur über einem 20 000-Liter-Benzintank. Das ist alles ausreichend abgedichtet.«

Die Architektur der scheinbar zufällig, aber eben doch in einer höheren Ordnung zueinander geparkten Autos – einer Choreografie der Motorhauben, Spoiler, Schutzbleche, der Autotüren und Scheinwerfer. Ich verstand die Ordnung nicht. Aber ich sah doch, dass man hier sein Auto falsch und richtig, glücklich und weniger glücklich parken konnte.

Autoaufkleber »Mädchen & Motoren«.

Autoaufkleber »No Fat Chicks«.

In einem Opel lag eine Papptafel mit der Aufschrift »Hauptschule 2017« hinter der Heckscheibe.

Zwei Jungs mit Marvel-Comic-Kappen. Einer spielte mit einer Spiderman-Figur, die sich aufziehen ließ und sich an der Karosserie festhalten konnte. Da stand zwischenzeitlich auch mal ein Typ mit der rätselhaften Runenschrift-T-Shirt-Botschaft »Pommern Niemals Knecht« dabei.

Die Jungs rauchten, stellten ihre Schuhe auf die Reifen, öffneten Kofferräume, schlossen Kofferräume, starteten ihre Wagen, fuhren zwei Meter weit, drehten den Motor erneut ab. Und: neue Sprüche, neue Gags, neue Zigarette.

Jungs fuhren ab, und neue Jungs kamen dazu, parkten ihre Wagen, sprangen heraus, ließen die Wagentüren zufallen, begrüßten jeden einzelnen mit Handschlag, rauchten eine, quatschten rum, blieben noch auf eine Zigarette und auf noch zwei dumme Sprüche und fuhren wieder ab.

Die drei Abschiedsfloskeln, die möglich waren, hießen: »Hau rinn.« Gesteigert: »Rinnejehau'n.« Und in der zweiten Steigerung: »Rinnejehau'n und abjefahr'n.«

Eine Kunst für sich war natürlich die Abfahrt von der Tankstelle. Man konnte es mit schreienden Reifen und mit schrei-kreisch-jaulenden Reifen tun. Und man konnte so tun, als lasse man den lautstarken Abschied ausfallen, um dann, auf den letzten Metern der Tankstelle, die Reifen umso bestialisch lauter schreien zu lassen. Bloß einfach abfahren von der Tankstelle, das ging nicht.

Jedes Auto, das die Tankstelle befuhr, wurde, sofern es nicht auf Anhieb einem Halter zuzuordnen war, mit einem Spruch kommentiert, so wie überhaupt jede Bewegung auf der Tankstelle genau registriert wurde. Ein Typ mit »Ost-Berlin« auf dem T-Shirt, das »Ost« in Runenschrift geschrieben, führte seine Braut quer über die Tankstelle zum Kassenhäuschen. Sie hatte einen steilen Busen. Ihr

Busen wurde unter den Jungs kommentiert, sein T-Shirt nicht.

Raoul erzählte bald diese, bald jene Geschichte. Raoul zitierte aus Fernsehserien. Und immer wieder erzählte Raoul Witze: »Bruder fickt mit seiner Schwester. Schwester: Pappi fickt aber besser als du. Bruder: Hat Mammi auch gesagt.«

Wie in der Gaststätte Schröder, im Proberaum, bei jeder Autofahrt und jeder Ansammlung, bei der mehr als drei Leute zusammenkamen, herrschte auch auf der Aral-Tankstelle Witzzwang. Eine Wortmeldung, an deren Ende nicht laut wiehernd gelacht werden konnte, musste auch hier als durchgefallen gelten.

Der Reporter stand dazwischen, Hut auf dem Kopf, das Aufnahmegerät von Olympus in der Hand, und versuchte, möglichst viel von den Geschichten und Gags, die zwischen den Autos und den Jungs hin- und herflogen, mitzukriegen.

Immer wieder kam es vor, dass einer der Jungs einen offensichtlich superlustigen Vortrag hielt, von dem der Reporter kein Wort verstand – so beinhart und schnell war das Brandenburgisch, das die Jungs sprachen. Der Reporter musste dann zu einem der Jungs hintreten und sich die Geschichte, die gerade für Fröhlichkeit gesorgt hatte, übersetzen lassen. Meistens waren Raoul oder Eric so freundlich und taten dem Reporter den Gefallen.

Und immer wieder trat einer der Jungs zum Reporter hin und stellte die naheliegenden Fragen: Wer ich eigentlich sei; was ich hier wolle; ob das ein Aufnahmegerät sei.

Ich zeigte dann auf Raoul und Eric, erklärte, dass ich zu diesen Jungs gehörte und dass ich alles, alles aufzeichnete oder in mein Notizbuch schrieb, weil ich der Reporter sei und an einem Buch über die Kleinstadt arbeitete.

Wow, sagten dann die Jungs. Ob sie da auch in dem Buch vorkämen?

Und ich erklärte dann: Ja, und dass jeder, also auch der, der da gerade vor mir stünde, in dem Buch vorkäme – so wie überhaupt jeder und alles in dem Buch vorkäme, die Jungs, die Tankstelle, die Gaststätte Schröder, Franky's Place, die Eiche, Spandauer Straße, der Marktplatz, alles.

Die Jungs waren erstaunt; und dann freuten sie sich.

Die Mehrzahl der Jungs bei Aral aber, so stellte sich heraus, war von Raoul auf mich vorbereitet worden: der Typ aus Berlin; schreibt; stellt Fragen; seid ein bisschen nett zu dem.

Es wurde dem Reporter ein Typ namens Popper vorgestellt. Er trug ein riesiges T-Shirt der amerikanischen Basketballmannschaft LA-Lakers und eine Kappe über einem Kopftuch, so wie es der Rapper 50 Cent in seinen Videos vorgeführt hatte: Hip-Hop-Style. Popper arbeitete bei der Bäckerei Kindler auf der Spandauer Straße, weshalb sich sein Tag-Nacht-Rhythmus dramatisch von dem der anderen Jungs unterschied. Unter der Woche musste er von zwei Uhr nachts bis acht in der Früh Brötchen backen. Auffällig war Poppers hohe Stimme, die so überhaupt nicht zu seinem bösen Äußeren passen wollte.

Raoul über Popper: »Er ist unser Bester.«

Eric: »Popper ist ein Vollidiot, aber das ist egal, ist ja auch nicht böse gemeint, wir sind ja alle Idioten. Wir haben ihn immer gerne dabei, er ist ein Freund.«

Es war ein herrlich aussehender Kerl namens Marcin dran.

Wie?

Noch mal der Name, bitte?

»Marcin. M-A-R-C-I-N. Polnischer Name – richtig, meine Familie kommt aus Polen.«

Und der, der einen polnischen Namen trug, unterbrach sich, um einen Gag zu setzen: »Polen, weeßte, ditt is ditt Land, wo immer so viel geklaut wird und das Benzin so billig ist.«

Er war einer der beiden Jungs mit Marvel-Comic-Kappe. Auf seiner Kappe waren Szenen aus *Spiderman* abgebildet. Er war klein, dunkelbraun gebräunt, auftrainiert, im rechten Ohr trug er einen schwarzen, im linken Ohr einen weißen Clip. Das Gesicht von Marcin war ein einziges Grinsen.

Raoul sagte im Vorbeigehen über seinen Kumpel: »Außer Eisfressen, Autofahren und dusselig durch die Gegend labern will der nüscht.« Und er, Marcin, revanchierte sich gleich mit einem Faustschlag auf Raouls Schulter.

Und auf den Zehenspitzen stehend, in den Knien federnd, die Ellbogen an die Hüften gelegt, die Handknöchel aneinander reibend, stand Marcin vor dem Reporter und wusste auch nicht und konnte einfach nur strahlen, weil er so viel Kraft, so viel Übermut, so teuflisch gute Laune hatte.

Der Reporter verstand gleich, dass dieser Marcin enorm unter Druck stand. Mehr noch als die anderen Jungs wollte Marcin Gags reißen, Sprüche klopfen, hammerharte

Sätze heraushauen, die besser trafen, genauer saßen, schärfer stachen, schneller auf den Punkt kamen, als die Gags und Sprüche der anderen Jungs das konnten. Dieser Marcin trug eine herrliche Ungeduld in sich. Es war, als hätten sich in ihm, jahrein, jahraus in der Kleinstadt, eine Lust, ein Durst, ein Hunger angestaut, die ein einziger Abend an der Tankstelle, und sei er noch so überdreht, so irre, so abgefahren, nicht stillen konnte. Es war, so las das der Reporter im von der Kappe bis zu den Turnschuhen gespannten Auftritt des Marcin, nicht weniger als die klassische Lust auf mehr – mehr Sex, Krawall, Lautstärke, Geschwindigkeit, PS –, aus der einst, ganz früher einmal, also vor gut fünfzig Jahren, in den Kleinstädten und an den Tankstellen Amerikas, der Teenager entstanden war, der Halbstarke, der Rebell without a Cause. Diesem Marcin ging es, das sah der Reporter, um gar nichts, außer darum, dass es heute Abend, am besten jetzt gleich, noch einen Donnerschlag tat.

Yeah.

Grinsender Marcin.

Er trat zum Olympus-Stift des Reporters hin und diktierte, von einem Schuh auf den anderen tretend, in schnauzendem, bellendem, überschnappendem Brandenburgisch, dem Reporter die Stichpunkte ins Gerät, die die Umrisse einer Biografie ausmachten: 1988 geboren, seine Lehre zum Heimerziehungspfleger in Rathenow und Templin hatte er nach einem Jahr geschmissen. Derzeit arbeitete er Strafstunden in einem Kindergarten ab. Die Kinder, so Marcin, liebten ihn, weil es bei ihm immer was zu grinsen, immer was zu lachen gebe. Was er später mal arbeiten wolle, das könne er jetzt auch noch nicht sagen.

Seine eigentliche Leidenschaft aber, so Marcin, sei natürlich sein Auto. Und fast widerwillig, weil dieses Auto wohl wirklich sein Ein und Alles war, zeigte Marcin auf einen schwarzen Polo mit roten Sitzschalen. Die Rücksitze des Polos waren herausgerissen.

Selbstverständlich würde Marcin mit seinem Polo zum Viertel-Meilen-Rennen in Großdölln antreten, so wie seine Kumpel André und Sergej selbstverständlich mit ihren Focus RS zum Viertel-Meilen-Rennen in Großdölln antreten würden. Eine 13-Sekunden-Zeit sei selbstverständlich. Eine 12er-Zeit sei, sofern sein Turbo nicht aussetze, machbar.

»Watt soll ich dir erzählen?«, fragte Marcin. Er legte eine Hand auf das Dach seines Wagens. Und mit leiser Stimme sagte der Autotuner ein paar Verse der international gebräuchlichen Autotuner-Lyrik auf:

»Ditt ist ein Polo 6 N mit einem Eins-Achter-Turbo, der kommt aus einem Audi. Derzeit sind es 230 PS. Der Motor wurde schräg eingebaut, weil er sonst nicht reingepasst hätte. Batterie musste in den Kofferraum verlegt werden. Türpappen raus, Karbonplatten rein. Jetzt haben wir noch mal zweihundert Kilo rausgerissen, so kommen wir auf neunhundertachtzig Kilo Leergewicht. Toyo-Proxes-T1-R-Reifen. Sparco-Schalensitze. 4-Punkt-Gurte. Am Motor ist ein Chip drauf. Ende des Jahres geht's noch mal richtig ab, da gibt's noch mal eine Leistungsspritze. Bei um die 400 PS wollen wir dann landen.« Auf dem Heck des Polos, so sah der Reporter, klebte ein schöner »Anfänger«-Aufkleber.

Der Polo, so erzählte Marcin, sei auf seine Oma zugelassen, die Umbauten habe ihm die Mutter bezahlt.

Was kostete so ein Wagen, so wie er da stand?

Raoul kommentierte: »Eigentlich hat er mehr rausgerissen, als er reingesteckt hat.«

Marcin: »1000 Euro hängen da auch schon wieder drinnen. Das zahlt aber zum Glück alles Mutti.« Der Polo-Fahrer sprach hinter vorgehaltener Hand: »Du musst da natürlich bisschen mit Ausreden arbeiten. Ich habe ihr zum Beispiel erzählt, dass mein Turbolader den Arsch hochgerissen hat und ich deswegen einen neuen Turbolader brauche. Da wurde dann gleich ein größerer bestellt.«

Der Reporter konnte zu dieser Erzählung nichts anderes als »wunderbar« sagen, da er ja nichts verstand. Als spürte er, dass das Autothema damit erledigt sei und als gälte es, den Reporter ein bisschen zu erschrecken, haute Marcin, mehr in Richtung von Janine als zum Reporter, etwas zu einem ganz anderen Thema heraus – wieder mit dem unvergleichlichen Marcin-Strahlen im Gesicht: »Heute früh aufgewacht, gleich einen runtergeschrubbt, wieder eingeschlafen, da stand das Ding schon wieder, als ich aufwachte.« Sie, Janine, lächelte nachsichtig.

Dann standen wir immer noch bei Aral.

Ein Stunde.

Noch einmal zwei Stunden.

Gegen neun Uhr abends: die Stunde, in der es dunkel wurde.

Es war eine Woche vor dem längsten Tag des Jahres, Sommerwende, jenem Junitag, an dem die Sonne um 21:32 Uhr untergehen würde – als es, noch einmal, für gut eine halbe Stunde ruhig wurde und die Langeweile neu ausbrach.

Es wurde zu den Zigaretten mit dem Dosenbier-Trinken angefangen. Einige Jungs tranken aus Flaschen, auf denen Smirnoff Ice oder Bacardi Breezer Tropical Orange stand. Janine stand da, rauchte, trank aus einer Flasche mit der Aufschrift X-Plosiv. Sie sah so aus, als ob sie es so, rauchend, trinkend, herumstehend, noch ein paar Stunden aushielt.

Eine Herausforderung für die Blicke – vor allem jetzt, im schönen Rot des Frühsommerabends – war die Wiese, die sich von der anderen Straßenseite bis zum Städtchen erstreckte. Herausforderung deshalb, weil die Wiese so malerisch nach nichts, nach Land, nach Licht-Aus, nach Endstation Sehnsucht aussah. Am Horizont der rotgolden leuchtenden Wiese glühten die Lichter der kleinen Stadt.

Gerüchte, welcher Investor die große Wiese an der Tankstelle kaufen wollte: McDonald's, so wusste einer, sollte kommen. McDonald's, so André, wäre für das Städtchen natürlich der Hauptgewinn. Rossmann sollte demnächst neben Lidl eröffnen, das, so Janine, wäre für die Mädchen natürlich schön.

Raoul: »Hier kommt niemand mehr.«

Fred stand mit einem mit Käse überbackenen Baguette von der Aral-Petit-Bistro-Karte da: »Schmeckt so, wie es aussieht.« Der Snack, mit dem die Jungs sonst von Zeit zu Zeit aus dem Tankstellenhaus herauskamen, bestand aus einem hellen Brötchen mit Ketchup, das auf einem Pappendeckel lag: »Schmeckt gut, macht satt.«

Marcin zeigte in den sternenklaren Abendhimmel über der Tankstelle: »Mensch, morgen soll ditt ooch schon wieder dreißig Bolleros geben. Haben sie in den Nachrichten gesagt.«

Einer sagte: »Nach Kaiser's.«

Ein anderer: »Wir gehen eine Stadtrunde drehen.«

Der Nächste: »Wir fahren mal nach der B 1.«

Noch einer zählte, aus welchem Grund auch immer, Ost-Produkte auf, die es, obwohl aus dem Osten, im Westen geschafft hatten: Bautz'ner Senf, Spreewaldgurken, Rotkäppchen-Sekt, Ernte 23. Moment, Ernte 23 kam aus dem Westen.

Jetzt musste kurz mal wieder, weil das immer funktionierte, etwas einwandfrei Rassistisches oder Fremdenfeindliches gesagt werden. O-Ton: »Gut, dass wir hier in Oberhavel keine Türken haben. Aber bei den Schlitzaugen weißt du auch nicht. Die vermehren sich wie die Fliegen.« In selber Runde fiel der Satz: »Man wird doch wohl noch mal ein paar ordentliche Judenwitze erzählen dürfen ...« Da waren dann in der Runde wohl ein paar ordentliche Judenwitze erzählt worden, was der Reporter, Gott sei Dank, nicht mitbekommen hatte.

Marcin zeigte auf eine Frau, die mit ihrem Wagen mit großer Umsicht und Langsamkeit aus der Tankstelle herausgekrochen kam: »Mensch, die wieder: die Schnecke. Die fährt bei dreißig fünfundzwanzig. So was kann ich ja auf den Tod nicht ab.«

Ein Typ erzählte Wissenswertes zu den Tunnel genannten Plastikröhren in seinen Ohren: Bei bis zu 22 Millimeter Durchmesser, so der Typ mit den Tunnel-Ohrringen, wuchsen die Ohrlöcher wieder zu. Er konnte die Tunnel aus den Ohrläppchen herausnehmen und wieder reinstecken, wie ein Kaugummi in den Mund.

Ich fragte Eric, wo eigentlich Rampa stecke an so einem Abend; und warum unser Freund Rampa bei so einem brillanten Aral-Abend nicht dabei war.

Eric: »Der sitzt bestimmt zu Hause vor der Playstation. Der ist nie dabei, wenn wir das Aral-Ding durchziehen. Der Rampa, sagt er selber, ist zu alt für so einen Scheiß.«

Die Gags, die nun gerissen wurden, waren tatsächlich eher die von 12-Jährigen als die von 21-Jährigen:

Kessel zeigte auf das Schild »Süper Wäsh«, das die Gang mit je zwei Pünktchen korrigiert hatte, und schlug vor, das Spiel mit den anderen Leuchtkästen fortzusetzen: Der Autofahrer, der bei der Aral-Tankstelle von Oberhavel einbiege, lese dann »Süper Böx«. Und »Äräl. Älles süper«. Das wolle man demnächst mal in Angriff nehmen. Große Zufriedenheit allerseits. Gelächter.

Marcin, dessen Gags stets den möglichst direkten sexuellen Ausdruck suchten, spielte mit den Schläuchen an der Luft-Wasser-Station herum. Er hielt sich das Luftventil von hinten zwischen die Beine, bediente den Luftzustrom und kommentierte, was, ehrlich gesagt, auch schon wieder ziemlich lustig war: »Ist geil. Werden die Arme voll dick.«

Dann fuhr die Polizei vorbei, und Marcin knatterte eine neue Wortsalve heraus: »Polizei. Die Penisköppe. Die haben eine richtige Macke, die sind total besengt hier. Du fährst in jeder anderen Stadt, da drehen die nicht um, wenn sie ein tiefergelegtes Auto sehen. Aber hier, Alter: Da setzen sie gleich das Blaulicht drauf, sobald sie ein Auto sehen, das bisschen hoppeln kann. Die Affen.«

André hatte das Spuck-Ding zu laufen. Er ließ, mit großer

Sorgfalt und großem Ernst, einen Tropfen Spucke auf den Rost im Tankstellen-Boden fallen.

Wahnsinn, dachte der Reporter: Da stand er, mein Spuckefaden-Hero, um den es mir ganz zu Anfang der Reise gegangen war, ja, wegen dem ich die Reise doch überhaupt erst angetreten hatte.

Guten Abend. Verehrung.

Und dann tat sich wieder etwas.

Um Punkt elf wurde die Tür des Kassenhauses von innen abgeschlossen. Der Leuchtkasten »Nachtschalter« sprang an.

Als sei dies ein Zeichen, das in jede Straße der Kleinstadt gesendet wurde, trafen im Minutentakt immer neue Autos ein. Wir waren, gegen 17 Uhr, an die zwanzig Mann gewesen; dann, gegen 21 Uhr; an die zehn. Nun, nach 23 Uhr, mit Öffnen des Nachtschalters, wurden es schnell an die dreißig, vierzig, die um ihre Autos herumstanden. Auf zur letzten Runde an der Tankstelle: Nachtleben bei Aral.

Es nahm die Versammlung das Aussehen eines Picknicks an, eines Grillfestes, Sommerlagers am See – bloß fand diese Party eben nicht am See, sondern auf der Tankstelle statt. Auf den Pflastersteinen vor der Luft-Wasser-Station wurden Bast-Rollos ausgebreitet, je drei Jungs saßen auf einer Matte, Bierflasche, Zigarette in den Händen, der Rest hockte auf den Steinen oder stand daneben. Einer ließ die Tür seines Wagens offen stehen und Musik laufen.

Radeberger Pilsner.

Hasseröder.

Becks Green Lemon.

Lutscher.

Pappbecher.
Wodka Cola.

Zwei Frauen, die noch mal anders gut aussahen, wurden auf den Bastmatten gesehen. Da saß auch eine sehr ansehnliche mit langen Beinen in einer weißen Jeans.

Ein Vergnügen sah so aus, dass es natürlich immer wieder zu freundschaftlich gemeinten Schubsereien und Hauereien kam: Nur Raoul, das fiel auf, schien sich an diesen Revierkämpfen unter den Jungs nicht zu beteiligen. Eric, so merkte ich, sagte eigentlich immer nur dieselben zwei Wörter, »Halt's Maul«, wobei er die Verbindlichkeit, mit der er diese Worte sprach, genau dosieren konnte. Es gab das kumpelhafte und das zurückweisende »Halt's Maul«. Die Lautstärke der Gags erhöhte sich. Wer jetzt, im Gewurl der Stimmen, Musik und gegeneinanderstoßenden Bierflaschen, noch gehört werden wollte, der musste brüllen.

Autos, die auf der Tankstelle eintrafen, wurden – ganz gleich, ob Kumpel oder Unbekannter – mit dem immer selben Schlachtruf aus dreißig Junge-Männer-Kehlen empfangen: »Schwul!«

Zusatzruf, meistens kam der von Marcin: »Lass die Kupplung springen, Dummkopf.«

Ich versuchte mir vorzustellen, wie ich reagierte hätte, wäre ich ein unbescholtener Bürger gewesen, der seinen Wagen in dieser Sonntagnacht an die Aral-Tankstelle in Oberhavel gelenkt hätte, und da stünde eine Horde Jungs mit Bierflaschen und brüllte »Schwul«. Keine Frage, ich wäre besser nicht ausgestiegen. Ich hätte die nächste Tankstelle genommen.

Immer wieder fand sich das Sitzen, Schieben und Schubsen, das Hinsetzen und Aufspringen zu Formationen zusammen, die aussahen, wie von einem unsichtbaren Tankstellen-Regisseur choreografiert. Den armen Polizeiwagen, der noch ein drittes Mal vorbeikroch, begrüßte der Chor mit einem Fußballgesang: »Blauweißer Partybus! Schananana!« Dann galt der brüllende Männerchor dem Mädchen, das hinter der verschlossenen Tür den Nachtschalter bediente. Fünf Jungs hatten sich in einer Reihe aufgebaut, die Hände zu Trichtern geformt, und grölten im Chor:

»Mandy! Du geile Sau!«

Raoul: In jeder Minute der vergangenen sieben, acht Stunden, den stillen und den lauten, war er in der Rolle des Anführers geblieben. Er war stets obenauf, stets Herr der Lage. Sein Bruder Eric gab die Rolle des seitlichen Unterstützers, des stillen Teilhabers, des unbeteiligten Betrachters. Beide, Raoul und Eric, spielten ihren Part gut.

Die Rituale des Zeit-Verplemperns. Wahrscheinlich hatten sich diese Rituale in den letzten fünfzig Jahren wirklich kaum verändert. Es ging unentwegt darum, die Zeit zu dehnen – das hieß, den faktischen Ablauf der Zeit neu auszulegen. Komisch, aber hier an der Tankstelle schien die Zeit nicht die Jungs, sondern die Jungs schienen die Zeit zu bestimmen. So konnten aus drei Minuten eine halbe Stunde und, andersherum, aus einer halben Stunde drei Minuten werden. Das fand hier unentwegt statt.

Das Dehnen, das Aushebeln der Zeit, so glaubte der Reporter beobachtet zu haben, war kein abgehoben metaphysischer, sondern ein sehr konkreter Vorgang, der mit den Körpern der Jungs bewerkstelligt wurde. Man konnte wirklich sehen, wie die Jungs mit ihren Körpern die Zeit auf den Rücken drehten: Das fand so statt, das war für jeden gut zu beobachten. Auf eine Art sah der Reporter, wie es den Jungs immer wieder gelang, sich neben die Zeit, nicht in sie hinein zu stellen. Wichtig war sicherlich, die Füße und Beine ständig in Bewegung zu halten. Wer mit den Füßen nicht in Bewegung blieb, der klebte fest. Wichtig war sicherlich auch, dass man unentwegt signalisierte, auf dem Sprung zu sein: In ein, zwei, spätestens in drei Minuten, so musste ständig gesagt werden, wolle man schon wieder weg sein. So konnte man gut immer noch eine halbe Stunde lang bleiben.

Jungs, die ich auf der Tankstelle kennenlernte, hatten, je später es wurde, die immer besseren Namen, sie hießen:
Falco.
Bottrop 2000.
Hatfield.
Sechsa.
Smokey.
Dingdong.
Phase.
Van Damme.
Hief Lätscha.
Ich mochte sie alle, und sie waren mir alle ein bisschen egal.

»Die sind jünger als wir«, hatte Eric über die Jungs von Aral gesagt, als wir am frühen Abend auf die Tankstelle gefahren waren. Und tatsächlich, im Feiern und Fröhlichsein lagen eine Unbeschwertheit, ein Pragmatismus und eine Zuversicht, die mir nicht gegeben waren und die ich letztlich nicht verstand.

Vielleicht hatte ich Raoul und Eric auf meiner Seite, vielleicht wollte ich sie da auch nur haben.

Die Trennungslinie zwischen den Jüngeren und den Älteren lief jedenfalls da lang, wo bis 1989 die Mauer gestanden hatte: Auf der einen Seite waren die, die eine Erinnerung an die DDR hatten, auf der anderen Seite die ohne Erinnerung. Die einen kamen aus einer uralten Vergangenheit, die im 20. Jahrhundert begonnen hatte, vielleicht 1949, vielleicht noch früher, die anderen hatten exakt das Alter, das in ihrem Personalausweis stand: 20 oder 21 Jahre. Der Abstand zwischen diesen beiden Generationen aber konnte in Wirklichkeit, so wie Eric das erklärt hatte, ein marginaler sein: wenige Monate, ein Jahr, wenige Jahre, kein Abstand.

Die Zukunft der Jungs von Aral konnte ich mir vorstellen, es war keine großartige, oft nicht mal eine okaye Zukunft, aber, immerhin, man sah etwas: Ausbildung oder keine Ausbildung, Arbeit, keine Arbeit, Zeitarbeit, Kinderkriegen, manche ohne, manche mit Hochzeit, lebenslange Mitgliedschaft im Sportverein, Autos, Fernseher, Häuser auf Pump, einer schaffte es bis ins Ausland, zwei nach Berlin, der Rest der Jungs blieb in der Kleinstadt hängen, einer fuhr mit dem Auto gegen den Baum, einer würde beim Alkohol landen, einer bei den Anonymen Alkoholikern.

Bei meinen Jungs, die Raoul, Eric und Rampa hießen, war ich weit weniger sicher. Es war, als ob die Erinnerung an die DDR sie klüger, kräftiger, breiter gemacht hatte, aber natürlich auch unbeweglicher. Ich glaubte, sie quer in der Gegenwart drinhängen zu sehen. Auf eine Art vertrug die

Gegenwart sich nicht mit ihnen. Ich sah sie öfter zögern. Ich sah sie sich immer wieder distanzieren, auf Abstand gehen. Sie warteten ab, und diesen Sommer, den Rest des Jahres und die kommenden Jahre wollten sie, vor allem, weiter abwarten. Für mich, den Reporter, sah es so aus, als ob meine Jungs auf etwas warteten, mit einer stoischen, geradezu heroischen Ruhe auf ein Ereignis, eine Störung von außen warteten, von dem sie selber am besten wussten, dass es nicht mehr kam.

Über die Jungs von Aral, das wusste der Reporter, würde es nicht mehr viel zu berichten geben: Es konnte die Übertragung hier praktisch stoppen. Meine Jungs aber, die Jungs von der Band 5 Teeth Less, wollte ich weiter anschauen, damit es – was sich wunderbar und richtig anfühlte – weiter nichts zu verstehen gab.


Es herrschte nun die Sorte Verbrüderung, bei der der Lauteste die anderen, die gerade nicht so laut sein konnten, zum Saufen, Lachen, Fröhlichsein zwang – da wurde dem Reporter noch einmal ein sagenhafter Haudegen, gewissermaßen der King der Tankstelle, vorgestellt:

Der Reporter hatte ihn schon im Auge gehabt. Er war mittelgroß und mittelkräftig. Er hatte einen großen Kopf, kurze Haare, seine kleinen Augen wirkten müde. Er trug einen Blaumann, die Arbeitshose des Handwerkers. Er war noch jung und sah doch so aus, als ob er schon einiges weggesoffen hätte in seinem kurzen Leben. Im Nacken, das hatte der Reporter noch aus der Ferne erspäht, hatte er, King der Tankstelle, das Kürzel »110 Abrizz« eintätowiert. Auf seiner rechten Schulter lag ein Beil, den Griff des Werkzeugs hielt er in seiner rechten Hand. So, Beil haltend, Blaumann tragend, musterte er den Eindringling. Es war, alles Schöne zusammengerechnet, was ich heute auf der Tankstelle erlebt hatte, der schönste, ein wahrhaft königlicher Anblick.

Raoul erklärte: »Ditt ist Hundertzehn-Prozent. Wir nennen ihn Hundertzehn, weil er alles, was er anstellt, zu hundertzehn Prozent erledigt.« Und Raoul fuhr fort, im Tonfall desjenigen, der wusste, dass er eine gute Geschichte erzählte: »Wenn Hundertzehn besoffen ist, dann ist er richtig besoffen. Wenn er Scheiße baut, dann baut er richtig Scheiße. Wenn er beim Zelten einschläft, dann liegt er garantiert mit dem Kopf in der Fleischschüssel.«

Wir gaben uns die Hand.

Der Reporter fragte den King im Blaumann, was er mit dem Beil heute noch vorhabe.

Hundertzehn: »Nüscht mehr. Obwohl? Vielleicht hacke ich noch irgendwo einen Baum um.«

Er grinste.

»Einen dünnen.«

Das ziemlich gute, ziemlich gekonnte Grinsen des Abrizz 110, der ein Beil auf der rechten Schulter trug.

Es war gut für heute.


Der Nachtschalter war – das war ja das Schöne – bis zum nächsten Morgen geöffnet: dann, wenn um sieben Uhr früh von innen aufgeschlossen werden würde.

Es war die ganze Vorstellung, das verstand der Reporter, absolut nichts Besonderes gewesen: eine von vielen Nächten, eine für die Jahreszeit vielleicht ein bisschen zu warme, eine laue Frühsommernacht.

Als der Reporter die Castrop-Rauxel-Allee in Richtung der Stadt hinaufging, sah alles friedlich aus. Die Frau mit den langen Jeansbeinen hatte neben Raoul Platz genommen.

## 21 Was sonst noch geschah

Mehr Sonnentage. Wir saßen noch einmal und noch etliche Male mehr an einem Steg am Wasser, und ich sah,
was mich natürlich wieder vollkommen umhaute, dass
Marcin auf seinem Bauch die alte DDR-Postleitzahl von
Oberhavel eintätowiert hatte.

Über die Straßen der Kleinstadt sang Lady Gaga, wieder unerträglich laut, den Smashhit des Jahres: »P-P-P-Poker-face«.

In der Dresdner Bank am Marktplatz tauchte an der Wand mit den zum Verkauf stehenden Immobilien ein Foto vom Haus Heimat auf. Das Kurzexposé, mit dem meine Pension angepriesen wurde, lautete: »Baujahr um 1900. Restaurant mit 65 Plätzen; Clubraum mit 20 Plätzen; 5 Doppelzimmer mit Pension; Biergarten in Fußgängerzone.« Ziemlich zuversichtliche 160 000 Euro wollte Wilfried Finster für sein Haus Heimat haben. Und weiter hieß es im Verkaufsgesuch des Wirts: »Der Betreiber und Eigentümer gibt den Gaststätten- und Pensionsbetrieb aus Altersgründen auf und macht Platz für den Generationswechsel.«

Die *Bild*-Zeitung brachte die Schlagzeile, die sie in den vergangenen zwanzig Jahren schon etwa zwanzig Mal gebracht hatte: »Jeder vierte Deutsche will die Mauer zurück«. Kommentar Raoul: »Und wo haben sie die Umfrage gemacht? In Stuttgart?«

Ich fragte die Alte im Lotto-Toto-Laden am Kirchplatz, weil ich sie das jeden Morgen fragte: »Und? Alles in Ordnung?« Und die Alte antwortete, wobei sie die Hände in den Rücken stemmte: »Ich merke nichts mehr.«

Und weiter?

Ich ließ mir von Schraube, wie wir es verabredet hatten, eines Abends in der Tätowierstube bei ihm zu Hause sechs englischsprachige Worte in den linken Unterarm hinein stechen, klein, wie mit Kugelschreiber geschrieben. Schraube erklärte: »Du musst damit leben, nicht ich.« Mit der frischen Tätowierung im Arm fuhr ich zu Kaiser's, kaufte fünf große Steaks und eine Flasche Whisky. Einen herrlich faulen und langen Abend lang saßen wir auf der sogenannten Schleusner-Insel, einem malerischen Kleinod, das seit Generationen im Besitz von Raouls und Erics Familie, umflossen von der Havel, mitten in der Kleinstadt lag. Auf der Insel standen Kirsch- und Apfelbäume, watschelte eine Entenfamilie, grasten Schafe.

»Ditt ist Fleisch«, sagte Raoul, als die Entrecotes auf den Papptellern lagen.

Eric: »Das ist das erste Mal, dass ich so was Teures fresse.«

Wir grillten, soffen, Crooner holte Plötzen aus der Havel, die er wieder ins Wasser warf, weil sie ihm zu mickrig vorkamen, Raoul rieb die tätowierte Stelle auf meinem Arm mit Fettcreme ein.

Mit Raoul fuhr ich in diesen Tagen in die Spielothek nach Gransee. Als wir das Auto parkten, erklärte Raoul noch einmal, wie tot, wie widerlich, wie verkommen, wie absolut zu vernachlässigen das ihm verhasste Nachbarstädtchen Gransee sei.

In der Spielothek: abgeklebte Scheiben, kaum Licht. Die Brumm-, Surr-, Klingel- und Klopfgeräusche der Maschinen, die Big Jackpot und Hot Cherry hießen. Ohne etwas zu begreifen sah ich dem Rotieren der Kirschen, Erdbeeren, Zitronen, Pflaumen, Glocken und Sonnen zu. Einmal stand der Jackpot auf über eine Milliarde Punkten. Von Raoul fielen die Worte: »Punkte rüberbuchen ... hundertfacher Level ... gesetzlich vorgeschrieben ... Hardcore ... verkackt.« Wir saßen auf Barhockern mit Plastiklederpolstern. Gleich hinter uns standen zwei 90-Kilogramm-Skinheads in roten Trainingsanzügen. Raoul bediente drei Automaten gleichzeitig. Nach zwei Stunden hatte er den Einsatz von 20 Euro wieder drinnen. Tatsächlich, das Spiel, das von Alkoholikern und sonstigen Hirntoten in ganz Deutschland mit links bedient wurde, war für den Reporter nicht zu durchschauen.

Fazit Raoul: »Plus/minus null, und das nach zwei Stunden Spielhölle, das kann sich sehen lassen.« Auf der Rückfahrt durch die schmuck renovierte Altstadt von Gransee sahen wir jungen Menschen mit spektakulären Sprüngen die Briefkästen von Hauseingängen heruntertreten, und Raoul, am Steuer des Fiat 500, trat das Auto im zweiten Gang auf achtzig Stundenkilometer rauf.

Mit Blocky verbrachte ich einen großartigen Abend im Gastshaus zur Alten Eiche am Marktplatz. Noch einmal: eine ganz eigene Welt mit eigener Sprache, eigenen Gags, eigener Trinkkultur und einer eingeschworenen Gang von Stammgästen, die Abend für Abend in die Alte Eiche kam. Wie Rampa erklärt hatte: Bei Schröder traf sich ganz Oberhavel, in der Eiche fanden sich die ein, die manchmal, besonders gegen Ende des Monats, wenn das Geld wieder knapp wurde, ein bisschen wehmütig darüber wurden, dass es die DDR nicht mehr gab.

Witztafeln an den Wänden, Galgenhumor à la Ost: »Wir sind übern Berg. Jetzt geht es bergab.« Wirt Bodo, der vor Schankschränken stand, die fünf Jahrzehnte alt sein mochten, erklärte: »Hier ist noch alles Original-DDR.« Er sagte es mit Stolz und mit einem Augenzwinkern. Er trug eine Weste aus braunem Leder, an die zwanzig, dreißig Sticker geheftet waren: Deutschlandfahne, die aufgehende Sonne der FDJ, Superman, Hertha BSC, Hansa Rostock, FC St. Pauli.

Als Blocky und der Reporter sich am Tresen setzten, konnten wir in den Hinterräumen die Stammgäste rumoren und Poker spielen hören, Jeanstypen, Typen also, die zu Jeanshose und Jeanshemd eine Jeansjacke trugen, Typen mit Stirnbändern, Vollbärten und Schlapphüten, sogar einer mit Augenklappe war dabei.

Bodo, grinsend: »Im dritten Hinterzimmer sitzen sie auch. Aber da ist es richtig gefährlich.«

»Schöne Molle für dich, Stadtmensch?«

Blocky bestellte, er wollte, dass es mir hier gefiel, er hatte wie immer Sorge, dass der Reporter nicht genug trank, aber ich konnte ihn beruhigen. Ich war ganz dafür, mich hier noch einmal festzutrinken. Ich wollte Bodo, den Wirt der Alten Eiche, erzählen hören.

Ich zeigte auf ein gottfried-helnwein-artiges Gemälde, auf das Bodo von seiner Theke aus blickte. Mit Airbrush-Technik gemalt, zeigte es das Konterfei eines Siebzigerjahre-Rockers: offenes Jeanshemd, rote Haut, Schmalztolle, Schnauzbart, Zahnstumpen, sagenhaftes Siegerlächeln, Zigarette im Mundwinkel. Wer war denn das?

Bodo: »Ein ehemaliger Stammgast, verstorben.«

Sein Name? »Lucky. Eigentlich Werner Lehmann. Auch Lackschuh-Lehmann genannt.«

Lackschuh-Lehmann, natürlich ein Königsname. Woher kam dieser Name?

Lehmann senior, der Vater von Lucky, hatte ganz früher einmal mit Lackschuhen Fußball gespielt.

Ah.

Logisch.

So entstand also ein Königsname.

Dieser Lucky, dachte der Reporter, so großartig er aussah, hatte Ähnlichkeit mit der deutschen Malerikone Martin Kippenberger. Das Bild von Lucky, so erklärte der Wirt, hatte sein Getränkelieferant gemalt.

Ob ich nun wissen wollte, wer dieser Lackschuh-Lehmann gewesen sei, fragte Bodo.

Ja. Aber holla. Gerne.

Bodo schaute Blocky an; dann den Reporter; musste lächeln; genoss; und hob zur Ode auf Lackschuh-Lehmann an, den verstorbenen Stammgast, einen Heiligen der Alten Eiche, Schutzpatron all der Trinker in Oberhavel, die es mit dem Alkohol sehr ernst meinten.

Lackschuh-Lehmann, so Bodo, hatte wirklich gesoffen, aber – er machte eine scharfe Bewegung mit dem Kopf – wirklich, wirklich, wirklich. Kein Pardon. Er saß da, wenn das erste Bier des Tages gezapft wurde, er ging mit dem letzten Zapfenstreich. Er war Maurer gewesen, dann zwanzig Jahre lang arbeitslos. Wie kein anderer hatte Lucky die Gags, die Sprüche, die Aktionen draufgehabt, na klar, er war Weltmeister im Wessis-Verarschen gewesen. Einmal, so eine der vielen unvergessenen Geschichten, hatte Lucky von seiner Mama, bei der er bis zu seinem Tod gewohnt hatte, neue Kleidung gekauft bekommen. Noch am selben Tag hatte Lucky den Plunder hier unten in der Eiche meistbietend gegen Alkohol versetzt. Auf einer seiner Reisen war Lucky einmal dem Popstar Udo Lindenberg begegnet. Der hatte Lucky 20 Mark in die Hand gedrückt und gesagt: »Hier. Gibst du mir wieder, wenn es dir besser geht.«

Wann war Lucky verstorben? Bodo lächelte: keine Ahnung, vielleicht vor fünf, vielleicht vor zehn Jahren, wer wüsste das schon so genau. Dieser Lucky, so Bodo, habe sich nie versteckt, ganz gleich, wie fertig er gewesen war, bis zum letzten Tag habe er sich in sein Lokal, die Alte Eiche, geschleppt, er sei praktisch hier, am Tresen, an seinem Stammplatz an der Bar, gestorben. Dieser Lucky war Opfer, Täter und der große Widerspenstige von Oberhavel gewesen, der Sozialfall, an dem sie sich alle hatten abarbeiten können. Von Lackschuh-Lehmann, so verstand der Reporter, und hierin lag wohl auch der Grund für seine Popularität, hatten sie in Oberhavel noch einmal besonders eindrücklich und in aller Öffentlichkeit vorgelebt bekommen, dass man von Alkohol echt sterben musste.

Mein Treffen mit Speedy, der Wüstenspringmaus?
Es war das denkbar größte Desaster. Ich, Reporter, saß wie so ein Depp, wie ein dummer Freier, der von seinem längst nicht so dummen Strichjungen sauber hereingelegt wurde, zu der verabredeten Stunde im Eiscafé, den Olympus-Stift auf dem Tisch, den gefalteten 50-Euro-Schein in der Hosentasche. Am Eiscafé zogen die Fahrradtouristen vorbei. Die Bedienung stellte meine Lieblingsfrage: Den Cappuccino mit Milch oder mit Sahne? Wer nicht zu der Verabredung kam, erst eine Viertelstunde, dann eine volle Stunde, dann zwei Stunden lang nicht, war Speedy.
Schon am nächsten Nachmittag sah ich ihn vor Franky's herumlungern, locker in sein Fahrrad hineingestellt. Er grüßte. Er erklärte, ja, Scheiße, dumme Sache, traurige Sache, er habe gestern nicht kommen können, seine Oma sei gestorben, sie sei nur dreiundsechzig Jahre alt geworden. Wir verabredeten uns neu. Dieses nächste Mal, so Speedy, würde er ganz sicher da sein.

Die Abende im Proberaum dagegen waren sichere Bänke: Punkrock, Bier, Wodka, noch ein Bier und noch ein Wodkaleinchen. Einer, hoho, ging ja immer noch. Und die Jungs waren garantiert lustig. Raoul war lustig, weil er die besten Geschichten kannte, Eric war lustig, weil er gekonnt schlechte Laune hatte, Rampa war lustig, weil er die besten Aggressionsschübe bekam, und Crooner war lustig und ziemlich cool, weil die anderen Witze über ihn machen durften und er das lachend wegsteckte.

Einmal, bei Bier Nummer fünf bis zehn im Proberaum, fragte ich die Jungs, was sie über die Schändung des jüdischen Friedhofs, der sich vor Jahren in Oberhavel ereignet hatte, wussten. Raoul wusste eine ganze Menge. Am Abend der Schändung hatte er mit ein paar Jungs im Kaiser's-Treff gesessen, dem Ding am Kaiser's-Parkplatz, in dem heute das Schlemmer-Eck drin war, und sie hatten in feucht-fröhlicher Runde Nazirock gehört: Bands wie Die Härte, Songs, die *Zillertaler Türkenjäger* hießen, deutsche Schlager also mit rassistischen Texten. In der Runde hatten auch die drei Sechzehnjährigen gesessen, denen die Tat später angelastet worden war. Die Polizei war davon ausgegangen, dass die Täter sich von der Musik hatten aufputschen lassen, weshalb die Ermittlung sich bald an der Frage aufhielt, wem die Kassette mit dem Nazirock gehört hatte, die im Kaiser's-Treff gelaufen war. Es gab Hausdurchsuchungen, praktisch die ganze Stadt war in den nächsten Tagen verhört worden, auch Raoul.

Rampa: »Ich weiß noch, wie wir bei Schröder saßen und sagten: Watt? Jüdischer Friedhof? Bis zu dem Ding wussten wir überhaupt nicht, dass wir hier einen jüdischen Friedhof haben.«

Raoul, kopfschüttelnd: »Es war eine dämliche Aktion. Vollkommen unnütz, da ein paar alte Grabsteine umzuschmeißen. Hat Oberhavel nicht gebrauchen können, so einen Scheiß.«

Rampa erzählte – es war ein andermal im Proberaum – er habe sich heute, bei einem Ausflug nach Oranienburg, ein Hemd der als Nazifirma verschrienen Kleiderfirma Thor Steinar gekauft. »Ich weiß auch nicht, warum ich das gemacht habe«, erklärte Rampa, »ich musste das machen: aus Protest.« Das Gezeter um Thor Steinar, so Rampa, gehe ihm mittlerweile ziemlich auf die Nerven: »Wenn man sich mal bisschen erkundigt, wer dieser Thor Steinar war ... das war überhaupt kein Nazi, das war ein Segler.«

Rampa erklärte – er war eh schon sauer, und er hatte gerade Schwung –, er habe mit Raoul beschlossen, sie würden ab sofort nicht mehr Euro, sondern wieder Mark sagen, ganz gleich, was auf den Preisschildern draufstünde. Ein Bier kostete bei ihnen ab sofort nicht mehr 1,20 Euro, sondern wieder 1,20 Mark.

»Is' ditt so?«, fragte Raoul.

»Ditt is' so«, sagte Rampa.

»Watt soll denn das, bitte, sein, ein Euro?«, fragte Rampa. »Wir leben hier in Deutschland, nicht in Euroland. Und in Deutschland bezahlt man mit der Mark.«

Es kam dann die Juniwoche, in der zeitgleich in *Spiegel*, *Stern*, *Zeit* und *Süddeutsche* Artikel über die Kultur der Schamhaarrasur, ein Relikt aus DDR-Zeiten, erschienen waren. Ich nahm allen Mut zusammen und fragte die vier im Proberaum anwesenden Jungs, ob das die Wahrheit sei, was in den Zeitungen geschrieben stand, nämlich,

dass die ostdeutsche Jugend im Gegensatz zur west-
deutschen Jugend am ganzen Körper, also auch rund um
Penis und Hodensack, rasiert sei.

Raoul, Eric, Rampa und Crooner sahen sich an.

Eric prustete los.

Raoul fand als Erster die Sprache wieder: »Alles ist rasiert. Aber schon, seitdem ich fünfzehn bin.«

Crooner: »Watt denn ... und du hast da unten so eine richtig schöne Maurerkelle stehen oder was?«

Ich zog meinen Hut nach vorne in die Stirn; und schob
den Hut wieder zurück; und wartete (die Runde einigte
sich darauf, dass man ihm, dem armen West-Reporter,
beizeiten eine Heißwachsbehandlung spendieren wollte). In den gesamten drei Monaten, in denen ich in Oberhavel war, hatte es keinen zweiten Moment gegeben, in
dem der Abstand zwischen den Ureinwohnern der Kleinstadt und dem Reporter so ein gähnend großer gewesen
war.


Das Konzert der Band 5 Teeth Less auf der 260-Jahre-
Feier von Kurtschlag war ein Witz. Es regnete. Es kamen
etwa zwanzig Zuschauer.

Rampa begrüßte das Publikum mit der Ansage: »Hallo,
wir sind Rosenstolz«. Eric kopierte die Posen von amerikanischen Indie-Gitarristen am besten. Die Band war
immer so gut wie die Begeisterung, die ihnen entgegen-
schlug. Crooner sagte zum Publikum, als gerade wieder
niemand zur Bühne sah: »Ruhe da unten.« Und Rampa
leitete den zweiten Set mit den Worten »Tach, wir sind
Metallica« ein, die Band spielte ihre Hits und die Hits von
Weezer und Blink 182, und die Jungs von der Tankstelle
tranken eintausend Plastikbecher mit Bier aus und pog-

ten, hechteten und hüpften vor der Bühne herum, dass es ein Freude war.

Als eines Nachts, ich saß allein im Auto, auf der Rückfahrt vom Proberaum nach Oberhavel das Schild »Deutschboden« links am Straßenrand auftauchte, wusste ich plötzlich, dass ich nun abbiegen und den Ort aufsuchen würde, den selbst die Jungs noch nie gesehen hatten. Ich trat auf die Bremse, lenkte den Wagen von der Straße herunter, rechts in den Wald hinein: ein Sandweg. Deutschboden 1 Kilometer.

Nach zwei, drei Minuten fuhr ich immer noch über den Sandboden. Rechts und links Kiefernwald. Der Weg wurde schmal. Der Fiat setzte auf. Ich bremste, fuhr langsam, vielleicht zwanzig Stundenkilometer schnell. Der Mond stand über dem Wald, da wo er immer gestanden hatte, wenn ich in dieser Gegend mit dem Auto unterwegs war, wie eine große weiße Lampe warf der Mond sein Licht auf den Weg. Nach etwa fünf Minuten kam links am Wegesrand eine Lichtung. Eine Waldwiese. Das Gras stand hoch. Ich hielt an, guckte. Ich sah weiter nichts. Ich fuhr weiter. Es kam weiter nichts. Nach noch mal zwei Minuten drehte ich um.

Ich fuhr die Strecke zwischen dem Hinweisschild und der Stelle, an der ich gewendet hatte, noch einmal vor und wieder zurück. Beim zweiten Rückweg fand ich nicht einmal die Lichtung wieder. Es tat der Fiat, als er erneut aufsetzte, einen finsteren Schlag. Mich ergriff eine irre Hektik. Ich wollte runter von diesem Sandweg, zurück auf die Straße nach Oberhavel. Ich überlegte, was die Jungs wohl sagen würden, wenn sie erfuhren, dass ihr Deutschboden ein Nichts im Wald war. Dann überlegte ich, dass ich ihnen von diesem Ausflug besser nicht erzählen würde. Das Fazit dieser Abzweigung fiel mir fast ein wenig zu deutlich aus: Es gab kein Deutschboden. Es war alles eine große Irreführung. Es gab absolut nichts zu sehen.

Mit Maria gab es noch eine schöne Begegnung. Ich stand in der Tür zum Haus Heimat, als sie, die hinterm Tresen zu tun hatte, den rechten Arm aus dem Spülwasser zog und ihre Hand flach auf die Theke legte. Sie sah ihre Hand an, dann sah auch ich diese Hand an, die, rot vom heißen Spülwasser, auf der Theke lag, und sie fing, noch während ich in der Tür stand, einen Vortrag über ihre Fingernägel an.

»Ditt wolltest du doch wissen«, sagte sie.

Sie sprach mit einem kleinen Lächeln und einem kleinen Stimmchen, sie sah, während sie sprach, immerfort ihre Hand und Nägel an, denen ihr Vortrag galt. Sie sprach, als würde sie ihre eigenen Worte kaum begreifen, es war ein Vortrag, der wie auswendig gelernt klang:

American Nails, das sei der Fachbegriff für ihre Nägel. Die hätte man, vereinzelt, auch schon zu Ostzeiten bekommen, heute gäbe es allein in Oberhavel an die zehn Nagelstudios, die fahrenden Studios seien da noch nicht mitgerechnet. Der technische Vorgang: Die Nagelplatte werde aufgeraut und ein Kunststoff aufgebracht. Zwei Techniken seien bei American Nails verbreitet, die Acryl-Methode und die Gel-Methode. Bei der Acryl-Methode werde das Pulver weich gemacht und auf den Nagel aufgebracht. Bei der Gel-Methode werde das Acryl mit UV-Licht ausgehärtet. Die Gel-Methode sei die beliebtere, weil preiswertere Methode.

Die Fingernägel der Bedienungsfrau Maria, Haus Heimat, Oberhavel: Heute trug sie rosaweiße Nägel, es waren feine, abwechselnd rosafarbene und weiße Streifen, hübsch anzusehen. Merkwürdig, gerade hatte sie, Maria, mir sehr gut verständlich alles erzählt, was es über künstliche Fingernägel zu wissen gab – ich war einst losgefahren aus Berlin, um alles über künstliche Fingernägel zu erfahren, und nun hatte ich es erklärt bekommen, und doch, so dachte ich, hatte ich das Entscheidende nicht erfahren, diese American Nails blieben ein Geheimnis, vielleicht würde ich abreisen aus der Kleinstadt, und das Geheimnis um die rosaweißen Fingernägel war nicht gelüftet worden.

Und ich verstand, während Maria so entschieden schwieg, wie sie soeben ihren Vortrag gehalten hatte, das Allereinfachste, nämlich, dass es zwischen uns, zwischen Reporter und der Bedienungsfrau, das älteste und gewöhnlichste Problem gegeben hatte, das es zwischen Frau und Mann geben konnte, und es war natürlich alles meine Schuld: Ich hatte sie auf ihr sogenanntes Äußeres reduziert. Das kannte sie schon, das langweilte sie, sie wollte einfach nicht so platt angemacht werden. Sie, Maria, wünschte eine andere Behandlung. Ihre Distanz, ihre Ablehnung mir gegenüber, so verstand ich, während sie dieses winzige Lächeln lächelte und ihre Hand immer noch auf dem Tresen lag, war ihre Ablehnung meiner Taktlosigkeit, meiner Distanzlosigkeit gewesen. Für die Hygiene, erklärte Maria nun, seien diese Nägel nicht so optimal, ja, als Krankenschwester und im Gastronomie-Gewerbe seien lange Nägel sogar verboten. Sicher, dachte ich, vielleicht täuschte ich mich auch, vielleicht war alles auch noch mal ganz anders.

Ich ging in den Lidl-Supermarkt, um mir dort die Kassiererin anzugucken, von der Raoul geschwärmt hatte: die mit den schwarzen Haaren. Die mit dem schwarzen Brillengestell. Ich ging sogar ein zweites Mal hin. Aber an der Lidl-Kasse saßen nur zwei Kassiererinnen, die Raoul unmöglich gemeint habe konnte, und ein Auszubildender mit dünnem Oberlippenflaum und schlechter Haut.

Dann trug sich noch jene klassische Oberhaveler Kaputt-Geschichte zu. Abends, gegen 19 Uhr.

Der Reporter saß vor der Kneipe Schröder. Gegenüber, auf der anderen Straßenseite, sah ich Pavlov, den mit dem Cordhütchen, vor dem Sonnenstudio Karibik beim Versuch, auf eigenen Beinen zu stehen. Das ging schwer, weil es an der Hauswand des Sonnenstudios kein Geländer gab, an dem Pavlov sich festhalten konnte. Ich überlegte erneut, ob es möglich war, einen Penner zu interviewen. War das erlaubt, dass ich den Penner fotografierte? Pavlov hielt sich an seinem Stoffbeutel fest.

Als ich wieder zu ihm hinübersah, machte Pavlov gerade zwei gefährlich weite Schritte in Richtung Straße. Dann stürzte er kopfüber, halb auf die Schulter, halb aufs Gesicht. Er war der Länge nach aufgeschlagen, mit dem vollen Gewicht seines Körpers, wie ein Getreidesack, den man aus dem ersten Stock eines Gebäudes auf die Straße kippte, der Aufprall war durch nichts abgefedert worden. Da lag er, mit dem Gesicht auf dem Asphalt, den rechten Arm verdreht und abgespreizt vom Körper. Der Arm zuckte. Ersticktes Brabbeln.

Als ich Pavlov hochzog, war seine Stirn das nackte Fleisch. Blut rann über Schorf und Schwellungen, die von älteren Stürzen herrührten. Augen sah ich keine.

Ich lehnte Pavlov an die Hauswand, er kippte zur Seite, sein Kopf fiel nach vorne. Ich drückte seine Schultern mit beiden Händen an die Hauswand, damit er mir nicht wegrutschte. Offener Mund, der Rest des Gesichts war eine einzige Schwellung. Er roch zum Kotzen. Pavlov stank nach Urin, nach Kot, nach jahrelang nicht gewechselter Kleidung.

»Mein Hut.«

Ich ließ ihn los, holte den zerrissenen grünen Cordhut, der auf der Straße lag, setzte ihn auf seinen Kopf.

»Mein Taschentuch.«

Er wühlte in seinen Jacketttaschen. Ich zog an dem Tuch, das aus seiner Jackentasche herausschaute. Es war ein mit Schmutz und altem Blut verklebter Lumpen.

Ich konnte mich dieses Kitscheinfalls nicht erwehren: Wie Pavlov da an der Hauswand lehnte, stöhnend und mit Hut auf dem Kopf, sah er wie einer der Bösewichter im Billigwestern aus, die es gleich bei der ersten Schießerei erwischt hatte und um die es nicht schade war.

»Bin ich schon wieder auf die Stirn gefallen?«

Ja, Pavlov, du bist schon wieder auf die Stirn gefallen.

Er murmelte: »Kein Krankenwagen.«

Und noch einmal: »Kein Krankenwagen.«

Pavlov drückte sich das Taschentuch an die Stirn. Er hielt sich immer noch an seinem Stoffbeutel fest. Er sprach leise, aber mit erstaunlich klarer Aussprache: »Spandauer Straße 33.«

Ich sagte: »Da schaffst du es heute nicht mehr hin.«

Er sagte: »Du kannst mich bringen …«


Bei Schröder stand Hansi Schröder hinter der Theke. Die Boca Juniors spielten gerade gegen AC Mailand. Pfundi, der Mann vom Sicherheitsdienst stand am Tresen, er hielt ein Bier in der Hand, guckte, sah wieder weg.

Ich sagte: »Euer Penner, der Pavlov, ist gerade aufs Gesicht gefallen. Jetzt sitzt er da, an die Hauswand gelehnt. Wollt ihr mal einen Krankenwagen holen?«

Hansi schlappte gleich zum Telefon herüber: »Schon wieder?« Und mit dem Telefonhörer am Ohr erklärte Hansi: »Der fällt alle zwei Wochen. Wenn der Krankenwagen ihn sieht, dreht der gleich wieder ab.«

Ich stellte Pavlov einen Stuhl von Schröder hin und versuchte, seinen Körper in halbwegs sitzende Stellung auf dem Stuhl auszubalancieren. Es klappte nicht.

Der Krankenwagen kam ohne Blaulicht. Als der Fahrer sah, um wen es sich handelte, winkte er, noch hinter dem Steuer sitzend, ab. Sie legten ihn auf die Trage, sie stellten ihm den Stoffbeutel, in dem Pavlov seine Flaschen aufbewahrte – die vollen und die, für die er noch Pfand bekam –, auf seinen Bauch, und Pavlov hielt den Beutel mit beiden Händen fest. Ich ging noch einmal ins Schröder, weil mir sonst nichts einfiel, und Hansi erklärte noch einmal, dass Pavlov noch keine fünfzig sei, dass er als Lkw-Fahrer gearbeitet habe und dass die Arbeitslosigkeit ihn krank gemacht habe. Hansi sagte: »Ein Jammer ist das mit dem Alkohol.«

Und plötzlich war mein Aufenthalt in der Kleinstadt, von einem Tag auf den anderen, ein langer geworden.

Die Jungs fragten mich: Wie lange biste jetzt schon hier? Seit sechs Wochen? Acht Wochen? Wie lange bleibst du noch?

Die Jungs fingen auch an, mich über mein Leben in Berlin

auszufragen. In welchem Stadtteil ich wohnte, ob in Mitte oder Prenzlauer Berg; ob ich Kinder habe; ob man mit dem Schreiben auch Geld verdienen könnte; wohin ich in den Sommerurlaub fahre; ob das bei mir super oder eher mittelgut mit den Frauen laufe. Naheliegende Fragen. Ich gab ausweichende Antworten.

Von Blocky erfuhr ich, dass er irgendeine Zwischenprüfung mit links bestanden hatte. Auch seine Englischkenntnisse machten, wie ich seinen Witzen entnehmen konnte, Fortschritte. Um Blocky brauchte sich kein Mensch Sorgen zu machen. Blocky war insofern ein heutiger und zeitgemäßer Mensch, als dass er anpassungsfähig wirkte. So stellte ich mir das zumindest vor. Er würde durchkommen. Er war eine smarte Katze. Mein Freund Blocky: okay.

Dass meine Zeit in der Kleinstadt zu Ende ging, merkte ich auch daran, dass ich keinen neuen Gesichtern mehr begegnete:

Schmidti.

Tiger.

Kegel-Kalle.

Heute-ein-König.

Tachchen.

Hallöchen.

Jawoll.

Allet schick?

Ja, nützt ja nüscht.

Ja, muss.


Ich war der, den man mittlerweile ruhig begrüßen konnte, weil alle mich begrüßten, weil ich mittrank, weil ich okay war, weil ich mit den Jungs unterwegs war, weil ich bei

Wilfried im Haus Heimat wohnte und zum Frühstücken in die Kneipe Schröder kam, und weil ich der aus Berlin war, der eine Zeit lang in der Kleinstadt war, weil er ein Buch über die Kleinstadt schreiben wollte.

Und kühlen Herzens notierte ich, was ich für mein Buch noch brauchte, damit es ein gutes und wahres Buch werden würde: Es war eine Liste der Dinge, die sich in den nächsten zwei, drei Wochen idealerweise noch ereigneten, damit ich spannende Absätze schreiben konnte.

Auf meiner Liste stand:

Interview mit Speedy

Stadtrunde drehen mit Eric

Gemütliches Hängen mit Rampa (vielleicht an der Havel, vielleicht bei ihm zu Hause)

Interview mit einer Frau über den Alltag der Frauen in Oberhavel (vielleicht mit Janine, der Janine von der Aral-Tankstelle)

Und natürlich musste ich mit den Jungs, mit Raoul, Eric und Rampa, noch einmal mit viel Bier die großen Themen durchnehmen. Die großen Themen, das waren jene Koordinaten, in denen die Gegenwart eingehängt war, sie stellten, soweit ich das sehen konnte, das Dreieck der ostdeutschen Wirklichkeit dar: Hartz IV, Erinnerung an die DDR und was Oberhavel nach der Wende, etwa zwischen 1993 und 2003, mit den Rechtsradikalen erlebt hatte.

Wir würden lange sitzen. Wir würden wahnsinnig viel Bier bestellen. Verdammte Nazi-Scheiße. Aber wir mussten, natürlich, auch darüber noch einmal reden.

## 22 Das Nichts

Es war ein Donnerstagabend, vielleicht auch Freitagabend, gegen 20 Uhr. Das Schröder kochte. Preis-Skat,
Preis-Dart, Preis-Billard, alles am selben Abend. Das
Auf und Ab der Köpfe und Körper über Tischen, Tresen, Kachelofen und Billardtischen: die Architektur
der Trinkenden, Saufenden, Schüttenden, Lärmenden,
Fluchenden, Sichausschüttenden, Debattierenden und
Nachbestellenden. Alte Männer mit Karohemden und
weit oben sitzenden Hosen spielten beeindruckend gut
Billard. Der junge Fleischermeister Biermann, Sohn des
alten Fleischermeisters Biermann, trug ein T-Shirt mit der
Aufschrift »Ich kann auch ohne Spaß Alkohol haben«, auf
dem Rücken des T-Shirts stand »gesponsert von der Bundesrepublik Deutschland«.

Die Jungs hatten an einem Tisch tief hinten im Lokal Platz genommen. Rampa trug ein Karohemd der englischen Firma Ben Sherman (kurze Ärmel, Button-Down-Kragen), er hatte den Kragen, wie bei den Sharpskins der Sechzigerjahre und sonstigen Arbeiterklasse-Darstellern üblich, bis zum letzten Knopf geschlossen. Eric hatte sich zur Feier des Abends die Augen mit Kajal nachgezogen (was absolut großartig und durchgedreht aussah). Raoul wie immer. Crooner, so hieß es, würde später dazukommen, er habe noch bei einem Kunden in Berlin zu tun. Ich legte das Aufnahmegerät in die Mitte des Tisches.

Heiko am Tisch. Wir bestellten viermal Haschnibra, also Hamburger Schnitzel mit Bratkartoffeln, die Eier, wie gesagt wurde, im Sack (was bedeutete, dass die Spiegeleier von beiden Seiten angebraten wurden), Rampa ließ sich als Extrabeilage zwei Hackepeterbrötchen, Eric eine Portion Champignonsoße kommen. Und: Genau, lieber Heiko, wir fangen mal mit vier großen Bieren an. Das Gespräch war vom Reporter vorab als »Gespräch über früher« angekündigt worden. Es herrschte deshalb, von Anfang an, eine nicht schlechte Anspannung.
Vier Bier auf dem Tisch. Wir saugten an.

Es seien, so fing Raoul mal an, ganz andere Zeiten gewesen. Man glaube das nicht, so Raoul, man könne sich das heute kaum noch vorstellen, was für Zeiten das früher waren: andere Zeiten, andere Häuser, andere Menschen, anderes Kapitel, anderes Leben. Alles anders.
Rampa: »Die Häuser sahen damals alle grau aus. Das sah so was von scheiße, so was von deprimierend aus. Alle Häuser: alle grau.«

Raoul: »Es gibt ja heute keine Rechtsradikalen mehr bei uns in Oberhavel. Das ist vorbei. Heute spinnt ja niemand mehr, heute sind ja alle nett. Ich würde sogar sagen, dass wir heute ein besonders ausländerfreundliches Städtchen geworden sind. Aber früher – früher war das anders.«

Rampa: »Früher war das vollkommen anders.«

Raoul: »Früher war es richtig derbe.«

Eric: »Früher war es krass.«

Rampa: »Wir waren eine Rechten-Stadt, schlimmer noch: Wir waren eine Rechten-Hochburg. Kann man das so sagen, Raoul?«

Raoul: »Das kannst du so sagen.«

Rampa: »Es war wirklich schlimm. Du konntest nirgendwo hingehen. Auf den Schulen, Berufsschulen, in den Kneipen, auf den Straßen, alles rechts.«

Raoul: »So war das früher gewesen, ganz früher, zu Nazizeiten, zu Glatzenzeiten …«

Der Reporter erkundigte sich, welche jene schlimmen Jahre gewesen waren, von denen Raoul und Rampa sprachen. Ganz schlimm, so Raoul, sei es 1991 bis 95 gewesen. Bis 1998 sei einiges los gewesen. Ab 2003 habe es sich dann beruhigt.

Rampa: »Es hat hier Angstzonen gegeben. Was es in Großstädten wie Leipzig und Dresden nie gab, das hat es hier gegeben: No-Go-Areas. Als Typ mit langen Haaren konntest du hier nicht langlaufen. Als Auto mit Berliner oder uckermärkischem Nummernschild musstest du sehen, dass du schnell die Hauptstraße heruntergekommen bist. Sonst hast du einen Stein in die Frontscheibe gekriegt.«

Raoul: »Es war gefährlich. Das tägliche Leben war gefährlich. Du konntest hier, wenn du unter zwanzig Jahre alt und kein Skinhead warst oder dein Gesicht nicht bekannt war, nach 22 Uhr nicht unbehelligt über die Straße laufen.«

Ich musste grinsen. Alle am Tisch mussten, soweit der Reporter das sehen konnte, ein bisschen grinsen. Es war ja auch eine ulkige, eine absurde Vorstellung, dass es Zeiten gegeben hatte, in denen ein Auto mit Berliner Nummernschild die friedliche, die schöne Spandauer Straße nicht hatte herunterfahren können, ohne einen Stein in die Windschutzscheibe zu bekommen. Es klang nach einer schmissigen Geschichte. Es klang – auch – nach einer erfundenen Geschichte. Allein: Wahrscheinlich war diese Geschichte wahr.

Der Reporter verstand, dass es nahelag, jene Zeiten, in denen es Angst und Gewalt auf den Straßen von Oberhavel gegeben hatte, heute als Abenteuer-, als Helden-, als Angebergeschichte zu erzählen. Jene eisenharte Nazizeiten, die es in Oberhavel offenbar echt gegeben hatte, durften heute aber nicht als Heldengeschichte erzählt werden. Das wäre dumm, falsch, unerträglich, das wäre widerlich gewesen.

Viermal Haschnibra.

Ja, noch mal vier schöne Mollen.

Danke, Heiko.

Ich schaute auf das Notizbuch vor mir, in das ich mir Fragen an die Jungs notiert hatte. Ich rechnete aus, wie alt die Jungs in jenen schlimmen Jahren gewesen waren. 1998 war Raoul 15, Eric 13, Rampa 22 Jahre alt gewesen.

Ich fragte die Jungs, ob sie damals, in jenen schlimmen Jahren, rechts gewesen waren.

Rampa guckte: »Watt? Soll das ein Witz sein?«

Raoul: »Wir waren alle rechts.«

Rampa: »Du warst entweder Skinhead, oder du hast auf die Fresse gekriegt, so einfach war das.«

Eric: »Wir waren vor allem jung.«

Raoul: »Es war eine Mode.«

Eric: »Es war eine Jugendbewegung.«

Raoul: »Wir waren Spinner. Eigentlich auch nichts anderes als Mitläufer.«

Rampa: »Egal, ob aus Mitläufertum oder aus Überzeugung, wir waren dabei.«

Eric: »Du wurdest da hineingeboren. Jeder, der hier gelebt hat, der zwölf, dreizehn, vierzehn war, kam mit der Musik, kam mit dem Style, kam mit den Leuten in Kontakt.«

Raoul: »Wenn du dich in die entgegengesetzte Richtung gestellt hast, bist du hier in Oberhavel nicht alt geworden. Als Punk, als Hip-Hopper brauchtest du hier wirklich nicht rumzulaufen. Da bist du untergegangen. Du hattest keine Freunde, keinen Schulalltag, kein gar nichts, auch kein Nachtleben, weil du abends nicht rausgehen konntest. Denn wenn du rausgegangen bist, dann hast du definitiv auf die Fresse gekriegt. Nur wegen deiner Optik.«

Rampa: »Wir waren eigentlich alles Arschlöcher. Wir waren intolerant. Wir haben keine anderen Leute akzeptiert. Wir haben auch die jüngeren Skins verprügelt, weil wir von den älteren auch auf die Fresse bekommen hatten.«

Ich fragte, weil ich wusste, dass jene Unterscheidung wichtig war, als was sie sich damals empfunden hätten: als Skinheads oder als Nazis.

Raoul: »Wir waren Skinheads.«

Rampa: »Wenn uns einer Nazi genannt hat, haben wir gesagt: ›Freundchen, mein Opa war Nazi, Hitler war ein Nazi, aber wir sind Skinheads. Wir verstehen was von Musik, von Partys, von Style.‹«

Hatten sie, hatten Raoul, Eric und Rampa jene klassische Skinhead-Uniform getragen, also Glatze, Hosenträger, Fliegerjacke?

Raoul: »Ja, schon.«

Rampa: »Domestos-Jeans.«

Eric: »12-Loch-Stiefel mit weißen Schnürsenkeln.«

Rampa: »Glatze oder so einen schwulen Fassonschnitt.«


Ich ließ mir schildern – auch, wenn es widerlich und genauso aufregend widerlich klingen konnte –, wie Skinhead-Sein in jenen Nazizeiten im Alltag stattgefunden hatte: was man da konkret getrieben hatte.

Raoul: »Man hat vor allem dumm rumgelabert. Aktionen gab es wenige. Man ist vielleicht mal auf eine Kundgebung gefahren.«

Rampa: »Am Anfang waren wir eher Oi. Bad Manners, Ska, deutsche Bands wie Bodycheck, For Skins. Man ist dann durch andere Skins in die rechte Szene rein geraten.«

Raoul: »Es gab Rechtsanwälte, Ärzte, Unternehmer in der Szene. Das Gemeinschaftsgefühl war das wichtige Ding.«

Rampa: »Fußball, Ficken, Alkohol.«

Raoul: »Auffallen, hart sein, Partys feiern.«

Eric: »Die Partys waren das Geilste gewesen in der Zeit. Volllaufen lassen. Die Bierdosen sich gegenseitig an den Kopp schmeißen. So richtig: Hau druff.«

Rampa: »Die Stiefel waren massiv. Die ganze Optik war massiv. Du bist durch die Stadt gelaufen und hast eine Gänsehaut bei den Leuten erzeugt. Das war schön. Die Leute sind uns aus dem Weg gegangen. Die Leute haben ihre Kinder auf die andere Straßenseite gezogen.«

Raoul: »Du dachtest, sie hätten Respekt vor dir. Es war aber kein Respekt, es war nur Angst.«

Rampa: »Wir waren schon schlimm. Aber so ganz schlimm – so richtig, richtig schlimm –, das waren wir nicht, das waren die anderen.«

Eric: »Wir haben keine Döner-Buden abgefackelt oder so was. Das nun wirklich nicht.«

Rampa: »Da gab es Schlimmere.«

Raoul: »Wir haben nie Menschen gejagt. Wir haben den Tod von Menschen nie billigend in Kauf genommen.«

Wie hatte es damals um ihre politische Ausrichtung gestanden?

Raoul: »Mit Parteien haben wir es nie gehabt. Die NPD fanden wir dämlich, die DVU und Republikaner auch.«

Waren sie gegen die Demokratie?

Raoul: »So ein Quatsch.«

Eric: »Das habe ich vergessen.«

Rampa: »Natürlich waren wir gegen die Demokratie. Aber auch gegen Sozialismus. Und gegen Produkte aus Amerika. Und gegen Vati und Mutti. Wir waren gegen alles.«

Haben die Skinheads Raoul, Eric und Rampa etwas gegen Ausländer gehabt?

Der Reporter fragte: »Konkret: Habt ihr geglaubt, dass euch die Ausländer die Arbeit wegnehmen und dass der Staat für eure Arbeitslosigkeit Verantwortung trägt, weil er Ausländer ins Land lässt?«

Eric: »Das haben wir geglaubt.«

Raoul: »Natürlich haben wir das geglaubt. Der Spruch war: ›Scheißausländer‹, na klar.«

Rampa: »Die Toten von Rostock und Mölln, das hat man damals aus einer ganz anderen Perspektive gesehen. Man dachte: Krasse Maßnahme. Aber immerhin, die verscheuchen die Ausländer. Heute sieht man: Die sind verbrannt, das war ein elender Tod, den die gestorben sind.«

Raoul: »Das Verrückte war: Es gab bei uns in Oberhavel ja kaum Ausländer. Es hat in unserer Stadt bis heute nicht einen Türken, nicht einen Araber gegeben. Aber die Türken, das haben wir echt geglaubt, nehmen uns die Arbeitsplätze weg. Man hat das einfach so gesagt. Wir sind, auf eine Art, natürlich auch verrückt gewesen.«

Rampa: »Hast du in Berlin einen türkischen Maurer gesehen, dann hast du dich wieder bestätigt gefühlt. Dass du dir selber keine Arbeit suchst, weil du lieber saufen gehst, gut, das hast du damals irgendwie schon geahnt.«

Die Teller waren leer.

Die Gläser waren halb leer.

Schnell die nächste, schon die dritte Runde Biere, bitte. Danke, Heiko.


Es war zwanzig Minuten lang – zwanzig ernste und anstrengende Minuten lang – darüber gesprochen worden, wie die Jungs Raoul, Eric und Rampa, die damals noch kleine Jungs oder sehr junge Männer gewesen waren, die schlimmen Jahre von Oberhavel erlebt hatten.

Sie waren, natürlich, dabei gewesen: Wie hätte das auch anders sein können. Die Jungs, die in den vergangenen zwei Monaten, in denen ich der Reporter von Oberhavel gewesen war, auch meine Jungs geworden waren, waren böse, brutal, gemein, gefährlich und ganz sicher keine lieben Jungs gewesen. Ich war überrascht von der Tatsache, dass man mit den Jungs, die damals Skinheads gewesen waren, heute so wunderbar zusammensitzen, trinken und sich erstklassig verständigen konnte. Das, wovor ich mich bei Antritt meiner Reise gefürchtet hatte und was mir all jene prophezeit hatten, die den Osten kannten, war eingetreten: Wer in den Osten fuhr, kam automatisch mit Rechten und, wenn er Glück hatte, mit ehemaligen Rechten zusammen.

Einigermaßen erschrocken schaute ich die Jungs an, die ich zu kennen glaubte und die mir unentwegt sympathisch gewesen waren: Raoul saugte Bier an; Eric saß seitlich, die Beine verschränkt, eine Hand mit den schwarzen Fingernägeln auf den Tisch gelegt; Rampa trommelte mit den Zeigefingern auf die Tischkante und sah dem Reporter geradewegs in die Augen.

Wer war ich denn? Was hatte ich, Superreporter, denn schon kapiert? Wie konnte ich mir ein Urteil erlauben?

Wenn Nazis Rassisten waren, Menschenverächter, Menschenschinder, Gewalt und dumme Ideologien verherrlichende, die Freiheit und alles, was dem Menschen heilig sein musste, verachtende Dreckschweine – dann waren diese Jungs keine Nazis, da war ich sicher. Ich hatte allerdings auch Jungs vor mir sitzen, die sich der Posen, Styles und Sprüche der Rechtsradikalen bedient hatten. Vom posenden Skinhead zum Rechtsradikalen, der Ausländer oder Obdachlose jagte, waren es wohl noch ein paar Schritte, aber eben nicht viele Schritte.

Es musste nun, natürlich, noch einmal darüber gesprochen werden, was Raoul, Eric und Rampa heute glaubten, wie sie da damals hatten hineingeraten können. Und wie sie sich das erklärten, dass die Kleinstadt heute alles andere als ein Nazi-Nest war und die rechte Szene sich, zumindest aus dieser Kleinstadt, zurückgezogen hatte.

Rampa: »Du hättest da mit aller Kraft aus etwas herausgehen müssen, um da nicht hineinzugeraten ... verstehst du. Die Szene war überall.«

Eric: »Wir waren jung.«

Raoul: »Wir waren sehr jung. Meine harten Jahre waren mit 14, 15.«

Eric: »Ich war 13, als ich Skinhead wurde. Mit 15, 16 war die Sache für mich schon wieder vorbei.«

Rampa: »Wir waren vor allem wütend.«

Raoul: »Du willst dich austoben. Und dann erlebst du Leute, die zu dem Zeitpunkt geil ausgesehen haben und brutal nach vorne gegangen sind. Da hat man sich angeschlossen.«


Den Jungs fielen lustigerweise nicht viele Gründe ein, warum sie damals, vor sechs, vor acht oder vor neun Jahren, aufgehört hatten, Skinheads zu sein. Es hatte kein Initialerlebnis gegeben. Es hatte, so verstand der Reporter, entsprechend der Tatsache, dass es schon vorher nicht viel Bewusstsein gegeben hatte, keinen Bewusstseinswandel gegeben. Es hatte sich wohl einfach, so konnte man das sagen, eine Erschlaffung zugetragen. Schau an. Da hatte man dann plötzlich aufgehört, Skinhead zu sein, von einem Tag auf den anderen. Es war vielleicht wirklich alles schon ein bisschen lange her.

Raoul erzählte irgendetwas von Hip-Hop und MTV, den

Konkurrenzunternehmen der Popkultur, die der Bewegung den Schwung genommen hätten. Rampa erklärte, dass die Drogen auf dem Land immer billiger geworden wären, was den Drill der Skinhead-Szene gewissermaßen von innen zerrieben habe. Eric erinnerte sich: »Die dauernde Konfrontation. Du hattest andauernd Ärger mit den Leuten, wegen der Musik, der Stiefel, der Haare. Skinhead sein war ja auch entsetzlich anstrengend. Du konntest nicht einmal durch die Stadt laufen, ohne dass dich einer angemacht hat.«

Eric machte eine Pause und schaute die beiden Jungs an. Der Reporter war natürlich gerührt von dieser Erklärung, gerührt und erleichtert: Dass es Eric angestrengt hatte, Skinhead zu sein, das hieß ja platterdings auch, dass ihm das Skinhead-Sein nicht gelegen hatte, dass er überfordert gewesen war, dass er eine Rolle hatte spielen müssen. Der Skinhead dagegen, der ganz Nazi-Arschloch war, der hatte ja keine Probleme, der war eben einfach Nazi-Arsch. Nichts war auf Dauer so anstrengend, das wusste der Reporter, das wusste Eric, wie eine Rolle zu spielen, einen Typ darzustellen, der man in Wahrheit nicht war.

Eric guckte, ob das, was er im Folgenden zu sagen hatte, auch sagbar war. Eric: »Als das mit der Nazi-Scheiße vorbei war, war das eine Riesenerleichterung. Haar wachsen lassen. Und endlich mal einen Döner essen gehen. Weeßte?«

»Komm, Raoul ...« Eric erinnerte sich, er freute sich an der Erinnerung, er lachte, die Jungs lachten auch. »Lass mal los, ey – lass einen Döner holen gehen.«

Rampa gab den Stellungnahmen die Rampa-typische Schärfe und Bissigkeit zurück: »Es braucht sich keiner hinzustellen und zu sagen, er hätte in den letzten zehn, zwanzig Jahren wirkungsvolle Jugendarbeit geleistet. Um uns hat sich niemand gekümmert.« Und Raoul kommentierte, mit Hohn und Schadenfreude: »Durch den Aufstand der Anständigen hat sich nun wirklich niemand beirren lassen. Die Leute, die davon beeindruckt waren, die passten in eine Telefonzelle.«

Der Reporter wollte wissen, ob die Jungs sich heute noch als rechts bezeichnen würden.

Eric: »Nicht als rechts, nein.«

Raoul: »Aber ganz sicher auch nicht als links.«

Rampa: »Ganz schwer zu sagen.«

Er dachte nach. Er suchte nach Worten.

»Man findet es schön, hier in Deutschland zu wohnen.«

Rampa erklärte: »Die heute noch rechts sind, das sind die ärmsten Idioten, hirnlose Schläger, Säufer, Dummköpfe. Die haben von dem, was für uns wichtig war – Ska, Working Class, Lonsdale, Fred Perry – keine Ahnung.«

Raoul: »Erst neulich habe ich die Leute, mit denen wir damals rumgehangen sind, im Zug getroffen: 25, 26 Jahre alt. Da mussten die wieder das Zugabteil kaputt hauen. Ich fragte: Und ihr seid unsere Führer? Ihr wollt Deutschland retten? Das wird nicht klappen.«

Bei der kommenden Bundestagswahl, so Raoul, würden alle vier Jungs, man habe sich das genau überlegt, FDP wählen.

Echt?

Das war ja der Hammer: Die Jungs wollten echt FDP wählen?

Warum denn, bitte, das?

Raoul: »Rotgrün verhindern. Der linken Republik den Riegel vorschieben.«

Es fuhren die Jungs fort, Sätze über Deutschland zu sagen, die neunzig Prozent der Deutschen unter dreißig wohl unterschrieben hätten. Sätze, die viel wollten und kaum etwas konnten, Sätze, die viel sagten und kaum etwas bedeuteten.

Vor allem Rampa lag es schwer auf der Seele. Den Reporter rührte Rampas Art, über Deutschland zu reden. Rampa erklärte:

»Man findet es schön, Deutscher zu sein. Weil: Wir Deutschen sind keine Dummen. Die zwölf Jahre – das waren falsche und schlimme Jahre: darauf geschissen. Aber vieles, was davor und was danach gewesen ist, war doch toll. Darauf kann man ruhig ein bisschen stolz sein. Es fällt aber schwer, das zu sagen, und das strengt mich an.«

Wir kamen dann – weil es spät wurde, weil wir getrunken und weil wir uns angestrengt hatten – in die Stimmung, in der über alles gesprochen werden konnte. Es ging um Geld.

Der Tenor war, natürlich, dass alle zu wenig Geld hatten. Der Tenor war aber auch, dass man von Hartz IV, wenn man ein bisschen clever war, ganz okay leben konnte.

Es ging um ein anderes Riesenthema, zu dem Heiko die nächste Runde Bier servierte, es war vielleicht überhaupt das zentrale Thema der Kleinstadt: Es ging um Langeweile und darum, wie die Arbeitslosigkeit – das große Nichts, Nichtstun und fortgesetzte Nichtstun, das Morgen-und-übermorgen-weiter-Nichtstun, das Zum-Nichtstun-Verdammtsein – den Alltag der Jungs bestimmte.

Moment.

Für einen Moment lang sah ich deutlich vor mir, dass ich

in den Wochen in der Kleinstadt ja selten mehr als absolut nichts gesehen hatte.

Es war alles immer nichts gewesen, es hatte sich nie auch nur die kleinste Kleinigkeit abgespielt. Alles immer aufregend, dabei alles ein großes, alles umfassendes, allmächtiges, alles überstrahlendes Nichts.

Auf der Hauptstraße: nichts los.

Auf der Aral-Tankstelle: nichts gewesen.

In der Kneipe Schröder, im Gasthaus zur Alten Eiche, bei Franky's, im Haus Heimat, in den Autos, die Tag und Nacht durch die Kleinstadt bumsten, im Proberaum der Band 5 Teeth Less: Nie war etwas gewesen, nie war je irgendetwas passiert.

Es würde auch in Zukunft: nichts passieren.

Wie auch?

Was sollte in einer Kleinstadt von 16 000 Einwohnern, eine Stunde nördlich von Berlin, denn schon passieren?

No fun.

Big time.

Langeweile.

Es hatte sich alles im Auge des Betrachters, im Gehirn, dem Gehirn des Reporters, abgespielt.

Das war ja eh immer klar gewesen.

Und exakt das war es ja auch gewesen, was ich, vor Antritt meiner Reise, gesucht und mir ausgemalt und in die Berliner Runde, die zugehört hatte, als Sehnsucht, als letztes Abenteuer, als Masterplan für die Zukunft hineingepredigt hatte: weniger erleben, nichts erleben, herunterfahren, sich von dem Wenigen ungleich mehr beeindrucken, ja am besten richtig aus der Fassung bringen lassen. Das Nichts angucken und im Nichts die Zusammenhänge erkennen. Wow.

Konnte es sein, dass die Jungs – eben weil sie ein Leben außerhalb des Konkurrenzdrucks und der Karrieren führten – schon eine Runde weiter waren? Gab es in Deutschland, der Republik von Arbeitslosigkeit, Hartz IV, Niedriglöhnen, Armut und Entvölkerung, nicht stündlich mehr Biografien wie die von Raoul, Eric und Rampa?

Und wenn dies tatsächlich so war: War es nicht an der Zeit, dass wir, die an dem uralten, rührend altmodischen, aller Wahrscheinlichkeit nach längst abgelaufenen Konzept »Selbstverwirklichung durch Arbeit« festhielten, endlich anfingen, die Benachteiligten, die Randexistenzen der Gesellschaft als das zu sehen, was sie in Wahrheit wohl waren, keine Problemfälle, sondern die Mitte und Zukunft unserer Gesellschaft, die Avantgarde?

Ich hatte Freude an diesen Gedanken. Und ich hielt es für möglich, dass all diese Denkmanöver Bullshit waren: hipper, neunmalkluger, wohlklingender, ausgedachter Shit. Also dummes Gewäsch. Fieser Moment. Der Reporter glaubte in diesem Moment sich selbst nicht so recht.


Ich beugte mich vor. Der Reporter nahm das Aufnahmegerät in die Hand und hielt es den Jungs unter die Gesichter. Dann redete ich mich in Rage.

Ich schilderte den Jungs, wie wüst und leer ihr Alltag meiner Meinung nach aussah, wie gespenstisch offen jeder Tag in diesem Sommer vor ihnen lag. Ich schilderte auch, wie gekonnt, abgeklärt, wie weise und beeindruckend kämpferisch und gut gelaunt sie die Leere in ihrem Alltag bewältigten. Der Reporter hatte nun das Gefühl, an einem ganz heißen Eisen, am entscheidenden Thema der Kleinstadt dran zu sein.

Raoul: »Da kann ich nichts von unterschreiben – von alldem, was du da gerade erzählt hast.«

Rampa: »Langweilig war uns nie.«

Raoul: »Wir jammern nicht, das gibt es bei uns nicht.«

Eric: »Das ist eine Kleinstadt hier. Da hat man sich damit abgefunden, dass hier nicht die Hölle los ist.«

Und in der Fortsetzung sprachen die Jungs die weniger tough klingenden, aber anders wahren Sätze:

Eric: »Leute denken, dass wir den ganzen Tag zu Hause sitzen, Talkshows gucken, Bier aus der Dose saufen und darauf warten, dass sich die hässliche Alte vom Hartz-IV-Amt meldet. Und abends sitzen wir mit dem versoffenen Nachbarn draußen auf der Stufe vor der Haustüre und sprechen über unsere Träume.«

Ja.

Und?

War so? War nicht so?

Eric: »Nee. Ist nicht so.«

Es kam aber dummerweise auch keine Erklärung, zumindest nicht von Eric, wie es stattdessen war.

Der Reporter lauschte.

Rampa: »Normalerweise ist Arbeit kein Problem. Du gehst zu einer Zeitarbeitsfirma in Berlin, und ruck, zuck hast du Arbeit. Aber dann schuftest du halt für einen sehr niedrigen Lohn: fünf, sechs Euro die Stunde. Und der lohnt sich nicht, weil du jeden Tag nach Berlin musst.«

Raoul: »Ich kenne Leute, die buckeln für einen Fünfziger die Woche. Nur, damit sie einen Sinn im Leben haben. Da wäre mir meine Arbeitskraft zu schade.«

Raoul erklärte: »Ich habe mein ganzes Leben gearbeitet. Nun arbeite ich halt mal nicht … Ich muss mich nicht als schlechter Mensch fühlen, bloß weil ich gerade mal keine Arbeit habe.«

Rampa: »Ich kann ganz schlecht nicht arbeiten. Morgens um sechs stehe ich auf und sage: Was machst du mit diesem Tag? Wo willst du hin?«

Eric: »Ewige Ferien, das ist eine furchtbare Vorstellung, das geht gar nicht.«

Er, Eric, sah erneut seine Kumpel an. Er stellte erneut die stumme Frage, ob das, was er zu sagen hatte, sagbar war. Er entschied sich dafür, im Angesicht seiner Kumpel, die mit ihm am Tisch saßen, seine Sache nicht zu sagen. Der Reporter machte eine Notiz im Kopf: Eric fragen. Vielleicht würde Eric später, bei anderer Gelegenheit, aussagen.

Ich fragte Raoul, was er den Arbeitslosen von Oberhavel empfähle, was sie an so einem Dienstagmorgen um elf Uhr mit ihrem Leben am besten anfangen sollten.

Raoul: »Elf Uhr? Da stehen wir doch erst uff.«

Gute Stimmung.

Gelächter.

Heiko?

Ja, bitte.

Danke.

Es setzte sich Heiko an den Tisch, Pfundi, der Mann vom privaten Sicherheitsdienst, kam auch dazu, und gemeinsam schwärmten wir davon, wie froh wir seien, dass es die DDR nicht mehr gab, aber wie schön die DDR, auf der anderen Seite, auch wieder gewesen war.

Heiko schwärmte von den Orangen: »Erinnerst du dich noch? Die kamen aus Kuba, und geschmeckt haben sie wie Stroh. Aber wie froh war man, wenn man welche hatte! Heute könntest du mir zentnerweise Apfelsinen kaufen.« Pfundi brachte den Baumkuchen aus der DDR ins Spiel: »Den konntest du in den Westen schicken, den haben sie gewollt.« Und dann schwärmten alle vom Vanilleeisbecher aus der DDR. Von watt? Richtig gehört, vom Original-DDR-Vanilleeisbecher: Vanilleeis, pürierte Früchte, frische Sahne.

Gefragt, was Eric, der bei Mauerfall fünf Jahre alt gewesen war, von der DDR noch erinnerte, antwortete er: »Das kann ich dir genau sagen. Drei Dinge. Die Warteschlangen vor den HO-Läden. Die wunderbaren Partys bei uns zu Hause. Und die Russen. Wenn die Russen mit achtzig Sachen über die Straßen gebrettert kamen, dann musstest du als kleines Kind sehen, dass du in den Hauseingang kamst, sonst wurdest du über den Haufen gefahren.«

Ein paar Bier gingen noch. Heiko ließ ein Tablett mit Koks servieren (Weinbrand mit einem Zuckerwürfel und zwei Kaffeebohnen), und Rampa erklärte, ziemlich schlau und ziemlich überraschend, dass in der DDR sogar das Wetter besser gewesen wäre. Es war ein guter, weil ironischer Moment, der den DDR-Nostalgikern am Tisch den Mund stopfte. Rampa hob das große Glas mit dem Bier: »Mensch, wir haben uns doch unser eigenes Wetter gemacht. Das ging vom Eisernen Vorhang im Westen bis zur Oder-Neiße-Grenze. Und unser Wetter, das haben wir dann gegen Devisen nach Ungarn, Tschechien und in die UdSSR verkauft. Wir waren schon ein schlaues Land.«

Crooner traf gegen elf Uhr im Schröder ein. Er trug einen Anzug, der ihm gut stand, er kam direkt von einem Kundengespräch in Berlin.

Bier.

Bier.

Bier.

Hallo, du – du liebe, schöne, süße, gute Molle, du bist so voll korrekt, so voll in Ordnung, du bist echt gut.

Ein Bier, lieber Heiko, geht hier bitte noch hin.

Ich sehe dich.

Ich verstehe alles.

Ich habe so voll den Durchblick.

In diesen späten Stunden, so dachte der Reporter, konnte der Reporter einmal mehr erleben, wie er vom Saufen tatsächlich klug wurde (mehr sah, mehr aufnahm, mehr spürte, sich mehr vorstellen konnte).

Gegen Mitternacht hielt einer der Trinker sein Handy in die Höhe und meldete den Tod von Michael Jackson. Heiko kommentierte über die Tische hinweg: »Ein Kinderschänder weniger.« Und wir standen den Rest der Nacht beisammen und quakten und quatschten und lachten und tranken bis drei Uhr früh.

## 23 Speedy (Spaziergang III)

Mitte Juli. Was tat das Wetter?

Es war schönster deutscher Hochsommer, so wie man den Sommer komischerweise immer aus der Zeit von ganz früher, der Kindheit, in Erinnerung hatte, als Deutschland noch ein ganz anderes Land gewesen war – mit Autos, die stanken, Essen, das nach Plastik schmeckte, Werbung, die nicht cool, sondern peinlich war, Politikern, die für linke oder für rechte Überzeugungen standen, und mit einer Grenze, die, mit Todesstreifen und Stacheldraht gesichert, das Land in West und Ost, eine Bundesrepublik und eine DDR, zerteilte.

Heute war alles eine Bundesrepublik. Drüben, in der Erinnerung, lag das alte Deutschland, hier war das neue.

Der Himmel stand stählern dunkelblau über der Kleinstadt, die Wolken fetzten darüber hinweg, aber durch die Hitze ging immer ein kühler Luftzug, alles rauschte, flutete, windete und war in lichter, heller, aufgeregter Bewegung. Die Blätter in den Bäumen machten: Knister! Die Luft in den Straßen machte: Ping! Um zehn Uhr früh war es gefühlte vier Uhr nachmittags, der Mensch dachte »Bier«, »Eiscafé« und »Schwimmen gehen«, und alles war so schön und sommerurlaubig fett und bunt und froh, dass der Reporter mitten unter den Menschen auf der Hauptstraße stehen und Hut tragen und grinsen wollte und sich fragte: Wo konnte es schöner sein? Welcher Mensch wollte denn woanders wohnen als exakt hier, in dieser Kleinstadt?

Bei den Jungs im Proberaum. Raoul erzählte, er habe die Theorieprüfung für den Lkw-Führerschein im dritten und letzten Anlauf bestanden (neun Fehlerpunkte, das passte, prost). Raoul erklärte, dass der Job des Lkw-Fahrers für ihn eigentlich keine berufliche Option darstellte: Man sei tage-, manchmal wochenlang von zu Hause fort. »Das Leben in der Fahrerkabine, ditt ist mir nüscht.« Wenn überhaupt, so Raoul, dann würde er regional fahren, für eine Molkerei, einen Bauunternehmer, damit er nachmittags wieder bei sich zu Hause in der Koje liege.
Eric plante, sich bei der Komparsenagentur Wanted registrieren zu lassen, das Mitmachen bei einer Hollywood-Produktion habe ihm zu viel Spaß gemacht, diese Sorte Vergnügen wollte er sich jetzt öfter besorgen. Crooner hatte demnächst seine Prüfung zum Finanzwirt II zu bestehen. Mit dem neuen Schein konnte er als Vermögensberater auch Finanzierungen über eine Million tätigen.

Aha. Die Jungs guckten ziemlich unbeeindruckt. Und Rampa berichtete, dass sein Kumpel Schraube bei einem Tattoo-Saloon auf der Danziger Straße in Berlin Arbeit gefunden habe, 90 Euro die Stunde, Schraube sei sogar schon im Besitz der Schlüssel.

»Er hat als Maurer schon komplett aufgehört«, erzählte Rampa, »ist jetzt nur noch in Berlin.«

Und? War Rampa traurig, dass er Schraube, den Kumpel und Maurerkollegen, an ein Tattoostudio in Berlin verloren hatte?

»Nicht wirklich«, erklärte Rampa, »ich bin ja bald auch da.« Und Rampa setzte seinen triumphierenden Gesichtsausdruck auf. »Na klar! Ich will da als Piercer anfangen – da habe ich zwar keine Ahnung von, aber das kann man ja lernen. Ein Typ namens Fuchser, der ist Profi-Piercer, der will mich ausbilden. Das hat er zumindest gesagt.«

Wir saßen im Proberaum der Band 5 Teeth Less in Kurtschlag bei Oberhavel, Hardrockhausen. Es gab wenig zu besprechen, wobei, wie immer, die ganze Zeit gesprochen wurde.

Dann sagte Raoul: »Irgendwo haben wir unseren Platz da in der Musikszene, da ist ein Platz für uns reserviert. Es muss uns nur jemand den Weg dorthin zeigen.« Und Eric erklärte: »Musik und Geld damit verdienen, das wäre der Traum.« – »Das wäre Sonnenschein für immer«, sagte Rampa, »das wäre der absolute Hauptgewinn.«

Und wir saßen noch ein bisschen, und über Erics T-Shirt-Ausschnitt sah ich noch einmal die in Schreibschrift gestochene Tätowierung »Not like you«. Sie sah wirklich sagenhaft gut aus. Diese Tätowierung, so hatte Eric erzählt, hatte wehgetan, mehr als andere Tätowierungen, weil die Haut am Schlüsselbein empfindlich war.

Und ich verstand, alles andere als plötzlich (mehr so ganz allmählich, so wie sich wahrscheinlich alle wirklichen Erkenntnisse einstellen), welche Bedeutung die Tätowierungen für Raoul, Eric, Rampa und die anderen Jungs hatten: Sie waren ihr Ausdruck von Schönheit, ein Beharren auf Schönheit und Würde, die es in ihrem Alltag nicht gab. Und tatsächlich, auf Erics Hals konnte ich mehr Lebendigkeit, mehr Würde, Trotz und Kraft erkennen – ein großartiges Anherrschen der Welt und ihrer Grenzen – als in den Gesichtern der meisten erfolgreichen Großstadtmenschen, die ich kannte.

Und so saßen wir noch ein bisschen, die Schuhe auf den Couchtisch gestellt, zwischen den leer gesoffenen und den noch halb vollen Flaschen, und irgendwann standen wir auf und nahmen die Autos nach Oberhavel.

Als ich eintrat, nahm Trainer Brunner mich am Arm und erklärte, dass ich heute beim Sparring dran sei. Ich solle mich deshalb besonders gut warm machen. Der Trainer zeigte auf René, der schon in den Seilen stand und, sein Spiegelbild betrachtend, auf und ab sprang. Brunner ging zu René rüber, zog ihm am T-Shirt und zeigte auf mich: »Ihr zwei.«

Die ganzen Männlichkeitsposen, die lächerlichen und besonders lächerlichen – das betont langsame Schnürsenkel-Zubinden, das Räuspern, die Dehn- und Lockerungsübungen, das Zurschaustellen der körperlichen Probleme und Wehwehchen in der Gesichtsmimik –, keine Ahnung warum, aber ich liebte das alles so. Der Boxsport war ja gerade deshalb toll, weil in seiner demonstrativen Männlichkeit so viele klassisch weibliche Attribute, Zartheit, Verletzlichkeit, Wehleidigkeit offen dalagen, also eher die Unmöglichkeit von Männlichkeit als die Behauptung derselben. René trug sein Hatewear-T-Shirt.

Ich schwang den Oberkörper zwischen den Seilen hindurch und in den Boxring hinein und sah, aus einem Augenwinkel, dass uns der ganze Boxclub und Trainer Maik zusahen. Ich hatte mich so warm trainiert, dass mir der Schweiß vom Kopf bis zu den Kniekehlen auf der Haut stand. Ich kannte die Stresssituation des Sparrings. Ich hatte mir vorgenommen, mich klassisch zu verteidigen, also die Doppeldeckung oben zu halten, möglichst oft die Führhand zu schlagen, also die zweite und dritte Führhand, und so den Gegner auf Abstand zu halten. Kam er nah ran, dann würde er den Körperhaken oder Aufwärtshaken gegen mich anbringen. Drei mal zwei Minuten mit je einer Minute Pause, das würde ich, rein konditionell, durchstehen. Er trug das hässliche Hatewear-T-Shirt. Sein Gesicht sah scheiße aus. Seine Tätowierungen sahen echt scheiße aus. Unsere Handschuhe berührten sich – das Zeichen dafür, dass es losgehen konnte.

Meine Linke knallte zwei Mal gegen seine Deckung. Dann holte er aus. Ich sah ihn tief unten in der Hüfte Schwung holen. Gleich der erste Körperhaken fuhr durch meine Deckung hindurch. Ich spürte den Knacks und das Stechen, das von der geprellten Rippe kam. Sein Seitwärtshaken zog über meinen Kopf hinweg, der zweite Haken saß. Ich ging in die Knie. Mir blieb die Luft weg. Ich spürte die Matte des Boxrings unter den Kniescheiben und dass ich, zwei, drei Sekunden lang, nicht auf die Beine kam. Mein Kopf baumelte auf der Höhe seiner Unterschenkeltätowierung.

Ich sah ihn zurücktreten, hörte ihn nun, den Boxer mit dem Hatewear-T-Shirt, sagen: »Westsau ...«

Ich entgegnete nichts. Ich war vollkommen platt.

Westsau?

Hatte er das echt gesagt?


Ich stand auf, lachte dumm, schüttelte den Kopf aus. Ich sah, dass René mit langen Armen vor mir stand und dass die Jungs, die hinter den Seilen des Boxrings standen, uns ansahen. Ich sagte: »Ah, cool ...« Und ich wiederholte das dumme Wort, das René gesagt hatte.

Der Trainer ging dazwischen. Er erklärte, dass er diese Sorte Auseinandersetzung in seinem Training nicht brauchen könne. Das, was hier abgehe, so Trainer Brunner, das könnten wir zu Hause oder in der Kneipe miteinander austragen. Hier, im Boxring, so der Trainer, galten seine Regeln, hier gelte es dem Sport. Er sprach vor allem mit René. Der Trainer warf Blicke zu mir herüber.

René ging zur Bank. Er ließ sich die Handschuhe von seinem Kollegen Rico aufknüpfen, trat von einem Fuß auf den anderen, wobei er Reden schwang, die hitzig und wutentbrannt aussahen. Er ließ sich von dem, der ihm aus den Handschuhen half, beruhigen. Der Boxer René wirkte, als er die Handschuhe abgenommen bekam, gefährlicher als im Ring. Ihn hatte der Kampf erst so richig wütend gemacht.


Ich wusste kurz nicht, wo ich hingehen oder hingucken sollte. Trainer Maik begleitete mich zur Glastür und schob mich aus der Trainingshalle hinaus. Draußen, vor der Halle, legte der Trainer einen Arm über meine Schultern: »Unter Sportsfreunden …«

Er hatte wirklich eine gute Art. Er sagte, dass er mich, so gut es ginge, beschützt habe. Nun sei das vorbei. Nun solle ich mir einen anderen Club suchen. Trainer Maik Brunner erzählte mir noch einmal, mit ruhiger Stimme und während eine Hand auf meiner Schulter lag, wie er den Boxring Oberhavel e.V. in Zukunft aufzuziehen gedenke, auf die Jungen, die Nachwuchskräfte, die Neun- bis Zwölfjährigen käme es an, und ich verstand nicht ganz, warum er mir das alles noch einmal erzählte. Aber es hörte sich soweit alles ganz sinnvoll an.

Es war ein Juliabend, wir standen vor der Fitness-Factory in Oberhavel, es war mein letztes Training in der Kleinstadt, der Schweiß schoss mir aus allen Poren. Der Schmerz in meinem rechten Knie blieb komischerweise aus, und seit jenem Training würde sich der Schmerz im Knie nicht mehr melden.

Es wäre besser gewesen, so verstand ich gerade – konkret, es wäre für die Geschichte, die ich zu schreiben hatte, besser gewesen, wenn ich diesen Kampf gewonnen hätte (auch deshalb und vor allem deshalb, weil der Reporter aus dem Westen, der vom Proll-Fighter aus dem Osten auf die Fresse kriegt, eben so ein dummes Klischee war). Aber man konnte sich das, was passierte, eben nicht aussuchen.

Meine Geschichte als Boxer in Oberhavel, so verstand ich, während ich mit dem Trainer vor der Halle stand und er von der glorreichen Zukunft des Oberhaveler Boxrings schwadronierte, meine ganze Geschichte als Boxer war ein Flop gewesen. Die ganze Idee, mir als Reporter in der Kleinstadt einen Boxclub zu suchen, um so eine Basis zu haben, von der aus ich der Jugend und den Leuten in Umkleidekabinen und im Boxring näherkommen würde: ausgedacht, schwachsinnig, lächerlich. Überall, so merkte ich, hatte ich die Leute von Oberhavel quasi spielend kennengelernt, ich hatte diese ganze Kleinstadt, so sah ich es im Rückblick, mit dem Bierglas in der Hand aufgestellt. Bloß dort, wo ich eine sogenannte Basis gehabt hatte, wo ich Sport getrieben, geschwitzt, gekämpft und durchgehalten hatte, war ich nicht einem Menschen nahegekommen, hatte ich nicht einen Satz gehört, nicht eine Geschichte erfahren. Und so lächerlich mein Engagement als Boxer von Anfang an gewesen war, so lächerlich war es auch zu Ende gegangen: Ein Ost-Fighter hatten den West-Reporter eine Westsau genannt. Das war zum Lachen. Das brauchte, so befand der Reporter, nicht weiter ernst genommen zu werden, und es war, natürlich, auch schlau, den Jungs nichts davon zu erzählen.

Ich stand mit dem Trainer. Ich murmelte etwas von Dank und »absolutem Verständnis«. Wir gaben uns die Hand.

Es waren meine letzten Tage in der Kleinstadt, und ich erledigte die Dinge, die auf meiner Liste standen.

Ich stand herum.

Ich versuchte, indem ich mit nichts rechnete, noch einmal eine Überraschung, eine aufregende Ungeklärtheit, eine der vielen Alltagsungeheuerlichkeiten von Oberhavel zu erleben.

Ich unternahm den halbherzigen Versuch, mir das Kaufverhalten der Bevölkerung von Oberhavel anzueignen, indem ich im Kik-Textil-Discount Unterhemden einkaufte.

Die Farbe von Kik war Rot. Rote Werbetafeln schrien: »Reduziert! Reduziert! Reduziert!« Vor dem Discounter machten Tafeln Werbung für das sogenannte »Volks-T-Shirt« (kein Witz, eine gemeinsame Aktion von Kik und Bild.de). Herrenunterhemden gab es mit der Aufschrift »Vorsicht Macho«, »Hawaii Surf 77« oder »Give Me Rock Soul Jazz Blues«. Auf einem Frauen-T-Shirt war das Foto zweier Welpen, darunter der Schriftzug »Süße Möpse« abgebildet. Ich entschied mich für Unterhemden mit der Aufschrift »Kein Geld, aber potent«, das Stück zu 99 Cent.

Beim sogenannten Griechen, wo das sogenannte Knoblauchbrot serviert wurde: Dort traf ich Janine, die Frau, mit der Raoul und Eric befreundet waren und die in der Gang der Aral-Jungs als gleichberechtigt, quasi als Mann akzeptiert wurde. Wir saßen auf einer Terrasse, mit Blick auf die Boote im Hafen.

Sie sah wieder spektakulär aus (geschätzte Schmink- und Ankleidezeit zwei Stunden, ich bemerkte, als sie vor mir saß, dass sie, trotz der Hitze, eine dicke Schicht Make-up auf ihrem Gesicht trug). Sie war sehr süß und, anders als ich erwartet hatte, überhaupt nicht schüchtern. Sie hatte, wie sie auf Nachfrage erzählte, sechs Jahre Ausbildung hinter sich, drei Jahre als Friseuse, drei Jahre als Kosmetikerin, derzeit arbeitete sie in einem Salon in einem Außenbezirk (»Dein Salon«).

In das Gerät, das vor ihr auf dem Tisch stand, erzählte Janine, weil ich mich akribisch danach erkundigte, von den aktuellen Frisur- und Kosmetiktrends, die für Oberhavel und das Umland von Berlin galten (der Nude Look, so Janine, sei aktuell im Kommen, also Natürlichkeit, lockige und leicht wellige Frisuren, Pastelltöne, keine grellen Farben). Janine erzählte, dass sie arbeite wie ein Tier und finanziell trotzdem nicht klarkäme. Nach 37 Stunden Arbeit im Friseursalon bekäme sie 637 Euro ausgezahlt. Der Beruf der Friseuse sei eben grundsätzlich schlecht bezahlt und in dieser Region noch einmal ganz besonders übel bezahlt. Neben ihrem Lohn kassiere sie Hartz IV, als Zuschuss, um ihren Lebensunterhalt zu bestreiten.

Der Reporter stellte die naheliegende Frage, warum sie dann überhaupt noch arbeite: wenn der Lohn, den sie mit ihrer Arbeitskraft erwirtschafte, zum Überleben nicht ausreiche. Janine: »Das fragen mich alle. Alle meine Freundinnen fragen mich, ob ich noch ganz dicht bin. Ich bin neun Stunden auf Arbeit und habe so wenig Geld, dass ich mir das Nötigste nicht leisten kann. Ich habe kein Bett, keinen Schrank. Ich schlafe auf dem Boden. Ich lege meine Kleider auf den Boden. Es reicht nicht.«
Ich konnte nur schwer zuhören. Ich hörte den Text, den Friseusen im Fernsehen erzählten, wenn die Reporter von ARD-Magazinen die Fragen stellten. Das Irre war nur: Diese Friseuse, die aus nachvollziehbaren Gründen einen Mindestlohn forderte, war echt. Sie saß direkt vor mir.

Mein drittes Treffen mit Speedy verlief ähnlich finster wie die zwei vorangegangenen Treffen. Ich gab ihm gleich den Fünfziger, damit ich die Sache hinter mir hatte. Der Schein verschwand blitzschnell in seiner Hosentasche. Er trug wieder das Brasil-T-Shirt (wenn er noch andere T-Shirts besaß, dann war dies sein Lieblings-T-Shirt). Speedy hielt eine Tüte mit Tabak und Kartoffeln in der Hand, der Tabak und die Drehfilter seien für den Vater, die Kartoffeln fürs Abendessen. Er war auf dem Heimweg.

Wir schoben unsere Fahrräder über die Zugbrücke, aus der Stadt hinaus, die Waldstraße hinunter, am Werk II, Werk III, Werk IV vorbei, entlang der Wiesen, Halme, Farne, Gräser, entlang der Seen, die in der Nachmittagssonne glitzerten, und er erzählte. Er erzählte gut, ernst, klar. Speedy, so hörte ich ihn erzählen, sei in den Häusern der ehemaligen Ziegelei aufgewachsen und drei Mal umgezogen, von Werk II bis ins Werk V. Wo er jetzt wohne, im Werk V, das könne man so sagen, sei es am heruntergekommensten. Hier draußen, in den Ziegeleien, so Speedy, wohnten vielleicht viele Arbeitslose und Alkoholiker, aber es seien deshalb nicht alle Asoziale, es seien, so Speedy, keine schlechten Menschen hier draußen. Er, Speedy, sei der Jüngste hier.

Speedy, eigentlich Marco Kottschek, wurde vor 21 Jahren in Oberhavel geboren. Den leiblichen Vater aus Mosambik hatte er nie kennengelernt. Der Vater, mit dem er zusammen wohnte, war sein Pflegevater (er habe derzeit einen Ein-Euro-dreißig-Job als Hausmeister), seine Mutter, die im Zentrum von Oberhavel lebte, hatte ihren Ein-Euro-dreißig-Job gerade beendet (nun, so das Amt, müsse die Mutter wieder ein Jahr warten, bis sie Arbeit annehmen dürfe). Er habe die Gesamtschule besucht (»Die zehnte Klasse leider nicht bestanden«), habe eine Maurer-Lehre absolviert (»Die Lehre leider nicht erfolgreich abgeschlossen«), sei vom Bund ausgemustert worden (wegen Untergewicht), sei derzeit arbeitslos gemeldet, also auf Hartz IV (»Ja, leider«). Speedy erzählte, er sei in jeder Hinsicht aktiv, um an eine Arbeit zu kommen: Es klappe aber bisher noch nicht ganz.

Wir standen vor den Häusern, in denen Speedy mit seinem Pflegevater wohnte: brutal heruntergekommene Buden. In einem der beiden Zimmer, so Speedy mit Blick auf die Fassade, schimmelte es, das sei deshalb leider nicht zu betreten. Gras; Sand; Brennholzstapel; verrostete Öfen; Wellblech. Vor einem Schuppen saßen zwei Frauen mit Arbeitskittel und dicken Bäuchen und guckten; Katzen strichen durchs Gras. Es war natürlich auch wieder ein poetischer Anblick, eine Mischung aus Michel aus Lönneberga, Huckleberry Finn und irgendeinem eisenharten Gangsterfilm mit Sean Penn, der in den Trailerparks von Los Angeles spielte.

Speedy erzählte – er lieferte auf seine Art die Ware, für die er im Vorab bezahlt worden war, ohne dass wir besprochen hatten, aus was genau diese Ware bestehen sollte. Vielleicht redete er deshalb so viel. Der Informant war, gemessen an der Menge des Stoffs, den er lieferte, ein denkbar guter und zuverlässiger Geschäftspartner.

Er fahre gerne Motorrad, erzählte Speedy, praktisch das ganze Gelände der ehemaligen Ziegeleien sei Privatgelände, da brauche man keinen Führerschein. Er habe mit Drogen nie viel am Hut gehabt, aber bei einigen seiner Kumpels, da sei mit Pillen und Amphetaminen natürlich die Hölle los. Es sei nicht ganz einfach, aber auch nicht ganz schwierig, mit schwarzer Hautfarbe in Oberhavel zu leben: »Wenn meine Freunde mich Neger nennen, dann habe ich damit kein Problem, weil ich weiß, dass das meine Freunde sind. Wenn mich in Berlin einer so nennt, sehe ich das als Beleidigung.«

Wenn er besoffen sei, so fuhr Speedy fort zu erzählen, höre er am liebsten deutsche Schlager, ja richtig, die harten Sachen, Matthias Reim, Andrea Berg – aber stopp. Komisch.

All diese Geschichten interessierten mich plötzlich nicht mehr. Ich fand ihn einen besonders netten Jungen, ich hörte ihm gerne zu, ich hielt ihn auf eine glamouröse Art für schlau, gerissen und seinen Lebensumständen perfekt angepasst, aber das interessierte jetzt alles nicht, das war jetzt gleich.

Ich stand im hohen Gras der ehemaligen Ziegelei Werk V, sah den Jungen mit dem Brasil-T-Shirt an.
Ich dachte: Wer bist denn du? Warum erzählst du mir das alles? Was geht mich dein Leben an?

Es war dies der Moment, an dem meine Recherchen beendet waren. Simple Sache: Die Beobachtungs-Batterien waren leer. Meine Reporter-Energien waren aufgebraucht. Ich war erschrocken, aber gleich auch ein bisschen erleichtert darüber, als ich merkte, dass der Antrieb, die Faszination, die es in all den Wochen immer gegeben hatte, einfach nicht mehr da waren. Jetzt sollten die anderen Reporter, die von *Zeit*, *Spiegel* und *Süddeutsche* und die vom *ZDF*, übernehmen.
Die Profis.
Macht ihr mal weiter, ihr.
Sendet.
Schreibt.

Was kannst du am besten, Speedy?
»Was kann ich am besten ...«
Perverse Frage, oder?
»Perverse Frage, ja ...«
Wie geht Nichtstun, Speedy?
»Weeßicknicht. Nichtstun eben. Dumm rumsitzen. Quat-

schen. Dusselig labern. Fernsehgucken. Playstation spielen. Leuten auf'n Sack gehen. Von morgens bis abends
saufen.«

Was rät der Vater?

»Der hält zu mir. Ich soll mir nichts ausreden lassen, sagt
er. Ich soll einfach machen, was mein Herz sagt.«

Wo wirst du in zehn Jahren sein, Speedy?

»In zehn Jahren …«

Er erzählte die rührende Geschichte, dass er nur einmal
den eigentlich ja naheliegenden Ausflug nach Berlin gemacht habe. Da sei er bis Spandau gekommen, und da
habe er sich gleich derartig verlaufen. Die Leute, das
Chaos, der Verkehr. Er habe es gerade noch irgendwie
auf den Zug nach Hause geschafft. Nein, Berlin sei nichts
für ihn. Da habe er Angst, dass er vor die Hunde komme.

Er erzählte, dass, wer von Oberhavel wegwollte, am besten gleich ins Ausland ginge. Im Ausland habe man noch
Chancen.

Er sagte: »Ich bin etwa fünf Jahre zu spät dran, ich hab
es im Gefühl.«

Er spuckte ein grandioses Geschoss zwischen die Gräser.
Er sah plötzlich älter und ziemlich entschlossen aus, wie
einer, der vielleicht doch etwas anzufangen wusste mit
seinem Leben.

Speedy sagte: »Ich würde hier gerne weg von hier, aber
ich glaube nicht, dass ich's hier wegschaffen werde. Das
ist hier alles nichts: keine Zukunft. Nichts.«

Speedy hatte die Hände in den Hüften, er guckte, so weit
er gucken ging, in die Ferne, und sein Gesicht bekam
einen harten und gefassten Ausdruck, als er sagte: »Ich
werde hier verrotten.«

## 24  An alten Tischen

Ich war schon weg, aber noch ein bisschen da.

Zu den Jungs – zu Raoul, Eric, Rampa, Crooner, zu Blocky, aber auch zu einigen der Tankstellen-Jungs, besonders zu Hundertzehn-Prozent – hatte ich Freundschaftsgefühle. Damit war die Zeit abgelaufen, in der ich die Jungs beobachten und beschreiben konnte.

Mit Raoul unternahm ich etwas, was großen Spaß machte (aber diese Sache blieb unter uns, dies gehört hier nicht hin).

Mit Eric drehte ich eine Stadtrunde in seinem Astra. Wenn Eric mich begrüßte, dann immer so, als hätten wir uns wochenlang nicht gesehen. Großes Hallo, umständlich ums Auto herum laufen, Sonnenbrille abnehmen, Umarmung, beim Händeschütteln rechts und links die Hauptstraße hinuntergucken: »Gibt's ja nicht, Hallöchen, alte Scheiße, was geht ab?« Dabei hatten wir erst gestern im Proberaum beieinander gesessen.

Wir standen über drei Stunden lang gegenüber vom Eiscafé, der Fahrer Eric hatte das rechte Bein auf dem Armaturenbrett, den linken Ellenbogen ins offene Fenster gelegt, das war die Stadtrunden-Fahrer-macht-Pause-Stellung, und er erzählte mir von den Autos, die er in seinem Leben besessen hatte: »Erst einen Peugeot 105, etwa fünftausend Jahre alt, den habe ich gegen drei Eintrittskarten bei einer Show von einem Monstertruck plattmachen lassen. Dann kam ein Peugeot 19, scheißbraun, dann ein VW Polo, dann der hier.« Bei dem Astra sei die Kühlung kaputt, deshalb ließe er die Lüftung ständig laufen.

Eric stellte mir jeden einzelnen Asozialen vor, der im Auto oder auf dem Fahrrad vorbeigefahren oder zu Fuß vorbeigeschlichen kam. Es waren herrliche Geschichten. Und ich genoss, dass Eric anders – ich konnte nicht genau sagen, auf welche Art –, aber eben anders war als die anderen.
Und Eric sprach, den Blick durch die Windschutzscheibe auf die Hauptstraße von Oberhavel gerichtet, das Gesicht hinter seiner Sonnenbrille: »Du stehst auf und sagst: Was machst du heute? Du sagst: nichts. Die anderen fahren zur Arbeit. Du machst den Fernseher an. Kiekst Internet.

Spielst bisschen Gitarre. Fährst in die Stadt. Fährst bei einem gucken, der auch arbeitslos ist. Und am nächsten Tag geht die Scheiße wieder von vorne los.«

Wir guckten raus. Und wir standen noch einmal, mindestens eine Stunde lang, einfach so da.

Mit Rampa saß ich einen ganzen faulen langen Nachmittag am Hafen, wir saßen auf Liegestühlen in der Sonne und schauten auf die Havel, die still, grün, müde und trüb vor sich hin floss, das Ausflugsschiff »Zehdenixe« und der Hauskahn »Rügen II« zogen vorbei, und wir soffen Bier: ein Bier nach dem anderen. Und dann, weil's so schön war, noch ein Bierchen.

Mit dem Job als Piercer hatte es natürlich nicht geklappt. Das, so Rampa, sei ja von Anfang an ein Quatsch gewesen.

Rampas Knie waren kaputt, eine Kniescheibenfehlstellung. Noch drei, vier Jahre, so der Arzt, könne Rampa auf dem Bau arbeiten, dann sei es vorbei, dann müsse er sich jeden Tag eine Spritze abholen kommen. In drei Jahren war Rampa 35. Wir guckten auf den Fluss, und dann war die Zukunft dran – Rampa erzählte, dass die Band 5 Teeth Less demnächst ihre Debüt-CD herausbringen würde. Der Name der Debüt-CD der Band 5 Teeth Less aus Oberhavel, Hardrockhausen, lautete: *The Orange Juice Experiment.*

Vielleicht dauerte es aber auch noch ein paar Wochen, bis die CD fertig sei, vielleicht auch Monate.

Rampa schlug Geschäfte vor, mit denen sich in kürzester Zeit massenhaft Geld verdienen ließe, auch hier in Oberhavel. Kaviar aus dem Havelland (»Wir kaufen einen Stör und lassen den mit den Forellen ficken. Braucht man da mehr als einen Stör?«). Dann fantasierten wir vom idealen Lokal, das wir auf dem Brachland gegenüber der Aral-Tankstelle eröffnen wollten. Da müsste es einen riesigen Parkplatz geben und Burger-Menus inklusive Pommes und Softdrink zu nicht mehr als drei Euro. Eine Konkurrenz würde Burger Planet in Templin werden. Eigentlich, so Rampa, müsse man den Burgerladen in Gransee an der B96 eröffnen, da käme der Verkehr vorbei. Oberhavel liege einfach zu abseits für ein gutes Lokal. Und wir bestellten noch eins und guckten, und nichts weiter war.

Auf der Rückfahrt vom Proberaum fuhr ich an etwas vorbei, das anders aussah als das Hinweisschild nach Deutschboden. Ich schaute in den Rückspiegel. Ich bremste, parkte den Wagen. Ich lief zurück und sah mir die Sache an.
Da stand das, was von dem Schild übrig geblieben war: ein Pfosten, eine Halterung aus Metall.
Den Ort Deutschboden hatte es nie gegeben, zumindest hatte ich, der Reporter, ihn nicht gefunden – nun war auch noch das Schild, das in Richtung der erfundenen Ortschaft gewiesen hatte, verschwunden. Ich stand da, überlegte, ob ich ein Schild grüßen musste, das ins Nichts gezeigt hatte und, so stellte ich mir das vor, von einer Bande lustiger Irrer gestohlen worden war. Ich entschied, dass ich genau für diesen Fall den Jungs ein Versprechen gegeben hatte. Ich stand da und schaute in den Wald hinein, ich hob die Faust, ich sprach: »Deutschboden.«

Nun musste ich froh sein, wenn ich noch den Weg nach Hause fand.

Abschied von Maria. Sie kam plötzlich sogar hinter ihrer Theke hervor. Wir standen vor dem Haus Heimat. Ich sah, zum vielleicht fünften und zum letzten Mal, dass sie grüne Augen hatte: Kontaktlinsen. Dann sah ich, dass sie andere Haare hatte als sonst. Ein großer schwarzer Haarhaufen lag ihr auf dem Rücken.

Ich stellte die Profifrage: »Extension?«

»Nein. Ein Haarteil. Das steckt man morgens einfach drauf. Sie gut aus, oder?«

Es sah wirklich gut aus.

Gütiges Abendlicht.

Ich musste doch jetzt noch irgendwas Abschließendes über Deutschland denken. Mir fiel natürlich Gott sei Dank nichts ein.

Maria schaute die Spandauer Straße in Richtung der Brücke hinunter – ich sah ihr Profil, das Haarteil, ihren Busen, ihren Bauch, und ich überlegte, ob die zwanzig Minuten, die mir in der Kleinstadt blieben, ausreichten, um vielleicht doch noch mit ihr zu schlafen.

Wilfried, der alte Freund und Gangster, trat dazu. Er stand da auf dem Bürgersteig vor seiner Pension, weißes Hemd, Lederweste, schwarze Crocs, und schaute rechts die Straße hinunter, dann links die Straße hinunter, dann wieder rechts. Er schaute – ja, wie eigentlich? Wirt Finster schaute wie der Kleinstadt-Wirt, der vor seiner Pension auf dem Bürgersteig stand und rechts und links die Straße hinunterschaute.

Maria ging ins Haus.

Finster sagte: »Wenn du in den Urlaub fährst, auf die Fidschi-Inseln oder watt, vergiss aber nicht, den Hut abzunehmen, bevor du ins Wasser gehst.«

Und der Wirt des Hauses Heimat in Oberhavel, Hardrockhausen, hielt mir grinsend die Hand hin: »Hau rinn.«

Zurück in großer Runde: mein Lokal in Berlin. Es war viel los. 500-Gramm-Steaks. Die Kellner mit den Champagnergläsern.
Mein Kumpel sah mich an. Ich musste lachen bei der Vorstellung, dass er rauszufinden versuchte, ob ich mich in der Kleinstadt verändert hatte. Natürlich hatte ich das. Die Blonde, an die ich in der Kleinstadt manchmal gedacht hatte, sah in echt nicht ganz so gut aus, wie ich sie in Erinnerung behalten hatte (aber natürlich schon super).
Jemand fragte: »Wo warst du eigentlich die ganze Zeit?«
Ich erklärte: »Nicht so weit weg. Nördlich von Berlin. Eine Stadt weiter.«
Ob es da gut gewesen sei, wollte der neben mir wissen, und ich zögerte und sagte dann: »Das sind schon ziemliche Arschgeigen da. Aber verstehst du, großartige Arschgeigen.«

Ich ging früh an diesem Abend, mitten im schönsten Lachen, Rumblödeln und Nachbestellen. Die Bierflasche, die ich gerade in der Hand hielt, nahm ich mit und trank sie auf dem Weg nach Hause.

Und gleich am nächsten Morgen, als noch alles frisch und herrlich unklar war, setzte ich mich hin und machte mich an die Arbeit.

Moritz von Uslar. 100 Fragen an ... KiWi 829

Die legendären Schnellfeuer-Interviews von Moritz von Uslar: Nach der Ansage »So schnell wie möglich, denn wir haben ja nicht ewig Zeit« bombardiert Uslar seine berühmten Gesprächspartner mit höllisch vielen Fragen in höllisch kurzer Zeit. Uslars »100 Fragen«, von vielen »SZ-Magazin«-Lesern geliebt, sind Extremtexte – messerscharf und gefährlich dicht dran.

»Endlich einer, der nicht fragt, was er schon weiß.«
*Martin Walser*

»Kurz, knallhart und witzig.«
*Hamburger Abendblatt*

www.kiwi-verlag.de

Moritz von Uslar. Waldstein oder Der Tod des Walter
Gieseking am 6. Juni 2005. Roman. KiWi 1009

Der gefeierte Debütroman von Moritz von Uslar:
Walter Gieseking, 30 Jahre alt, Journalist und
Namensvetter des großen deutschen Pianisten,
verlässt ein Landhaus und eine Liebe, die nicht
weiter glücklich ist, treibt durch die Großstadt
und stellt sich die alten Fragen neu: Lust oder
Liebe? Sinn oder Unsinn? Boys oder Girls? Und:
Gibt es das, dass Frau und Mann es besser nicht
miteinander tun sollten?

»Treffend wie ein Faustschlag.«
*Frankfurter Allgemeine Sonntagszeitung*

www.kiwi-verlag.de